Think Julia

줄리아를 생각하다

| 표지 설명 |

표지 동물은 북아메리카와 유라시아의 북극 툰드라 토착 맹금류인 흰올빼미(*Bubo scandiacus*)다. 낮은 위도에서 겨울을 나며, 바람이 많이 부는 들판이나 북부 해안사구에서도 볼 수 있다. 몸무게가 약 2킬로그램으로 북아메리카에서 가장 큰 올빼미다.

특유의 노란색 눈과 검은 부리로 쉽게 알아볼 수 있다. 암컷은 일생 동안 가로줄 무늬 짙은 갈색 깃털을 유지하는 반면 수컷은 성장하면서 이 색상을 잃으며 창백한 흰색이 된다.

대부분의 올빼미와는 달리, 흰올빼미는 주간에 사냥을 하며 급강하거나 저공비행하는 방식을 취한다. 1년에 1,600마리 이상의 레밍을 먹을 수 있으며, 레밍 서식지에 보금자리를 잡는다. 레밍을 선호하긴 하지만, 여러 가지 설치류를 먹으며 이따금 물고기나 새도 잡아먹는다.

많은 사람이 『해리 포터』 시리즈에서 우아한 펫이자 배달원 역할을 한 21세기 가장 유명한 (가상의) 흰올빼미 헤드위그를 알고 있을 것이다.

흰올빼미의 보전 상태는 2017년에 취약 단계로 격상되었고, 당시 생존 개체 수는 약 2만 8천이었다. 오라일리 표지에 싣는 많은 동물은 멸종 위기에 처해 있다. 이들 모두는 세계에 중요하다.

표지 그림은 『British Birds』의 흑백 판화에 기초해서 캐런 몽고메리Karen Montgomery가 그렸다.

줄리아를 생각하다

데이터 과학자를 위한 최적의 프로그래밍 언어

초판 1쇄 발행 2020년 4월 6일

지은이 벤 로언스, 앨런 다우니 / **옮긴이** 송한별 / **펴낸이** 김태헌
펴낸곳 한빛미디어(주) / **주소** 서울시 서대문구 연희로2길 62 한빛미디어(주) IT출판부
전화 02-325-5544 / **팩스** 02-336-7124
등록 1999년 6월 24일 제25100-2017-000058호 / **ISBN** 979-11-6224-257-5   93000

총괄 전정아 / **책임편집** 이상복 / **기획** 이상복 / **편집** 문용우
디자인 표지 박정화 내지 김연정 / **조판** 백지선
영업 김형진, 김진불, 조유미 / **마케팅** 박상용, 송경석, 조수현, 이행은, 홍혜은 / **제작** 박성우, 김정우

이 책에 대한 의견이나 오탈자 및 잘못된 내용에 대한 수정 정보는 한빛미디어(주)의 홈페이지나 아래 이메일로
알려주십시오. 잘못된 책은 구입하신 서점에서 교환해드립니다. 책값은 뒤표지에 표시되어 있습니다.
한빛미디어 홈페이지 www.hanbit.co.kr / **이메일** ask@hanbit.co.kr

지금 하지 않으면 할 수 없는 일이 있습니다.
책으로 펴내고 싶은 아이디어나 원고를 메일(writer@hanbit.co.kr)로 보내주세요.
한빛미디어(주)는 여러분의 소중한 경험과 지식을 기다리고 있습니다.

Think Julia

줄리아를 생각하다

O'REILLY® 한빛미디어 Hanbit Media, Inc.

지은이 · 옮긴이 소개

지은이 **벤 로언스** Ben Lauwens

벨기에 로열 밀리터리 아카데미(RMA)의 수학 교수. 뢰번 가톨릭 대학교(KU Leuven)에서 공학 박사 학위를 땄다. 속도를 위해 다른 저수준 언어를 추가로 쓸 필요가 없다는 점에 매력을 느껴 줄리아를 전파하고 있다.

지은이 **앨런 다우니** Allen B. Downey

프랭클린 W. 올린 공과대학교의 컴퓨터공학 교수. 웰즐리 칼리지와 콜비 칼리지, 캘리포니아 대학교 버클리에서 강의했다. 캘리포니아 대학교 버클리에서 컴퓨터공학 박사 학위를 땄다. 집필한 책으로 『씽크 파이썬』(길벗, 2017), 『파이썬을 활용한 베이지안 통계』(2014, 한빛미디어), 『Think Stats』(2013, 한빛미디어) 등이 있다.

옮긴이 **송한별** hannibal.song@gmail.com

서울대학교 수학과를 졸업했고, 다음커뮤니케이션, 카카오게임즈 등을 거쳐 현재는 카카오뱅크에서 기술전략 업무를 담당하고 있다.

줄리아를 위키백과에서 찾아보면, 고성능의 수치해석 및 계산과학을 위한 고급 동적 프로그래밍 언어라고 되어 있습니다.

고급 동적 언어의 대표는 파이썬이라고 할 수 있는데요, 제가 줄리아를 알게 된 것도 순전히 파이썬 때문입니다. 코딩을 오래 하긴 했지만 의외로 파이썬은 별로 흥미가 생기질 않았는데, 그래도 파이썬을 해야겠다는 생각이 든 것은 딥러닝을 공부할 때였습니다. 이 바닥의 기본은 파이썬과 텐서플로니까, 당연히 하는 거라고 생각했습니다.

그런데 딥러닝 원리를 구현하다 보니, 파이썬 자체로는 너무 느려서 NumPy를 쓰지 않을 수 없었습니다. 업무로 쓰기 위해서였다면 꾹 참고 익숙해질 때까지 했을 텐데, 취미로 하는 공부다 보니 뭔가 다른 대안이 있을 것만 같은 생각이 들었습니다. 예전에 자바로 한참 개발할 때도 그 번잡스러운 문법에 질려서 스칼라를 찾았던 경험이 있었는데요, 비슷한 일이 벌어진 셈입니다(지금의 자바는 꽤 간결해진 편입니다).

당시에 제가 가졌던 요구 사항은 함수와 행렬 등 수학적 아이디어를 간결하게 표현하고 싶다는 것과 실행 속도가 충분히 빨라서 별도 라이브러리 없이 이런저런 시도를 해보고 싶다는 것이었습니다.

그러니까 고급 언어이면서도 동적이고 빨랐으면 좋겠다는 건데요, 이런 언어는 사실 거의 없습니다. 특히 동적이라는 점이 문제가 되는 편인데, 대개는 컴파일할 때 변수의 자료형을 미리 알 수 없기 때문에 최적화된 코드를 미리 만들지 못해서 그렇습니다. 줄리아는 다중 디스패치를 통해서 이런 문제를 해결하는데, 객체지향에 익숙하다면 이런 접근이 참신하게 느껴질 것입니다.

그러면 줄리아는 대체 얼마나 빠른 걸까요? 쉽게 믿기진 않겠지만 C와 포트란 수준으로 빠릅니다. 요즘에는 하드웨어 성능이 좋아졌기 때문에 실행 속도가 그렇게까지 중요하진 않은데, 딥러닝이나 데이터 과학 같은 분야에서는 여전히 무척 중요한 요소입니다. 다른 언어로도 못할 건 없지만, 특별한 라이브러리나 최적화 작업 없이도 충분히 빠르다는 것은 큰 장점입니다.

또 한 가지 무시할 수 없는 장점은 표현력이 좋다는 것입니다. 일단 줄리아 코드에는 불필요한 요소가 최소화되고 익숙한 수학적 표현을 거의 그대로 쓸 수 있어서, 작성된 줄리아 프로그램의 코드를 보면, 거의 의사 코드처럼 보입니다. 그렇게 쉬우면서도 한편으로는 LISP 수준의 강력한 메타프로그래밍이 가능하기 때문에 높은 수준의 추상화를 달성할 수 있습니다. 한마디로 쉽게 배워서 잘 써먹을 수 있는 언어라는 말입니다.

상대적으로 역사가 짧고, 주로 과학, 공학, 투자 분야에서 활용되기 때문에 전문 개발자가 반드시 배워야 할 언어라고 말하기는 어렵습니다만, 도구로서의 컴퓨팅이 필요하다면 줄리아가 거의 최고의 선택일 거라고 감히 말할 수 있습니다.

프로그래밍의 재미에 대해서 이제 알아가기 시작할 후배들에게 작게나마 도움이 되길 바랍니다.

송한별

이 책에 대하여

저는 프로그래밍 경험이 없는 학생을 대상으로 한 프로그래밍 강의를 2018년 1월부터 준비했습니다. 줄리아를 쓰고 싶었지만, 아쉽게도 처음으로 프로그래밍을 배우는 학생이 읽을 만한 줄리아 책이 없었습니다. 줄리아의 핵심 개념을 설명해주는 환상적인 튜토리얼들이 있긴 했지만, 프로그래머처럼 생각하는 법을 배우기에는 좀 친절하지 않았습니다.

저는 앨런 다우니의 『씽크 파이썬』(길벗, 2017)을 알고 있었습니다. 그 책에는 프로그래밍을 제대로 배우는 데 필요한 모든 핵심 사항이 담겨 있습니다. 하지만 파이썬을 사용하는 책이었죠. 제 첫 번째 강의 노트 초고는 여기저기서 가져온 내용들이 막 섞여 있었는데, 작업을 더 진행하다 보니 점점 더 『씽크 파이썬』과 비슷해졌습니다. 결국 제 강의 노트를 새로 만드는 것보다 그 책을 줄리아로 바꿔 쓰는 것이 낫겠다는 생각이 들었습니다.

책의 내용은 깃허브에 주피터^{Jupyter} 노트북 형태로 공개되어 있었습니다. 줄리아 담화^{Julia Discourse} 사이트(`https://discourse.julialang.org`)에 제가 강의를 위해 준비하고 있다는 글을 올리자 반응이 폭발적이었습니다. 첫 프로그래밍 언어로 줄리아를 사용해서 프로그래밍의 기본 개념을 배울 수 있는 책이 줄리아 세계에서는 마침 없었던 것이죠. 저는 앨런에게 연락해서 『씽크 파이썬』을 줄리아로 바꿔 써도 될지 물어봤습니다. 즉시 답이 왔죠. "하세요!" 그는 오라일리 미디어의 담당 편집자를 저에게 소개해줬고, 1년이 지났을 때 저는 이 책을 마무리하고 있었습니다.

우여곡절도 있었습니다. 2018년 8월에 줄리아 v1.0이 나왔고, 동료 줄리아 프로그래머들처럼 저도 코드를 고쳐야 했죠. 이 책의 모든 예제는 소스 파일을 오라일리 규격의 아스키독^{AsciiDoc} 파일로 변환할 때 자동으로 테스트를 거치므로, 이를 위한 툴체인과 예제 코드를 모두 줄리아 v1.0에 호환되도록 고쳐야 했습니다. 다행히도 8월에는 강의가 없었죠.

이 책이 프로그래밍을 하는 법과 컴퓨터 과학자처럼 생각하는 법을 배우는 데 조금이라도 보탬이 되기를 바라겠습니다. 재미있게 보세요.

벤 로언스

왜 줄리아인가?

줄리아는 앨런 에덜먼Alan Edelman, 스테판 카르핀스키Stefan Karpinski, 제프 베잰슨Jeff Bezanson, 바이럴 샤Viral Shah에 의해 만들어졌고, 2012년에 처음 공개release되었습니다. 줄리아는 무료이고 오픈소스인 프로그래밍 언어입니다.

프로그래밍 언어를 선택하는 것은 언제나 주관적입니다. 저에게는 다음과 같은 점들이 결정적이었죠.

- 줄리아는 고성능 언어로 개발되었습니다.

- 줄리아는 다중 디스패치multiple dispatch를 쓰는데, 이는 프로그래머가 애플리케이션에 적합한 여러 프로그래밍 패턴을 골라 쓸 수 있게 해주죠.

- 줄리아는 대화형으로 쉽게 쓸 수 있는 동적 타입 언어입니다.

- 줄리아는 배우기 쉽고 깔끔한 고수준의 문법을 가지고 있습니다.

- 줄리아는 정적 타입 언어로 쓸 수 있기도 합니다. (사용자 정의) 자료형을 쓰면 코드가 더 명확하고, 강건해지죠.

- 줄리아는 확장된 표준 라이브러리를 가지고 있고, 수많은 서드파티 패키지를 사용할 수 있습니다.

줄리아는 이른바 '두 언어 문제'를 해결하는 독특하는 프로그래밍 언어입니다. 고성능의 코드를 쓰기 위해 다른 언어를 끌어들일 필요가 없지요. 물론 자동적으로 그렇게 된다는 것은 아닙니다. 성능 향상을 위해 병목 구간을 최적화하는 것은 프로그래머의 책임입니다만, 다른 언어 없이 줄리아 자체로 처리할 수 있다는 거죠.

대상 독자

프로그래밍을 배우고 싶은 사람 누구에게나 이 책이 도움이 될 것입니다. 사전 지식이 필요하지 않습니다.

새로운 개념은 차근차근 소개할 것이고, 더 높은 수준의 주제는 책 후반부에 나올 겁니다.

이 책은 고등학교나 대학교 수준의 한 학기 과정에 사용될 수 있습니다.

예제 코드에 대해

이 책의 모든 코드는 깃허브 저장소repository에 있습니다. 깃Git이 생소할 수도 있는데, 깃은 프로젝트를 구성하는 파일들의 변화를 추적할 수 있게 해주는 버전 관리 시스템입니다. 깃이 관리하는 파일들의 모음을 '저장소'라고 부릅니다. 깃허브는 깃 저장소를 위한 저장 공간과 편리하게 사용할 수 있는 웹 인터페이스를 제공하는 호스팅 서비스입니다.

이 책의 일부 예제를 실행하려면 줄리아에 바로 포함시킬 수 있는 편의 패키지를 설치해야 합니다. REPL의 Pkg 모드에서 add https://github.com/BenLauwens/ThinkJulia.jl를 타이핑하면 됩니다. 자세한 것은 4.1절을 보세요.

줄리아 코드를 실행하는 가장 쉬운 방법은 https://juliabox.com에 가서 무료 세션을 시작하는 것입니다. REPL과 노트북 인터페이스 둘 다 제공됩니다. 사용하는 컴퓨터에 줄리아를 설치하려면 줄리아컴퓨팅Julia Computing에서 무료로 제공하는 줄리아프로JuliaPro (https://juliacomputing.com/products/juliapro.html)를 다운로드해도 됩니다. 줄리아프로는 최근 버전의 줄리아와 아톰Atom에 기반한 주노Juno 대화형 개발 환경, 그리고 미리 포함된 줄리아 패키지로 구성되어 있습니다. 좀 더 모험심이 있다면, https://julialang.org에서 줄리아를 다운로드해 설치하고, 아톰이나 비주얼 스튜디오 코드 같은 편집기를 설치한 다음, 줄리아 연동을 위한 플러그인을 활성화할 수도 있습니다. 또 IJulia 패키지를 추가해서 주피터 노트북을 컴퓨터상에서 실행할 수도 있습니다.

감사의 말

『씽크 파이썬』을 쓰고, 제가 줄리아로 옮겨 쓸 수 있게 허락해준 앨런에게 정말 감사합니다. 당신의 열정에 전염되는 것 같아요!

아울러 이 책의 기술 리뷰어인 팀 브사르Tim Besard, 바르트 얀선Bart Janssens, 데이비드 샌더스David P. Sanders에게 감사를 표하고 싶습니다. 도움이 되었던 여러 가지 제안도 해주셨죠.

제 원고를 더 나은 책으로 만들어주신 오라일리 미디어의 멀리사 포터Melissa Potter에게 감사드립니다. 제가 제대로 할 수 있게 해주시고, 이 책이 가능한 한 독창적일 수 있게 해주셨죠.

아틀라스Atlas 툴체인과 몇 가지 구문 강조syntax highlighting 이슈를 도와주신 오라일리 미디어의 맷 해커Matt Hacker에게도 감사드립니다.

마지막으로 이 책의 초고를 함께해준 모든 학생들, 오류 수정과 제안을 보내주신 모든 기여자 분들께 감사드립니다(다음 절에 기여자 분들의 목록이 있습니다).

기여자 목록

제안이나 수정 사항이 있으면, ben.lauwens@gmail.com으로 메일을 주시거나, 깃허브에서 이슈를 만들어주세요(https://github.com/BenLauwens/ThinkJulia.jl). 여러분의 제안이나 수정을 반영하게 되면, (특별히 빼달라고 하지 않는 한) 여기 기여자 목록에 추가하겠습니다.

보내실 때 어떤 버전의 책이었고, 어떤 형식이었는지도 알려주세요. 오류가 발생한 문장을 포함해서 보내주시면, 제가 찾기가 좀 더 쉬울 겁니다. 정확한 위치를 찾는 게 아주 쉽진 않지만, 몇 쪽인지, 몇 번째 절인지만 알려주셔도 좋습니다. 감사합니다!

- 스콧 존스Scott Jones가 Void가 Nothing으로 바뀐 것을 지적해주었고, 이것이 줄리아 v1.0을 반영하도록 수정하게 된 계기가 되었습니다.

10

- 로빈 다이츠Robin Deits가 2장의 오탈자 몇 개를 찾아주었습니다.

- 마크 슈미츠Mark Schmitz가 구문 강조를 켜는 것에 대해 조언해주었습니다.

- 지구 자오Zigu Zhao가 8장의 버그 몇 개를 잡아주었습니다.

- 올레크 솔로비요프Oleg Soloviev가 ThinkJulia 패키지를 추가할 때 쓰는 URL의 오류를 잡아주었습니다.

- 애런 앙Aaron Ang이 몇 가지 렌더링과 네이밍 이슈를 찾아주었습니다.

- 세르게이 볼코프Sergey Volkov가 7장의 깨진 링크를 잡아주었습니다.

- 션 매캘리스터Sean McAllister가 아주 멋진 BenchmarkTools 패키지를 언급하도록 제안해주었습니다.

- 차를로스 볼레흐Carlos Bolech가 긴 수정과 제안 목록을 보내주었습니다.

- 크리슈나 쿠마르Krishna Kumar가 18장의 마르코프 예제의 오류를 수정해주었습니다.

CONTENTS

CHAPTER 1 프로그램의 길

CHAPTER 2 변수, 표현식, 문장

CHAPTER 3 함수

CHAPTER 4 사례 연구: 인터페이스 디자인

CONTENTS

CHAPTER **5** 조건과 재귀

CHAPTER **6** 유익 함수

CHAPTER **7** 반복

CHAPTER **8** 문자열

CONTENTS

CHAPTER **9 사례 연구: 단어로 놀기**

CHAPTER **10 배열**

CHAPTER **11** 딕셔너리

CHAPTER **12** 튜플

CONTENTS

CHAPTER **13 사례 연구: 자료구조 선택하기**

CHAPTER **14 파일**

CHAPTER 15 구조체와 객체

CHAPTER 16 구조체와 함수

CONTENTS

CHAPTER 19 알아두면 좋은 것들: 구문 규칙

CHAPTER 20 알아두면 좋은 것들: Base 및 표준 라이브러리

CHAPTER **21 디버깅**

CHAPTER 1

프로그램의 길

이 책이 목표는 여러분이 컴퓨터 과학자처럼 생각할 수 있게끔 하는 것입니다. 컴퓨터 과학자가 생각하는 방식은 수학, 공학, 과학자의 사고방식과 그 핵심이 같습니다. 컴퓨터 과학자는 수학자처럼 생각을 표현하기 위해 형식언어를 사용합니다(특히 컴퓨터를 이용한 연산computation이 그렇죠). 공학자처럼 설계하고, 부품을 조립해 장치나 시스템을 만들고, 여러 대안들의 트레이드오프trade-off를 검토합니다. 과학자처럼 복잡계가 보여주는 현상에 대해서 관찰하고, 가설을 수립하고, 예측을 검정하죠.

컴퓨터 과학자가 가져야 하는 가장 중요한 역량은 **문제 해결**problem solving 능력입니다. 문제 해결이란 문제를 잘 정의하고, 해결 방안에 대해 창의적으로 생각하고, 해결 방안을 명료하게 표현하는 것을 말합니다. 알고 보면 프로그래밍 학습은 문제 해결 능력을 기를 수 있는 정말 좋은 기회죠. 그래서 이 장의 제목을 '프로그램의 길'로 지었습니다.

여러분은 프로그래밍을 배우게 될 겁니다. 그 자체로 유용한 기술이긴 합니다만, 다른 관점에서 보면 프로그래밍은 어떤 목표를 달성하기 위한 수단입니다. 어떤 목표를 말하는 걸까요? 이 책과 함께하다 보면, 좀 더 명확해질 겁니다.

1.1 프로그램이란 무엇인가

프로그램program이란 연산을 수행하는 방식을 기술해놓은 명령어의 나열입니다. 연산이란 방정식을 풀거나 다항식의 근을 구하는 것 같은 수학적 연산일 수도 있습니다만, 문서에서 단어를 찾아 바꾸거나, 이미지 프로세싱처럼 그래픽을 다루거나, 비디오를 재생을 하는 것 같은 기호 연산symbolic computation일 수도 있습니다.

세부적으로는 여러 프로그래밍 언어가 다 다르게 보이겠지만, 몇 가지 기본적인 명령들은 거의 모든 언어에서 찾아볼 수 있습니다.

입력

키보드, 파일, 네트워크나 다른 장치에서 데이터를 받습니다.

출력

데이터를 화면으로 보여주거나, 파일로 저장하거나, 네트워크 등으로 보냅니다.

연산

덧셈, 곱셈 같은 기본적인 수학 연산을 수행합니다.

조건부 실행

어떤 조건이 만족하는지 확인하고, 여부에 따라 해당하는 코드를 수행합니다.

반복

어떤 일에 변화를 주면서 반복해 수행합니다.

믿기진 않겠지만, 이게 거의 다입니다. 아무리 복잡해 보이는 프로그램도 따지고 보면 이런 것들로 구성되어 있어요. 그러니까 프로그래밍이라는 건, 크고 복잡한 작업을 쪼개서 하위 작업으로 만들고, 그 하위 작업을 다시 쪼개기를 반복해, 결국에는 저런 기본 명령들로 수행할 수 있는 수준까지 간단하게 만드는 과정입니다.

1.2 줄리아 실행하기

줄리아를 시작할 때 처음 겪는 문제가 줄리아 관련 소프트웨어를 컴퓨터에 설치하는 것일 수 있습니다. 운영체제를 잘 알고, 특히 명령행 인터페이스command-line interface에 익숙하다면 문제가 없습니다만, 초심자라면 프로그래밍과 시스템 관리를 동시에 배워야 하는 것은 좀 괴로울 수 있습니다.

그런 문제를 피하고 싶다면, 웹 브라우저에서 줄리아를 실행해보기를 추천합니다. 나중에 좀 더 줄리아에 익숙해지면, 그때 컴퓨터에 설치하기로 하고요.

JuliaBox 사이트(*https://www.juliabox.com*)에 가면 웹 브라우저에서 줄리아를 실행할 수 있습니다. 설치는 필요 없고, 가서 로그인하기만 하면, 줄리아 프로그래밍을 해볼 수 있습니다.

줄리아 **REPL**read-eval-print loop은 입력된 줄리아 코드들 읽어서read, 평가eval하고 결과를 출력print하는 것을 반복loop하는 프로그램입니다. JuliaBox에서 터미널terminal을 열고(자세한 설명은 부록 B를 보세요) **julia**를 입력하면 바로 REPL이 실행됩니다. 실행하고 나면, 다음과 같은 내용이 보일 겁니다.

```
               _
   _       _ _(_)_     |  Documentation: https://docs.julialang.org
  (_)     | (_) (_)    |
   _ _   _| |_  __ _   |  Type "?" for help, "]?" for Pkg help.
  | | | | | | |/ _` |  |
  | | |_| | | | (_| |  |  Version 1.1.0 (2019-01-21)
 _/ |\__'_|_|_|\__'_|  |  Official https://julialang.org/ release
|__/                   |

julia>
```

처음 몇 줄에는 REPL 자체에 대한 정보가 나오는데, 출간 시점에는 조금 다르게 나올 수도 있겠습니다. 달라도 상관없지만, 버전이 최소한 **1.0.0**인지 확인하세요.

맨 마지막 줄에는 **프롬프트**prompt가 떠 있는데, REPL이 입력을 받을 준비가 되었다는 것을 의미합니다. 코드를 한 줄 친 다음, 엔터 키를 누르면, REPL은 결과를 출력합니다.

```
julia> 1 + 1
2
```

터미널에 입출력되는 모든 텍스트는 복사 및 붙여넣기가 가능합니다.

자, 이제 시작할 준비가 되었습니다. 지금부터는 줄리아 REPL을 어떻게 시작하고[1] 코드를 실행하는지 안다고 가정하겠습니다.

1.3 첫 번째 프로그램

전통적으로 새로운 프로그래밍 언어를 배울 때는 'Hello, World!' 프로그램을 작성해보는 것으로 시작합니다. 말 그대로 'Hello, World!'를 출력하는 프로그램입니다. 줄리아에서는 이렇게 합니다.

```
julia> println("Hello, World!")
Hello, World!
```

이것은 **출력문**print statement의 한 예입니다. 출력이라고 하긴 했지만, 진짜로 종이에 출력하는 건 아니고 화면에 표시합니다.

프로그램에 있는 큰따옴표는 표시할 문자열의 시작과 끝을 나타냅니다. 결과에는 안 나타나죠.

`println` 뒤에 붙어 있는 괄호는 `println`이 함수라는 것을 의미합니다. 함수에 대해서는 3장에서 알아보겠습니다.

1.4 산술 연산자

'Hello, World!' 다음에는 산술arithmetic 연산입니다. 줄리아에는 **연산자**operator가 있습니다. 덧셈이나 곱셈 같은 연산을 표현하는 기호이지요.

---

1 역자주_ 참고로 REPL을 종료하려면 exit()라고 입력하거나 Ctrl+D를 누릅니다.

연산자 +, -, *은 각각 더하기, 빼기, 곱하기입니다.

```julia
julia> 40 + 2
42
julia> 43 - 1
42
julia> 6 * 7
42
```

연산자 /는 나누기입니다.

```julia
julia> 84 / 2
42.0
```

나누기한 결과가 42가 아니고, 42.0인 게 좀 의아할 수 있는데, 다음 절에서 설명하겠습니다.

마지막으로 연산자 ^는 거듭제곱을 수행합니다. 주어진 수를 주어진 횟수만큼 곱하는 연산이죠.

```julia
julia> 6^2 + 6
42
```

1.5 값과 자료형

값value이라는 건 문자나 숫자처럼 프로그램이 다루는 가장 기본적인 것입니다. 지금까지 나온 값들 중에서 몇 개만 골라보면 2, 42.0, "Hello, World!"가 있습니다.

이 값들은 각기 다른 **자료형**type에 속하는데요, 2는 **정수**integer이고, 42.0은 **부동소수점 수**floating-point number이고, "Hello, World!"는 **문자열**string입니다. 문자열이 영어로 string(끈)인 이유는 각 문자character가 끈에 꿰어져 있는 것처럼 보여서 그렇습니다. 우리말로는 문자의 나열이죠.

어떤 값의 자료형이 궁금하면, REPL에 typeof()를 써서 알 수 있습니다.

```
julia> typeof(2)
Int64
julia> typeof(42.0)
Float64
julia> typeof("Hello, World!")
String
```

정수의 정확한 자료형은 Int64이고, 문자열은 String이고, 부동소수점 수는 Float64네요.

그러면 "2"와 "42.0"은 어떻습니까? 수처럼 보이지만, 따옴표가 있기 때문에 문자열입니다.

```
julia> typeof("2")
String
julia> typeof("42.0")
String
```

큰 수를 입력할 때 1,000,000처럼 세 자리마다 쉼표를 넣고 싶을 수도 있습니다. 그런데 줄리아에서 이렇게 하면, 문제없이 입력은 되는데 자료형이 **정수**가 아니게 됩니다.

```
julia> 1,000,000
(1, 0, 0)
```

기대한 결과가 아니네요. 줄리아는 1,000,000을 쉼표로 구분된 정수의 나열로 해석했습니다. 이런 나열에 대해서는 나중에 배워보지요.

제대로 입력하는 방법은 밑줄 문자underscore를 써서 1_000_000으로 입력하는 것입니다.

1.6 형식언어와 자연언어

자연언어natural language는 영어나 스페인어, 프랑스어처럼 사람이 쓰는 언어를 말합니다. 자연언어는 사람이 설계한 것이 아닙니다(물론 어느 정도 질서를 부여하려는 노력이 있긴 합니다). 자연적으로 나타난 것이죠.

형식언어formal language는 특정한 용도를 고려해서 사람이 설계한 언어를 말합니다. 예를 들어 수학자들이 사용하는 수식은 수와 기호의 관계를 표시하기에 적합한 형식언어입니다. 화학자들은 분자식이라는 형식언어를 분자의 구조를 표현하는 데 사용합니다. 그리고 우리에게 중요한 프로그래밍 언어는 연산을 표현하기 위해 설계된 형식언어입니다.

형식언어는 서술의 구조를 관장하는 엄격한 **구문 규칙**syntax rule을 가지고 있는 편입니다. 예를 들면, 수학에서 3+3=6은 구문 규칙에 부합하는 수식입니다. 그러나 3+=3$6은 그렇지 않죠. 화학에서 H_2O는 맞는 분자식이지만, $_2Zz$는 그렇지 않죠.

형식언어의 구문 규칙은 **토큰**token과 **구조**structure라는 두 요소로 정해집니다. 먼저 토큰은 언어의 기본 요소로 단어, 숫자, 원소기호 같은 것이 있겠네요. 수식을 3+=3$6으로 썼다 치죠. 어떤 문제가 있을까요? (제가 알기론) $는 수학에서 쓰는 기호가 아닙니다. 비슷하게 $_2Zz$는 Zz가 어떤 정해진 원소기호가 아닌 한, 제대로 된 분자식이 아닙니다.

구문 규칙의 두 번째 종류는 토큰의 결합 방법, 즉 구조를 정합니다. 수식 3+=3은, +기호와 = 기호가 올바른 토큰임에도 불구하고, 두 개가 붙어 있을 수는 없기 때문에 제대로 된 수식이 아닙니다. 마찬가지로 분자식에서 원소의 개수를 나타내는 숫자는 원소기호 앞에 오는 것이 아니라, 뒤에 와야 합니다.

이 @ 문장은 잘못$ 토*큰이 포함되어 있지만 구조는 제대로 되어 있습니다. 한편, 이 문장은 토큰이 있지만 되어 제대로, 구조가 이상하네요.

자연언어의 문장과 형식언어의 서술은 읽을 때 구조를 파악해야 합니다(물론 자연언어의 경우 무의식적으로 구조 파악을 하게 되죠). 이 과정을 **구문 분석**parsing이라고 부릅니다.

형식언어와 자연언어는 토큰, 구조, 구문 규칙과 같은 공통점을 가지고 있지만, 다른 점도 있습니다.

모호성

자연언어는 상황 맥락context에 대한 감이나 추가적인 정보가 있어야 되는 모호함으로 가득 차 있습니다. 반면 형식언어는 모호함이 아예 없거나, 거의 없도록 만들어집니다. 서술이 어떤 상황 맥락에서도 정확하게 한 가지 뜻을 갖는다는 의미입니다.

중복성

자연언어는 모호함에서 발생하는 오해를 막기 위해 중복이 많이 발생합니다. 그 결과로 좀 번잡하죠. 형식언어는 중복이 적고, 더 간결합니다.

축어성

자연언어는 관용구와 은유로 가득 차 있습니다. 제가 영어로 "The penny dropped"라고 말한다고 해도, 동전penny도 없을 것이고 뭔가 떨어지는drop 일도 없을 겁니다. 이 영어 관용구는 '이제야 알겠다'라는 뜻이죠. 반면 형식언어는 말 그대로의 의미를 갖습니다.

우리는 자연언어를 말하면서 성장했기 때문에, 형식언어를 받아들이는 것이 좀 어려울 때가 있습니다. 형식언어와 자연언어의 다름은, 운문과 산문의 다름과 비슷합니다만, 그 차이점이 좀 더 큽니다.

운문

운문에서의 단어는 의미뿐 아니라, 소리로서도 이용됩니다. 그래서 단어가 어떻게 쓰였느냐에 따라서 운율이 발생하기도 하고, 감정적 반응을 불러오는 효과도 생깁니다. 모호성이라는 건, 자연언어에서 흔할 뿐 아니라, 적극적으로 이용되는 특징이기도 합니다.

산문

산문에서는 단어가 가지는 문자 그대로의 의미가 더 중요하고, 문장구조 또한 의미에 더 영향을 줍니다. 산문은 운문보다 분석하기가 좀 더 편하긴 합니다만, 그래도 여전히 모호할 수 있습니다.

프로그램

컴퓨터 프로그램은 모호하지 않고, 문자 그대로의 의미를 가집니다. 그래서 토큰과 구조를 분석함으로써 완전하게 이해할 수 있죠.

형식언어는 자연언어보다 밀도가 높습니다. 그래서 읽는 데 더 많은 시간이 걸립니다. 구조도 중요합니다. 위에서 아래로 읽거나, 왼쪽에서 오른쪽으로 읽는 것이 항상 좋지만은 않습니다. 그 대신 프로그램을 머릿속으로 해석(구문 분석)하는 방법을 배워야 합니다. 토큰을 파악하고 구조를 이해해야죠. 마지막으로 디테일을 무시할 수 없습니다. 자연언어라면 작은 오타나 부호 실수는 그냥 넘어갈 수 있는 사소한 문제이지만, 형식언어에서는 정말 큰 차이를 가져올 수 있습니다.

1.7 디버깅

프로그래밍은 실수하기 위한 작업입니다. 좀 별난 이유로, 프로그램의 오류는 **버그**[bug]라고 부르고 오류를 찾아내서 없애는 과정은 **디버깅**[debugging]이라고 부릅니다.

프로그래밍, 특히 디버깅은 강한 감정을 불러올 때가 있습니다. 어려운 버그 때문에 고생하다 보면, 화도 나기도 하고, 낙담하게 될 때도 있습니다. 어떨 땐 좀 당혹스러울 때도 있습니다.

이처럼 사람들은 자연스럽게 컴퓨터가 인격체인 것처럼 반응하곤 하며, 연구 결과도 있습니다. 컴퓨터가 잘 동작하면 든든한 팀원처럼 생각하지만, 완고하거나 무례하게 나오면 마치 사람이 그러는 것처럼 반응한다는 것이죠.[2]

이런 식의 감정적 반응을 미리 대비하고 있으면, 감정을 추스르는 데 도움이 됩니다. 한 가지 방법은 컴퓨터를 어떤 강점과 약점을 가진 부하 직원처럼 생각하는 것입니다. 빠르고 정확하기는 하지만, 공감 능력이 없고 큰 그림도 볼 줄 모르는 직원이죠.

여러분이 할 일은 좋은 관리자가 되는 것입니다. 강점을 잘 활용할 방법을 찾고, 약점은 보완해야죠. 그리고 여러분의 감정이 문제 해결에 건설적으로 이용될 수 있도록, 나름의 방법을 찾으세요. 컴퓨터에 대한 감정에 휘둘리면 작업하는 데 방해가 될 뿐입니다.

디버깅을 배우는 것은 좀 어렵습니다만, 프로그래밍뿐만 아니라 여러 방면에서 유용한 가치 있는 기술입니다. 각 장의 마지막 절에는, 이번 절처럼, 디버깅을 위한 제 제안을 담을 것입니다. 도움이 되면 좋겠네요.

1.8 용어집

문제 해결problem solving

문제를 정의하고, 해결책을 찾고, 표현하는 과정.

---

2 Reeves, Byron, and Clifford Ivar Nass. 1996. "The Media Equation: How People Treat Computers, Television, and New Media Like Real People and Places." Chicago, IL: Center for the Study of Language and Information; New York: Cambridge University Press.

프로그램program

어떤 연산을 하는 명령문의 나열.

REPL

반복적으로 입력을 읽고, 실행한 후, 결과를 출력하는 프로그램.

프롬프트prompt

REPL 프로그램이 사용자로부터 입력받을 준비가 되었음을 표시하는 문자열.

출력문print statement

줄리아 REPL이 어떤 값을 화면에 출력하도록 하는 명령.

연산자operator

덧셈, 곱셈, 문자열 결합과 같은 단순 연산을 표현하는 기호.

값value

숫자나 문자열같이 프로그램이 다루는 자료의 기본 단위.

자료형type

값의 범주. 지금까지 살펴본 자료형은 정수(`Int64`), 부동소수점 수(`Float64`), 문자열(`String`)이 있음.

정수integer

정수를 표현하는 자료형.

부동소숫점floating-point

소수점이 있는 수를 표현하는 자료형.

문자열string

문자의 나열을 표시하는 자료형.

자연언어natural language

사람들이 사용하는 자연적으로 발생한 언어.

형식언어formal language

수학적 아이디어나, 컴퓨터 프로그램처럼 특정한 목적을 가지고, 사람이 설계한 언어. 모든 프로그래밍 언어는 형식언어임.

구문syntax

프로그램의 구조를 정하는 규칙.

토큰token

프로그램의 구문 구조를 이루는 기본 단위. 자연언어의 단어에 대응.

구조structure

토큰이 결합되는 방식.

구문 분석parse

프로그램을 읽어서 구문 구조를 분석하는 행위.

버그bug

프로그램의 오류.

디버깅debugging

버그를 찾고, 고치는 행위.

1.9 연습 문제

TIP 이 책을 컴퓨터 앞에 두고 읽으면, 바로바로 예시를 실습해볼 수 있기 때문에 효과적입니다.

연습 1-1

새로운 기능을 시험해볼 때마다, 뭔가 틀리게 해보세요. 예를 들어 'Hello, World!' 프로그램에서 따옴표 하나를 빠뜨리면 어떻게 되나요? 두 개 다 빠뜨리면요? println을 칠 때 오타를 내면요?

이런 종류의 실험은 읽은 것을 기억하는 데 도움을 줍니다. 게다가 프로그래밍하는 데 도움이 되기도 합니다. 오류 메시지가 뜻하는 바를 알게 되기 때문이죠. 당장 의도적으로 잘못해보는 편이 나중에 우발적으로 실수하는 것보다 좋습니다.

1. 출력문에서 괄호를 하나 빠뜨리거나, 둘 다 빠뜨리면 어떻게 됩니까?

2. 문자열을 출력하려고 하는데, 따옴표를 하나 빠뜨리거나, 둘 다 빠뜨리면 어떻게 됩니까?

3. -2처럼 음수를 표현할 때 뺄셈 기호를 쓸 수 있습니다. 만약에 덧셈 기호를 숫자 앞에 놓으면 어떻게 되나요? 2++2를 입력하면 어떻게 될까요?

4. 수학에서 02처럼 숫자 앞에 있는 0은 문제가 아닙니다. 줄리아에서도 그럴까요?

5. 중간에 연산자 없이 두 값을 입력하면 어떻게 됩니까?

연습 1-2

줄리아 REPL을 실행해서 계산기로 써봅시다.

1. 42분 42초는 몇 초입니까?

2. 10킬로미터는 몇 마일입니까? 참고로 1마일은 1.61킬로미터입니다.

3. 10킬로미터 단축마라톤을 달리는 데 37분 48초 걸렸다면, 어느 정도 페이스로 달렸는지 계산해봅시다. 1마일당 소요 시간은 몇 분 몇 초인가요? 평균 속력은 시간당 마일로 어떻게 되나요?

CHAPTER 2

변수, 표현식, 문장

프로그래밍 언어의 가장 강력한 기능 중 하나는 **변수**variable를 다루는 능력입니다. 변수란 값을 가리키는 이름입니다.

2.1 할당문

할당문assignment statement은 새로운 변수를 만들고, 그 변수에 값을 할당합니다.

```
julia> message = "And now for something completely different"
"And now for something completely different"
julia> n = 17
17
julia> π_val = 3.141592653589793
3.141592653589793
```

이 예시에서는 할당을 세 번 합니다. 첫 번째는 문자열을 message라는 변수에 할당했고, 두 번째는 정수 17을 n에, 세 번째는 원주율 π의 값을 π_val에 할당했습니다(REPL에서 \pi라고 치고 탭을 누르면 π가 입력됩니다).

흔히 종이에 변수를 표현할 때는 변수의 이름을 쓰고 값으로 가는 화살표를 그려 나타냅니다. 이런 그림은 각 변수의 상태가 어떤지를 보여주기 때문에 **상태 도식**state diagram이라고 부릅니다.

[그림 2-1]은 앞 예시의 결과를 보여줍니다.

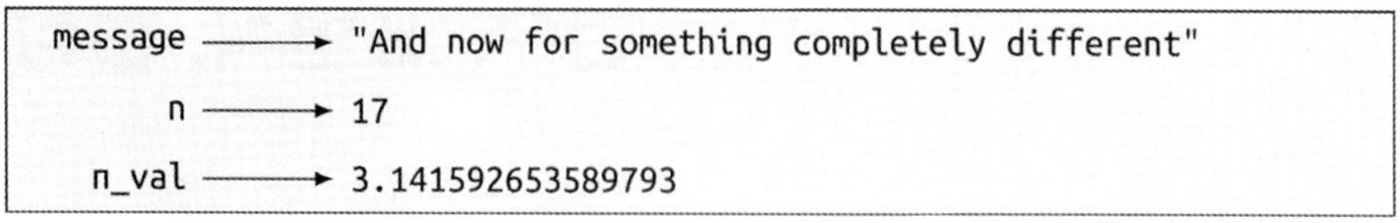

```
message ──────→ "And now for something completely different"
      n ──────→ 17
  n_val ──────→ 3.141592653589793
```

그림 2-1 상태 도식

2.2 변수명

프로그래머는 일반적으로 변수명을 유의미하게 짓습니다. 변수가 어떻게 쓰이는지를 기록한다는 의미로요.

변수명은 원하는 대로 지을 수 있습니다. 거의 모든 유니코드Unicode 문자를 쓸 수 있죠(문자에 대해서는 8.1절 참고). 단, 숫자로 시작하면 안 됩니다. 대문자를 쓰는 것도 가능하긴 하지만 변수명으로는 소문자만 쓰는 것이 관습입니다.

줄리아 REPL에서는 유니코드 문자를 레이텍LaTeX과 비슷한 약어를 써서 탭 완성tab completion으로 입력할 수 있습니다.

밑줄 문자 _는 변수명에 쓸 수 있습니다. your_name이나 airspeed_of_unladen_swallow[1] 처럼 일반적으로 여러 단어로 된 변수명에 씁니다.

변수명을 잘못 지으면, 구문 오류syntax error가 발생합니다.

```
julia> 76trombones = "big parade"
ERROR: syntax: "76" is not a valid function argument name
julia> more@ = 1000000
ERROR: syntax: extra token "@" after end of expression
julia> struct = "Advanced Theoretical Zymurgy"
```

---

1 역자주_ 파이썬은 영미권에서 유명한 코미디 프로그램 〈몬티 파이튼의 날아다니는 서커스〉에서 이름을 따왔습니다. 이 책은 파이썬 서적을 줄리아로 변환했기 때문에, 파이썬 책에 있던 몬티 파이튼 시리즈 예시 역시 그대로 씁니다. airspeed of unladen swallow(제비가 맨몸으로 나는 속도)는 영화 〈몬티 파이튼과 성배〉에 등장합니다.

```
ERROR: syntax: unexpected "="
```

76trombones는 숫자로 시작하기 때문에 잘못되었습니다. more@는 사용하면 안 되는 문자 @가 포함되어서 오류가 났죠. 그럼 struct는 뭐가 잘못된 걸까요?

struct는 줄리아의 **예약어**keyword입니다. 예약어는 프로그램의 구조를 해석하는 데 사용되므로 변수명으로 사용할 수 없습니다.

줄리아의 예약어는 다음과 같습니다.

```
abstract type    baremodule    begin     break     catch
const            continue      do        else      elseif
end              export        finally   for       false
function         global        if        import    in
let              local         macro     module    mutable struct
primitive type   quote         return    true      try
using            struct        where     while
```

2.3 표현식과 문장

표현식expression은 값, 변수, 연산자의 조합입니다. 값은 그 자체로 표현식이고, 변수도 그렇습니다. 그러므로 다음은 모두 적법한 표현식입니다.

```
julia> 42
42
julia> n
17
julia> n + 25
42
```

프롬프트에서 표현식을 입력하면 REPL은 이 표현식을 **평가**evaluate합니다. 이는 표현식의 값을 계산해서 알아낸다는 뜻입니다. 앞의 예시를 보면 n의 값은 17이고, n+25의 값은 42입니다.

문장statement은 변수를 만들거나, 값을 출력하는 등 어떤 작용을 하는 코드의 단위를 말합니다.

```
julia> n = 17
17
julia> println(n)
17
```

첫 번째 줄은 변수 n에 값을 할당하는 할당문입니다. 두 번째 줄은 변수 n의 값을 화면에 출력하는 출력문입니다.

문장을 넣으면, REPL은 그것을 **실행**execute합니다. 그 문장에 담긴 지시를 그대로 이행한다는 뜻입니다.

2.4 스크립트 모드

지금까지 우리는 줄리아를 **대화형 모드**interactive mode로 실행했습니다. REPL과 직접 상호작용을 했다는 뜻입니다. 처음에는 대화형 모드가 편합니다만, 코드가 몇 줄만 넘어가도 다루기 힘들어질 수 있습니다.

대안은 코드를 **스크립트**script라고 부르는 파일로 저장하고, **스크립트 모드**script mode로 그 스크립트를 실행하는 것입니다. 관습적으로 줄리아 스크립트는 .jl을 확장자로 갖습니다.

사용하는 컴퓨터에서 스크립트를 만들고 실행할 줄 안다면 더 진행하는 데 문제가 없겠지만, 그렇지 않고 좀 어려움을 느낀다면 JuliaBox를 다시 한번 추천합니다. 텍스트 파일을 하나 새로 만들어서 스크립트를 작성한 후 .jl 확장자를 갖도록 이름을 바꿔서 저장하면 됩니다. 스크립트는 터미널에서 `julia name_of_the_script.jl`를 입력해 실행할 수 있습니다.[2]

줄리아는 두 가지 모두를 다 지원하기 때문에, 대화형 모드에서 코드를 테스트하고, 완성되면 스크립트로 저장하는 식으로 작업할 수 있습니다. 단, 두 모드는 약간 다른 점이 있습니다.

예를 들어, 줄리아를 간단한 계산기로 사용하려면 REPL에서는 이렇게 할 수 있습니다.

```
julia> miles = 26.2
26.2
```

----

2 역자주_ JuliaBox에서 파일은 홈 디렉터리에 저장되므로, 스크립트를 실행하려면 cd 명령어 등으로 홈 디렉터리로 이동한 다음 실행해야 합니다.

```
julia> miles * 1.61
42.182
```

첫 번째 줄은 변수 `miles`에 값을 할당하고, 화면에 표시했죠. 두 번째 줄은 표현식이라 REPL
이 평가한 후, 그 값을 화면에 표시했습니다. 26.2마일을 뛰는 경주는 알고 보니 마라톤처럼
42킬로미터 정도를 뛴다는 걸 알았습니다.

그런데 이 코드를 동일하게 스크립트에 넣고 실행하면, 출력되는 것이 아무것도 없습니다. 스
크립트 모드에서는 표현식이 그 자체로는 아무런 효과가 없어서 그렇습니다. 줄리아가 표현식
을 평가하기는 하는데, 명시적으로 출력하라는 명령을 주지 않으면 화면에 표시하지 않는 거
죠. 출력하려면 다음과 같이 해야 합니다.

```
miles = 26.2
println(miles * 1.61)
```

이런 동작 방식의 차이가 처음에는 좀 헷갈릴 수 있습니다.

스크립트 안에는 보통 문장이 나열되어 있습니다. 문장이 한 개 이상이면, 문장이 차례로 실행
되면서 결과가 나타나겠죠.

예를 들어 다음 스크립트를 보죠.

```
println(1)
x = 2
println(x)
```

이 스크립트의 출력은 다음과 같습니다.

```
1
2
```

보시다시피 할당문은 아무런 출력을 하지 않습니다.

연습 2–1

읽은 내용을 이해했는지 확인하는 차원에서, 다음 문장들을 REPL에 입력하고, 어떻게 되는지 봅시다.

```
5
x = 5
x + 1
```

자 이제 같은 내용을 스크립트로 실행해볼까요? 출력이 어떻습니까? 이제 각 표현식을 출력문에 넣어서 바꾼 다음, 다시 실행해보세요.

2.5 연산자 우선순위

표현식이 한 개 이상의 연산자를 가지고 있으면, 평가 순서는 **연산자 우선순위**operator precedence를 따릅니다. 수학 연산자의 경우에는 수학에서의 순서와 같습니다. 이 규칙을 쉽게 기억하려면 **PEMDAS**로 외우시면 됩니다.

- 괄호parenthesis는 가장 높은 우선순위를 갖고 있어서, 표현식의 평가 순서를 원하는 대로 강제하기 위해 사용할 수 있습니다. 괄호 안의 표현식이 우선 평가되니까, 2*(3-1)은 4이고, (1+1)^(5-2)는 8입니다. (minute * 100) / 60처럼 괄호를 빼더라도 결과가 동일한 경우에도 표현식을 읽기 쉽게 하기 위해 괄호를 쓰기도 합니다.

- 거듭제곱 연산exponentiation은 그다음입니다. 그래서 1+2^3은 9이고, 2*3^2는 36이 아니고 18입니다.

- 곱셈multiplication과 나눗셈division은 덧셈addition과 뺄셈subtraction보다 우선합니다. 그래서 2*3-1은 5이고, 6+4/2는 5가 아니고 8입니다.

- 같은 우선순위를 가지는 연산자는 (거듭제곱 연산자를 제외하면) 왼쪽에서 오른쪽으로 평가됩니다. 그러므로 degree / 2 * π의 경우, 나눗셈이 먼저 일어나고 곱셈이 일어납니다. degree를 2π로 나누려면, 괄호를 쓰거나, 괄호를 풀어 degree / 2 / π라고 쓰거나, 혹은 수학 공식을 쓰듯 degree / 2π라고 써도 됩니다.

TIP 사실 연산자 우선순위를 꼭 기억해둘 필요는 없는데요, 헷갈릴 위험이 있다면 괄호를 써서 명확하게 할 수 있기 때문에 그렇습니다.[3]

2.6 문자열 연산자

일반적으로 문자열에 수학 연산자를 적용할 수는 없습니다. 문자열이 아무리 숫자처럼 보여도 그렇습니다. 그래서 다음은 모두 잘못되었습니다.

```
"2" - "1"    "eggs" / "easy"    "third" + "a charm"
```

다만 예외가 두 가지 있습니다. *와 ^입니다.

* 연산자는 **문자열 결합**string concatenation으로 동작합니다. 다음 예처럼 문자열을 이어 붙인다는 뜻입니다.

```
julia> first_str = "throat"
"throat"
julia> second_str = "warbler"
"warbler"
julia> first_str * second_str
"throatwarbler"
```

^ 연산자도 문자열에 적용할 수 있으며, 반복 문자열을 만드는 동작을 합니다. 예를 들어 "Spam"^3은 "SpamSpamSpam"이 됩니다. ^ 연산자의 왼쪽 값이 문자열이라면, 오른쪽 값은 0 이상의 정수여야 합니다.

문자열에 대한 * 연산과 ^ 연산은 숫자에서의 곱셈과 거듭제곱 연산과 유사합니다. 4^3이 4*4*4인 것처럼 "Spam"^3은 "Spam"*"Spam"*"Spam"인 것이죠.

---

3 역자주_ 기본 연산자의 우선순위를 몰라도 된다는 뜻이 아니라, 나중에 배울 다양한 연산자 우선순위까지 포함했을 때 그렇다는 말입니다. 사칙연산의 우선순위가 헷갈릴 정도면 다른 사람의 코드를 읽을 때 심각한 지장이 있습니다!

2.7 주석

프로그램이 커지고 복잡해지면, 읽기가 점점 더 어려워집니다. 형식언어는 밀도가 높아서, 코드를 봤을 때, 도대체 어떤 동작을 하는지, 왜 그렇게 하는지 알기가 어려울 때가 있습니다.

이런 이유로 프로그램의 동작에 대해, 자연언어로 설명해놓은 메모를 다는 것은 좋은 생각입니다. 이런 메모를 **주석**comment이라고 부릅니다. 주석은 # 기호로 시작합니다.

```
# 분 단위의 시간(time)을 시간(hour)의 백분율로 계산함
percentage = (minute * 100) / 60
```

이렇게 # 기호로 시작하면 줄 전체가 주석이 됩니다. 다음과 같이 코드 뒤쪽에 주석을 넣을 수도 있습니다.

```
percentage = (minute * 100) / 60    # 시간(hour)의 백분율
```

#부터 그 줄의 끝까지는 프로그램의 실행에 아무런 영향을 주지 않고 무시됩니다.

주석은 해당 코드의 당연하지 않은 사항을 기록하는 데 유용합니다. 코드를 읽는 사람이 그 코드가 **무엇을 하는지**는 알아낼 수 있다고 가정하고, **왜 그렇게 하는지**를 설명하는 편이 좋습니다.

다음과 같은 주석은 중복되는 내용이므로 불필요하다는 것을 알 수 있습니다.

```
v = 5    # v에 5를 할당함
```

다음 주석은 코드 자체에서는 제공하지 않는 유용한 정보를 제공합니다.

```
v = 5    # 속도의 단위는 초당 미터(m/s)
```

> **CAUTION_** 좋은 변수명은 주석의 필요성을 감소시킵니다. 반면 긴 변수명은 복잡한 표현식을 읽기 어렵게 만들죠. 그러므로 변수명을 정하는 일에는 트레이드오프가 있습니다.

2.8 디버깅

프로그램에서는 세 종류의 오류가 발생할 수 있습니다. 구문 오류^{syntax error}, 실행 오류^{runtime} ^{error}, 의미 오류^{semantic error}가 그것입니다. 오류를 빠르게 잡아내기 위해서는 그 오류가 어떤 종류인지 아는 것이 큰 도움이 됩니다.

구문 오류

구문은 프로그램의 구조와 구조에 대한 규칙을 가리킵니다. 예를 들어 괄호는 짝이 맞아야 하니까 (1+2)는 적법하지만, 8)은 구문 오류가 있지요.

프로그램에 구문 오류가 있다면, 줄리아는 오류 메시지를 표시하고 종료합니다. 프로그램을 끝까지 실행할 수가 없지요. 프로그래밍을 처음 시작하면 몇 주 동안은 구문 오류 때문에 시간을 쓰게 될 가능성이 높습니다. 경험이 쌓이면 오류도 거의 만들지 않고, 있어도 빠르게 찾아낼 수 있게 됩니다.

실행 오류

두 번째 종류는 실행 오류입니다. 이런 이름이 붙은 이유는 프로그램이 실행된 다음에야 오류가 나타나기 때문입니다. 이런 종류의 오류를 **예외**^{exception}라고도 하는데, 뭔가 예외적인 (그리고 나쁜) 일이 발생했다는 것을 의미하기 때문입니다.

의미 오류

세 번째 종류는 '의미'의 오류입니다. 만일 프로그램에 의미 오류가 있다면, 오류 메시지를 내지 않고 동작하겠지만, 제대로 동작하지는 않을 것입니다. 즉, 프로그래밍된 대로 동작을 하긴 하는데, 그것이 작성자의 의도와 일치하는 것은 아닌 상황입니다.

의미 오류를 찾아내는 것은 프로그램의 출력을 토대로, 왜 이렇게 동작하는지를 역방향으로 따라가면서, (작성 의도와 무관하게) 실제로는 어떻게 돌고 있는지를 생각해내야 하기 때문에 꽤 어려울 수 있습니다.

2.9 용어집

변수variable

값을 가리키는 이름.

할당assignment

변수가 어떤 값을 가리키도록 하는 명령.

상태 도식state diagram

변수와 변수가 가리키는 값을 나열해 그린 도식.

예약어keyword

프로그램의 구문 해석을 위해 사용하는 예약된 단어. `if`, `function`, `while` 등이 있으며, 예약어는 변수명으로 사용할 수 없다.

표현식expression

어떤 단일한 결괏값을 가지는 변수, 연산자, 값의 조합.

평가evaluate

하나의 결괏값을 갖도록 연산을 수행해서 표현식을 간단하게 만드는 일.

문장statement

어떤 명령이나 동작을 나타내는 코드의 단위. 현재까지 우리가 본 문장은 할당문과 출력문이었음.

실행execute

문장이 뜻하는 대로 동작하는 일.

대화형 모드interactive mode

REPL의 프롬프트에 코드를 입력해서 줄리아를 사용하는 방법.

스크립트 모드script mode

줄리아가 스크립트에서 코드를 읽어서 실행하도록 하는 방법.

스크립트script

파일로 저장된 프로그램.

연산자 우선순위operator precedence

여러 개의 연산자와 피연산자가 있을 때, 이를 평가하는 순서를 정해놓은 규칙.

(문자열) 결합concatenate

두 문자열을 이어 붙이는 일.

주석comment

다른 프로그래머들(이나 소스 코드를 읽는 사람들)을 위해 적어놓은, 실행에는 아무런 영향을 주지 않는, 프로그램에 대한 정보.

구문 오류syntax error

프로그램의 구문을 분석할 수 없도록 (그래서 해석이 안 되도록) 만드는 오류.

실행 오류runtime error, **예외**exception

프로그램이 실행되는 동안 발생하는 오류.

의미semantics

프로그램의 의미, 의도한 내용.

의미 오류semantic error

프로그램이 의도한 바와 다르게 동작하게 만드는 오류.

2.10 연습 문제

연습 2-2

1장에서의 제 조언대로, 2장에서 새롭게 배운 기능에 대해 대화형 모드에서 의도적으로 오류를 발생시키고, 어떻게 잘못되는지 확인해보세요.

1. n = 42가 맞는 문장인 것은 알고 있습니다. 42 = n은 어떻습니까?

2. x = y = 1은 어떻습니까?

3. 어떤 프로그래밍 언어에서는 모든 문장이 세미콜론, 즉 ; 기호가 붙어서 끝납니다. 줄리아의 문장 맨 마지막에 세미콜론을 붙이면 어떻게 되나요?

4. 문장의 마지막에 마침표를 넣으면요?

5. 수학에서는 x와 y를 곱할 때, x y처럼 연산자를 생략할 수 있습니다. 줄리아에서도 그렇게 될까요? 5x는 어떻습니까?

연습 2-3

줄리아 REPL을 실행해서 계산기로 써봅시다.

1. 반지름이 r인 구의 부피는 $\frac{4}{3}\pi r^3$입니다. 반지름이 5인 구의 부피는 얼마인가요?

2. 어떤 책의 정가가 $24.95인데, 서점에서 40% 할인을 해줍니다. 배송비는 한 권일 때 $3이고, 한 권이 늘어날 때마다 75센트가 붙습니다. 60권을 주문 및 배송한다면 얼마의 비용이 들까요?

3. 제가 아침 6시 52분에 집을 떠나서, 1마일을 느긋하게 달리고(1마일당 8분 15초), 3마일을 조금 빠르게 달리고(1마일당 7분 12초), 다시 1마일을 느긋하게 달린다면, 언제 집에 도착하겠습니까?

CHAPTER 3

함수

수학과는 다르게, 프로그래밍에서 **함수**function란 어떤 계산을 수행하는 문장의 나열을 말하며, 함수에는 이름이 붙어 있습니다. 함수를 정의할 때, 이름을 지정하고, 문장을 나열하게 됩니다. 나중에 함수는 그 이름을 사용해 **호출**call할 수 있습니다.

3.1 함수 호출

우리는 이전 장에서 이미 함수 호출의 한 가지 예를 봤습니다.

```
julia> println("Hello, World!")
Hello, World!
```

그 함수의 이름은 바로 **println**이군요. 괄호 안의 표현식은 함수의 **인수**argument라고 부릅니다.

보통 함수는 인수를 받아서, 결과를 돌려준다return고들 말합니다. 그 결과를 **결괏값(반환값)**return value이라고 합니다.

줄리아에는 어떤 자료형의 값을 다른 자료형으로 변환하는 함수들이 있습니다. parse 함수는 문자열을 받아서, 가능한 경우 지정된 숫자형으로 변환하고, 그렇지 않으면 오류를 내죠.

```
julia> parse(Int64, "32")
32
julia> parse(Float64, "3.14159")
3.14159
julia> parse(Int64, "Hello")
ERROR: ArgumentError: invalid base 10 digit 'H' in "Hello"
```

trunc 함수는 부동소수점 수를 정수로 변환하는데, 반올림을 하지는 않고, 소수점 아래를 잘라냅니다.

```
julia> trunc(Int64, 3.99999)
3
julia> trunc(Int64, -2.3)
-2
```

float 함수는 정수를 부동소수점 수로 변환합니다.

```
julia> float(32)
32.0
```

마지막으로 string 함수는 인수를 문자열로 변환합니다.

```
julia> string(32)
"32"
julia> string(3.14159)
"3.14159"
```

3.2 수학 함수

줄리아에서는 대부분의 친숙한 수학 함수들을 바로 사용할 수 있습니다. 다음의 예에서는 상용 로그를 구하는 log10 함수를 사용해 (신호 강도 signal_power와 노이즈 강도 noise_power 가 이미 정의되어 있다고 가정하고) 신호 대 노이즈 비율을 데시벨로 계산합니다. 물론 자연로 그를 계산하는 함수 log도 있습니다.

```
ratio = signal_power / noise_power
decibels = 10 * log10(ratio)
```

다음 예시에서는 라디안radian 값의 사인sine을 구합니다. 변수의 이름(radians)을 보면, sin 함수와 cos, tan 등 삼각함수가 인수를 라디안으로 받는다는 것을 눈치챌 수 있습니다.

```
radians = 0.7
height = sin(radians)
```

도degree로 표시된 각도를 라디안으로 바꾸려면, 180으로 나누고 π를 곱하면 됩니다.

```
julia> degrees = 45
45
julia> radians = degrees / 180 * π
0.7853981633974483
julia> sin(radians)
0.7071067811865475
```

변수 π의 값은 부동소수점 수로 표시된 원주율 π의 근삿값입니다. 줄리아에 내장되어 있고, 유효숫자는 16자리입니다. 줄리아에서 pi는 π의 또 다른 표현입니다.

삼각함수를 알고 있다면, 위 예시의 결과를 $\frac{\sqrt{2}}{2}$와 비교해볼 수 있다는 걸 알 겁니다.

```
julia> sqrt(2) / 2
0.7071067811865476
```

3.3 합성

지금까지 우리는 프로그램의 구성 요소인 변수, 표현식, 문장을 각각 살펴봤습니다. 어떻게 결합하는지는 언급하지 않았죠.

프로그래밍 언어의 가장 유용한 기능 중 하나는 작은 코드 부품을 모아서, **합성**compose하는 능력입니다. 예를 들어 함수의 인수는 산술 연산을 포함해 어떤 표현식이어도 됩니다.

```
x = sin(degrees / 360 * 2 * π)
```

인수로 전달하는 표현식이 함수 호출이어도 되죠.

```
x = exp(log(x+1))
```

값을 넣을 수 있는 곳이라면 어디나 임의의 표현식을 넣을 수 있습니다. 딱 한 곳만 빼고요. 바로 할당문의 왼쪽입니다. 여기는 변수명만 가능합니다. 나중에 예외 규칙을 더 보겠지만, 일반적으로 할당문의 왼편에는 변수명이 아닌 다른 표현식이 들어가면 안 됩니다.

```
julia> minutes = hours * 60 # 올바른 문법
120
julia> hours * 60 = minutes # 틀린 문법
ERROR: syntax: "60" is not a valid function argument name
```

3.4 새로운 함수 만들기

지금까지 우리는 줄리아에서 제공하는 함수만 썼습니다. 물론 새로운 함수를 추가하는 것도 가능합니다. 이를 **함수 정의**function definition라고 합니다. 새로운 함수의 이름과 함수가 호출되었을 때 실행할 문장의 나열을 지정하면 됩니다. 예시를 보시죠.

```
function printlyrics()
    println("I'm a lumberjack, and I'm okay.")
    println("I sleep all night and I work all day.")
end
```

function은 함수 정의가 시작됨을 알려주는 예약어입니다. 이 예제에서 함수의 이름, 즉 함수 명은 printlyrics입니다. 함수명을 정하는 규칙은 변수명과 같습니다. 거의 모든 유니코드 문자(8.1절 참고)를 쓸 수 있습니다. 단, 첫 번째 문자가 숫자일 수는 없습니다. 예약어를 함수 명으로 쓰는 것도 안 됩니다. 변수와 함수를 같은 이름으로 정하는 것도 피해야 합니다.

함수명 뒤에 괄호 안에 아무것도 없으면, 이 함수는 아무런 인수도 받지 않는다는 뜻입니다.

함수 정의의 첫 줄을 **헤더**^{header}라 하고, 나머지는 **본문**^{body}이라고 합니다. 본문은 end 예약어로 끝나고, 문장은 몇 개든지 포함할 수 있습니다. 가독성을 위해서 함수의 본문은 들여쓰기^{indent} 해야 합니다.

따옴표는 반드시 "곧은 따옴표"를 씁니다. 보통 엔터 키 왼쪽에 있습니다. 인쇄물 등에서 쓰는 "둥근 따옴표"는 (문자열 안에 포함시키는 것을 제외하면) 줄리아에서 쓸 수 없습니다.

대화형 모드에서 함수 정의를 입력하게 되면, REPL이 함수 정의가 아직 완료되지 않았음을 보여주기 위해서 자동으로 들여쓰기를 해줍니다.

```
julia> function printlyrics()
           println("I'm a lumberjack, and I'm okay.")
```

함수 정의를 마치려면, 예약어인 **end**를 입력합니다.

새로운 함수를 호출하는 것은 내장 함수^{built-in function}와 다를 바 없습니다.

```
julia> printlyrics()
I'm a lumberjack, and I'm okay.
I sleep all night and I work all day.
```

함수를 일단 정의했다면, 다른 함수 안에서 사용할 수도 있습니다. 예를 들어 앞의 후렴을 반복하려면 **repeatlyrics**라는 함수를 또 만들 수 있겠죠.

```
function repeatlyrics()
    printlyrics()
    printlyrics()
end
```

이렇게 만든 후, **repeatlyrics**를 호출해봅시다.

```
julia> repeatlyrics()
I'm a lumberjack, and I'm okay.
I sleep all night and I work all day.
I'm a lumberjack, and I'm okay.
I sleep all night and I work all day.
```

물론 실제로 노래[1]가 이렇게 흘러가지는 않습니다.

3.5 정의와 사용

앞 절에 나온 코드 조각을 모아보면, 전체 프로그램은 다음과 같습니다.

```
function printlyrics()
    println("I'm a lumberjack, and I'm okay.")
    println("I sleep all night and I work all day.")
end

function repeatlyrics()
    printlyrics()
    printlyrics()
end

repeatlyrics()
```

이 프로그램은 두 개의 함수 정의 printlyrics와 repeatlyrics를 가지고 있습니다. 함수 정의는 다른 문장처럼 실행되며, 그 결과로 **함수 객체**^{function object}가 만들어집니다. 함수의 내부에 있는 문장들은 함수가 호출될 때까지 실행되지 않습니다. 그래서 함수 정의 자체는 아무런 출력을 하지 않습니다.

예상하시겠지만, 함수를 실행하기 전에 먼저 함수를 만들어야 합니다. 다른 말로 하면 함수 정의가 함수 호출 전에 실행되어야 합니다.

---

1 역자주_ 여기 나오는 예제의 가사는 〈몬티 파이튼의 날아다니는 서커스〉에 나오는 「나무꾼의 노래(Lumberjack Song)」에서 가져왔습니다.

연습 3-1

위 프로그램의 마지막 줄을 맨 위로 옮겨봅시다. 함수 호출이 함수 정의보다 앞에 나오게 되겠죠. 이렇게 해서 실행해보고, 어떤 오류 메시지가 나오는지 살펴보세요.

자, 이제 그 함수 호출을 다시 맨 아래로 옮긴 다음, 이번에는 printlyrics의 정의를 repeatlyrics의 정의 아래에 오도록 옮겨봅시다. 프로그램을 실행하면 어떻게 되나요?

3.6 실행 흐름

함수가 처음 사용되기 전에 함수 정의가 나오도록 보장하려면, 문장이 실행되는 순서를 알아야 합니다. 이것을 **실행 흐름**flow of execution이라고 합니다.

프로그램의 실행은 언제나 첫 문장부터 시작합니다. 문장은 위에서 아래로 하나씩 차례대로 실행됩니다.

함수 정의는 실행 흐름을 바꾸지 않습니다. 함수 내부에 있는 문장들은 함수가 호출되기 전까지는 실행되지 않는다는 점을 기억해두세요.

함수 호출은 실행 흐름에서 우회된다고 생각하면 쉽습니다. 함수 호출을 만나면 다음 문장으로 가기 전에 호출된 함수의 본문으로 점프합니다. 거기서 본문의 끝까지 문장들을 실행하고 나서, 점프를 시작했던 지점으로 돌아갑니다.

이거 꽤 간단해 보이는데, 가만 생각해보니 함수는 또 다른 함수를 호출할 수 있다는 점이 기억납니다. 한 함수의 내부에서 한참 문장들을 따라가던 도중, 다른 함수 호출을 만나 그 다른 함수의 문장들을 또 실행하게 될 수도 있습니다. 그러다가 거기서 또 다른 함수 호출을 만나면 또 그 함수의 문장을 실행하고…!

다행히 줄리아는 이런 점프들을 잘 기록하고 있다가, 함수가 완료되면 그 함수가 호출되었던 곳으로 돌아가서 실행을 계속합니다. 이런 식으로 프로그램의 끝까지 가면, 종료되는 것이죠.

요약하자면, 프로그램을 읽을 때 위에서 아래로 읽는 것이 항상 최선인 것은 아니라는 겁니다. 종종 실행 흐름을 따라가면서 읽는 것이 합리적일 때가 있습니다.

3.7 매개변수와 인수

어떤 함수들은 인수를 받습니다. 예를 들어 sin 함수를 호출할 때는 인수로 수치를 넘겨야 합니다. 어떤 함수들은 인수를 두 개 이상 받습니다. parse 함수는 숫자 한 개와 문자열 한 개, 도합 두 개의 인수를 받습니다.

함수 내부에서 인수는 **매개변수**parameter라고 부르는 변수에 할당됩니다. 인수가 한 개인 함수 정의를 하나 봅시다.

```
function printtwice(bruce)
    println(bruce)
    println(bruce)
end
```

이 함수에서는 인수가 bruce라는 이름의 매개변수로 할당됩니다. 이 함수가 호출되면, 매개변수의 값을 두 번 출력하겠죠.

이 함수는 출력할 수 있는 어떤 값을 받아도 잘 동작합니다.

```
julia> printtwice("Spam")
Spam
Spam
julia> printtwice(42)
42
42
julia> printtwice(π)
π = 3.1415926535897...
π = 3.1415926535897...
```

합성의 규칙은 내장 함수와 마찬가지로 우리가 정의한 함수에도 적용됩니다. 그러니까, printtwice 함수의 인수로 어떤 표현식이든 넣을 수 있습니다.

```
julia> printtwice("Spam "^4)
Spam Spam Spam Spam
Spam Spam Spam Spam
julia> printtwice(cos(π))
-1.0
-1.0
```

인수는 함수가 호출되기 전에 먼저 평가됩니다. 그러니까 위 예제에서는 표현식 "Spam "^4와 cos(π)는 각각 한 번씩만 평가됩니다.

물론 변수도 표현식이므로 인수로 쓸 수 있습니다.

```
julia> michael = "Eric, the half a bee."
"Eric, the half a bee."
julia> printtwice(michael)
Eric, the half a bee.
Eric, the half a bee.
```

여기서 함수의 인수로 전달하는 변수의 이름(michael)은 매개변수의 이름(bruce)과 아무런 상관이 없습니다. 함수를 호출할 때 어떤 값을 인수로 전달했던 간에, printtwice 함수 내에서 변수명은 bruce가 됩니다.

3.8 변수와 매개변수의 지역성

어떤 변수를 함수 내부에서 만들면, 그 변수는 함수 내부에서만 유효하게 존재합니다. 이런 성질을 **지역성**locality이라고 하고, 이렇게 지역성이 있는 변수를 **지역 변수**local variable라고 합니다.

```
function cattwice(part1, part2)
    concat = part1 * part2
    printtwice(concat)
end
```

이 함수 cattwice는 두 개의 인수를 받아서 결합한 다음, 결과를 두 번 출력합니다.

이 함수를 쓰는 예시를 봅시다.

```
julia> line1 = "Bing tiddle "
"Bing tiddle "
julia> line2 = "tiddle bang."
"tiddle bang."
julia> cattwice(line1, line2)
Bing tiddle tiddle bang.
```

```
Bing tiddle tiddle bang.
```

cattwice 함수의 실행이 끝나면, 변수 concat은 파괴됩니다. 이 변수를 출력하려고 한다면, 이런 오류를 만나게 됩니다.

```
julia> println(concat)
ERROR: UndefVarError: concat not defined
```

매개변수 역시 지역 변수입니다. printtwice 함수 바깥에 bruce라는 것은 존재하지 않습니다.

3.9 스택 도식

어떤 변수를 어디에서 쓸 수 있는 있는지를 추적하려면 **스택 도식**stack diagram을 그리는 것이 종종 유용합니다. 스택 도식은 상태 도식처럼 변수들 각각의 값을 표시하고, 추가적으로 그 변수들이 어떤 함수에 속하는지도 표시합니다.

각 함수는 **틀**frame로 표시합니다. 하나의 틀은 함수의 이름과 붙어 있는 상자로 구성되어 있고, 상자 안에는 매개변수와 변수가 들어 있습니다. 앞 예시의 스택 도식은 다음 [그림 3-1]과 같습니다.

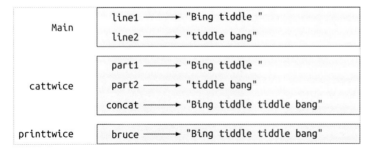

그림 3-1 스택 도식

여기서 틀은 함수의 호출 순서대로 쌓이는 스택stack[2] 모양으로 배열되어 있습니다. 이 예시에서 printtwice는 cattwice에서 호출되었고, cattwice는 Main에서 호출되었습니다. 여기서 Main은 가장 상위에 있는 틀의 특별한 이름입니다. 어떤 함수에도 속하지 않은 변수를 만들면 Main에 속하게 됩니다.

각 매개변수는 해당하는 각 인수와 같은 값을 가리킵니다. 그러므로 part1은 line1과 같은 값이고, part2는 line2와, bruce는 concat과 같은 값입니다.

호출된 함수가 실행되는 중간에 오류가 발생하면, 줄리아는 오류가 발생한 함수명을 출력하고, 그 함수를 호출한 함수를 출력하고, 다시 또 그 함수를 호출한 함수를 출력하는 식으로 Main까지 거슬러 올라갑니다.

예를 들어 printtwice 함수에서 concat 변수에 접근하려고 하면, UndefVarError가 발생합니다.

```
ERROR: UndefVarError: concat not defined
Stacktrace:
 [1] printtwice at ./REPL[1]:2 [inlined]
 [2] cattwice(::String, ::String) at ./REPL[2]:3
```

이런 함수의 목록을 **스택트레이스**stacktrace라고 부릅니다. 스택트레이스는 오류가 발생한 프로그램 파일, 줄 번호, 그 시점에서 실행 중이었던 함수들을 표시합시다. 또, 오류를 발생시킨 코드도 표시합니다.

스택트레이스에 표시되는 함수는 그 순서가 스택 도식과 반대입니다. 현재 실행 중인 함수가 맨 위에 나오죠.

---

2 역자주_ 사전적으로는 깔끔하게 쌓아놓은 무더기를 뜻하며 기초적인 자료구조이기도 합니다.

3.10 유익 함수와 void 함수

우리가 써본 함수들 중에서 수학 함수 같은 것들은 결괏값을 반환합니다. 이런 종류의 함수를 부르는 적당한 이름이 없기 때문에, 저는 **유익 함수**fruitful function라고 부르겠습니다. printtwice 처럼 어떤 동작을 하기는 하지만 결괏값을 반환하지 않는 함수도 있는데, 보통 **void 함수**void function라고 부릅니다.

유익 함수를 호출하는 것은, 거의 대부분 결괏값을 활용하기 위해서입니다. 예를 들자면, 결괏값을 변수에 할당하거나 표현식의 일부분으로 사용하는 것이죠.

```
x = cos(radians)
golden = (sqrt(5) + 1) / 2
```

유익 함수를 대화형 모드에서 호출하면, 줄리아는 그 결과를 화면에 표시합니다.

```
julia> sqrt(5)
2.23606797749979
```

그렇지만 스크립트에서는 유익 함수를 다른 조치 없이 단독으로 호출하면, 결괏값은 영원히 알 수 없습니다!

```
sqrt(5)
```

이 스크립트를 보면 5의 제곱근을 계산하는 코드인데, 결괏값을 저장하거나 화면에 표시하지 않기 때문에 이 자체로는 유용하지가 않습니다.

void 함수는 화면에 뭔가를 출력하거나, 다른 효과를 갖고 있을 수 있지만, 결괏값을 반환하지는 않습니다. 만일 void 함수의 결괏값을 변수에 할당한다면, 특별한 의미를 갖는 값인 nothing이 할당됩니다.

```
julia> result = printtwice("Bing")
Bing
Bing
julia> show(result)
nothing
```

nothing 값을 출력하려면, show 함수를 사용해야 합니다. print 함수랑 비슷한데, 이런 특별한 값까지 다룰 수 있는 함수입니다.

값 nothing은 문자열 "nothing"과 다릅니다. nothing은 고유의 자료형(Nothing)을 갖고 있는 특별한 값입니다.

```
julia> typeof(nothing)
Nothing
```

지금까지 우리가 작성한 함수들은 모두 결과를 반환하지 않는 void 함수였습니다. 앞으로 몇 개 장에 걸쳐 유익 함수를 작성해보겠습니다.

3.11 왜 함수를 쓰나요?

프로그램을 조각내서 여러 개의 함수로 만드는 것이 왜 유용한지 이해하기 어려울지도 모르겠습니다. 여기에는 여러 가지 이유가 있습니다.

1. 새로운 함수를 만드는 것은, 어떤 문장들의 모음에 이름을 붙일 수 있는 기회가 됩니다. 이렇게 하면 프로그램이 읽기 쉽고 디버그하기 쉽게 되지요.

2. 함수는 중복되는 코드를 없앰으로써 프로그램을 더 작게 만들어줍니다. 나중에 수정하고 싶을 때가 오면 한 곳만 수정하면 되지요.

3. 긴 프로그램을 함수를 이용해 분리하면, 그 분리된 부분만 하나씩 디버그할 수 있고, 그렇게 디버그한 부분들을 조립해 전체가 잘 동작하게 만들 수 있습니다.

4. 잘 설계된 함수는 다수의 프로그램에 유용하게 쓰일 수 있습니다. 한 번만 작성해서 디버그해놓으면 재사용할 수가 있죠.

5. 줄리아에서는 함수를 사용함으로써 프로그램 성능을 매우 향상시킬 수 있습니다.

3.12 디버깅

여러분이 습득하게 될 가장 중요한 기술 중 하나가 디버깅입니다. 좀 어렵고 힘들 수 있지만, 디버깅은 프로그래밍에서 가장 지적으로 풍부하고, 도전적이며, 흥미로운 부분입니다.

디버깅은 범죄 수사와 비슷한 점이 있습니다. 단서들과 마주하고, 현재 보고 있는 결과가 나오게 된 과정과 사건을 추론해내야 합니다.

디버깅은 또 실험과학과 비슷하기도 합니다. 잘못 동작하는 부분에 대한 아이디어가 생기면 가설을 세우고, 프로그램을 수정해 실험하는 거죠. 가설이 맞았다면, 그 수정 결과가 예측에 부합할 것입니다. 그럼으로써 해결에 한 발짝 다가서게 되는 것이죠. 가설이 틀렸다면, 새로운 가설을 세워야 할 것입니다. 일찍이 셜록 홈스가 강조한 바 있죠.

> 불가능한 것들을 제외하면, 남은 것이 아무리 불가능해 보여도 진실일 수밖에 없다.
>
> – 코넌 도일, 『네 개의 서명』

어떤 사람들에게는 프로그래밍이나 디버깅이 같은 것이기도 합니다. 프로그래밍이란 원하는 결과를 얻을 때까지 점진적으로 디버깅하는 과정이기 때문입니다. 그런 관점에서 보면, 일단 돌아는 가는 프로그램에서 시작해서, 작은 변경을 가하고, 이것에 대한 디버깅을 하는 식으로 프로그래밍을 해야 합니다.

예를 좀 들어보겠습니다. 리눅스는 현재 수백만 줄 이상의 코드로 되어 있는 운영체제이지만, 그 시작은 리누스 토르발스가 인텔 80386 칩을 알아보기 위해서 만들었던 작은 프로그램이었습니다. 래리 그린필드Larry Greenfield의 『The Linux Users' Guide』(1994)에 따르면, 리누스의 초기 프로젝트는 AAAA와 BBBB를 교대로 출력하는 프로그램이었다고 합니다. 이게 나중에 리눅스로 진화한 거죠.

3.13 용어집

함수function

이름이 붙어 있고, 뭔가 유용한 일을 수행하는 문장의 나열. 함수는 인수를 받거나 받지 않을 수 있고, 결과를 내거나 내지 않을 수 있다.

함수 호출function call

어떤 함수를 실행하는 문장. 함수명과 그 뒤에 붙어 있는 괄호로 싸여진 인수의 목록으로 구성된다.

인수argument

함수가 호출될 때, 그 함수에 전달해주는 값. 함수 내부에서는 대응하는 매개변수에 그 값이 할당된다.

결괏값return value

함수 호출의 결과. 함수 호출이 표현식으로 쓰이면, 함수의 결괏값이 그 표현식의 값이 된다.

합성composition

어떤 표현식을 더 큰 표현식의 일부분으로 사용하는 방법, 또는 어떤 문장을 더 큰 문장의 일부분으로 사용하는 방법.

함수 정의function definition

새로운 함수를 만들어내는 문장. 함수명, 매개변수, 실행할 문장들을 명기한다.

헤더header

함수 정의의 첫 줄.

본문body

함수 정의 안에 있는 문장의 나열.

함수 객체function object

함수 정의가 만들어내는 값. 함수명을 이름으로 하는 변수가 생성되어, 그 함수 객체를 값으로 가진다.

실행 흐름flow of execution

문장들의 실행 순서.

매개변수parameter

함수 내부에서 사용되는, 인수를 값으로 갖는 변수.

지역 변수local variable

함수 내부에서 정의된 변수. 지역 변수는 그것을 정의한 함수 내부에서만 사용할 수 있다.

스택 도식stack diagram

함수, 함수 내부 변수 및 그 값을 차곡차곡 쌓은 그림으로 표현한 것.

틀frame

스택 도식에서 함수 호출을 표시하는 상자. 그 함수의 지역 변수와 매개변수를 표시한다.

스택트레이스stack trace

오류가 발생했을 때 출력되는, 실행 중인 함수의 목록.

유익 함수fruitful function

결괏값을 반환하는 함수.

void 함수void function

항상 nothing을 결괏값으로 반환하는 함수.

nothing

void 함수가 반환하는 특별한 값.

3.14 연습 문제

TIP 여기 나오는 연습들은 지금까지 소개된 문장과 기능만을 써서 수행해야 합니다.

연습 3-2

rightjustify라는 함수를 작성해보세요. 문자열 변수 s를 매개변수로 받고, 그 문자열을 화면에 출력하되, 마지막 글자가 화면의 70번째 컬럼에 위치하도록 앞에 빈칸을 붙여서 출력하는 함수입니다.

```
julia> rightjustify("monty")
                                                                 monty
```

TIP 문자열 결합과 반복을 사용하세요. 줄리아는 문자열의 길이를 알려주는 length라는 함수를 제공합니다. length("monty")는 5가 나오죠.

연습 3-3

함수 객체는 변수에 할당하거나 인수로 사용할 수 있는 값입니다. 예를 들어 다음 dottwice 함수는 함수 객체를 인수로 받아서, 그것을 두 번 호출합니다.

```
function dotwice(f)
    f()
    f()
end
```

여기 dotwice 함수를 사용해서 printspam 함수를 두 번 호출하는 예시가 있습니다.

```
function printspam()
    println("spam")
end

dotwice(printspam)
```

1. 여기 나온 예시를 타이핑해서 스크립트를 만든 후, 시험해보세요.

2. dotwice 함수를 두 개의 인수를 받도록 수정해보세요. 함수 객체와 값을 받아서, 함수를 두 번 호출하되, 전달받은 값을 인수로 사용하도록 해야 합니다.

3. 이 장의 앞부분에 나왔던, printtwice 함수를 스크립트에 복사해서 추가해보세요.

4. 앞에서 수정한 dotwice 함수를 이용해서, printtwice 함수를 두 번 호출해보세요. 인수로는 "spam"을 사용하고요.

5. dofour라는 함수를 만들어보세요. 함수 객체와 값을 인수로 받아서, 함수를 네 번 호출하되, 전달받은 값을 인수로 사용하는 함수입니다. 단, 이 함수의 본문에는 문장이 네 개가 아닌 두 개만 있어야 합니다.

연습 3-4

1. printgrid라는 함수를 만들어보세요. 다음과 같은 격자를 출력해야 합니다.

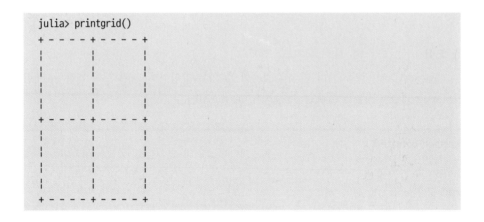

2. 이와 비슷하게, 네 개의 줄과 네 개의 열을 그리는 함수를 작성해보세요.

출처: 이 문제는 『C 프로그래밍의 이해』(한빛미디어, 2001)에서 따왔습니다.

> **TIP** 한 줄에 한 개 이상의 값을 출력하려면, 쉼표로 구분해서 전달합니다.

```
println("+", "-")
```

print 함수는 출력 후 다음 줄로 넘어가지 않습니다.

```
print("+ ")
println("-")
```

위 코드를 실행하면 같은 줄에 "+ −"라고 찍힙니다. 다음에 실행되는 출력문은 새로운 줄에서 시작하겠지요.

CHAPTER 4

사례 연구: 인터페이스 디자인

이 장에서는 함께 동작하는 함수들을 어떻게 설계하는지, 그 과정을 사례 연구를 통해 알아보 겠습니다.

먼저 프로그램으로 도형을 그릴 수 있는 도구인 거북이 그래픽을 소개합니다. 거북이 그래픽은 표준 라이브러리에 포함되어 있지 않기 때문에, `ThinkJulia` 모듈을 사용하도록 줄리아 설치 본에 추가해야 할 것입니다.

이 장의 예제는 JuliaBox에서 제공하는 주피터 노트북(부록 B)에서 실행하면 더 좋습니다.[1] 주피터 노트북이란 코드, 서식 있는 텍스트, 수식, 멀티미디어 콘텐츠를 단일 문서로 결합한 것 입니다.

4.1 거북이

모듈module은 관련 있는 함수 모음이 들어 있는 파일을 말합니다. 어떤 모듈들은 줄리아의 표준 라이브러리에 포함되어 제공됩니다. 그 외 추가 기능을 하는 모듈은 **패키지**package 모음집 사이 트에서 가져올 수 있습니다(*http://juliaobserver.com*).

---

1 역자주_ 하지만 2020년 3월 기준으로 줄리아 버전이 올라감에 따라 JuliaBox에 ThinkJulia 모듈이 설치되지 않습니다. REPL에서 도 실습은 가능하고, IJulia 같은 주피터 커널을 각자의 환경에 설치하는 방법도 있습니다.

패키지는 REPL에서] 키를 눌러 Pkg REPL 모드에 들어간 후 add 명령을 사용해 추가합니다.[2]

```
(v1.0) pkg> add https://github.com/BenLauwens/ThinkJulia.jl
```

모듈에 있는 함수를 사용하기 위해서는 using 명령문으로 모듈을 먼저 가져와야 합니다.

```
julia> using ThinkJulia

julia> 🐢 = Turtle()
Luxor.Turtle(0.0, 0.0, true, 0.0, (0.0, 0.0, 0.0))
```

ThinkJulia 모듈은 Luxor.Turtle 객체를 만들어주는 Turtle 함수를 제공합니다. 여기서 우리는 그 객체를 변수 🐢에 할당했습니다(🐢를 입력하려면 REPL에서 \:turtle:을 쓴 후 탭을 누릅니다).[3]

거북이[turtle]가 만들어졌다면, 함수를 호출해 거북이를 움직일 수 있습니다. 예를 들어 거북이를 전진시키려면 다음과 같이 합니다.

```
@svg begin
    forward(🐢, 100)
end
```

@svg 예약어는 SVG 형식의 그림(그림 4-1)을 그리는 매크로를 실행합니다. 매크로는 줄리아의 중요하고 선진적인 기능 중 하나입니다. 자세한 사항은 19장에서 알아보겠습니다.

그림 4-1 거북이 전진시키기

---

2 역자주_ 윈도우에서는 사용자 폴더가 한글이면 패키지 설치 시 오류가 발생합니다. 영문으로 된 윈도우 사용자 계정을 하나 새로 만드는 방법이 있습니다.

3 역자주_ 윈도우에서 줄리아 REPL을 일반적인 방법(명령 프롬프트)으로 실행하면 🐢, 🐫 등의 이모지가 제대로 출력되지 않습니다. MinGW 배시(윈도우용 깃을 설치할 때 함께 설치 가능) 등에서 julia.exe를 실행하면 정상적으로 출력됩니다.

forward의 인수는 거북이, 그리고 이동할 거리입니다. 거리의 단위가 픽셀이므로, 그려진 선의 실제 길이는 여러분 컴퓨터 화면에 따라 다를 수 있습니다.

> **NOTE_** 각각의 거북이는 꼬리로 펜을 쥐고 있는데, 이 펜은 내려가 있거나 올라가 있습니다. 펜이 내려가 있으면(이것이 기본값입니다) 거북이는 이동하면서 자취를 남깁니다. [그림 4-1]에 그려진 선은 거북이가 전진하면서 남긴 자취입니다. 선을 그리지 않고 거북이를 이동시키려면, penup 함수를 먼저 호출한 후 이동하면 됩니다. 다시 선을 그리려면 pendown 함수를 호출합니다.

거북이를 인수로 해서 호출할 수 있는 다른 함수에는 turn이 있습니다. 회전을 시키는 함수입니다. turn 함수의 두 번째 인수는 도(°) 단위의 각도입니다.

직각을 그리려면, 매크로 호출을 다음과 같이 변경합니다.

```
🐢 = Turtle()
@svg begin
    forward(🐢, 100)
    turn(🐢, -90)
    forward(🐢, 100)
end
```

연습 4-1

위 매크로를 수정해서 정사각형을 그려보세요. 다 하기 전까지는 더 읽지 마세요!

4.2 단순 반복

혹시 위 연습 문제를 다음과 같이 풀지 않았나요?

```
🐢 = Turtle()
@svg begin
    forward(🐢, 100)
    turn(🐢, -90)
    forward(🐢, 100)
```

```
        turn(🐢, -90)
        forward(🐢, 100)
        turn(🐢, -90)
        forward(🐢, 100)
    end
```

for 명령문을 쓰면 더 간결하게 할 수 있습니다.

```
julia> for i in 1:4
           println("Hello!")
       end
Hello!
Hello!
Hello!
Hello!
```

이것은 for 명령문의 가장 간단한 사용례입니다. 더 자세한 내용은 나중에 보겠지만, 이 정도만 알아도 프로그램을 다시 작성하기에 충분합니다. 더 읽기 전에 꼭 직접 프로그램을 작성해 보세요.

다음은 정사각형을 그리는 for 명령문입니다.

```
🐢 = Turtle()
@svg begin
    for i in 1:4
        forward(🐢, 100)
        turn(🐢, -90)
    end
end
```

for 명령문의 구문 규칙은 함수 정의와 유사합니다. 헤더가 있고 end 예약어로 끝나는 본문이 있습니다. 본문은 문장을 몇 개든 포함할 수 있습니다.

for 명령문은 **루프**loop(둥근 고리)라고도 부릅니다. 그 실행 흐름을 보면, 본문을 끝까지 실행한 후, 고리처럼 다시 본문의 맨 처음으로 되돌아가기 때문입니다. 이 예제에서는 본문을 네 번 실행했죠.

엄밀히 봤을 때, for 명령문을 써서 작성한 프로그램은 그 전 프로그램과 살짝 다릅니다. 왜냐하면 정사각형의 마지막 변을 그린 후 90도 회전을 추가로 하기 때문입니다. 이 추가 회전 때문에 실행 시간이 조금 더 걸릴 수 있지만, 루프를 돌 때마다 같은 동작을 하게 되었기 때문에 코드가 더 간단해졌습니다. 추가적으로 실행이 끝났을 때, 거북이가 시작 시점과 동일한 위치에서 동일한 방향을 바라보도록 하는 효과도 생겼습니다.

4.3 연습 문제

다음 연습 문제들은 모두 거북이를 이용합니다. 재미있기도 하지만, 배울 점을 하나씩 포함하고 있습니다. 그게 어떤 것인지, 문제를 풀면서 생각해보세요.

TIP 다음 절은 연습 문제의 답을 포함하고 있습니다. 그러니까 여기 문제들을 다 풀기 전까지는 다음 절을 읽지 마세요(최소한 문제 풀이 시도라도 해보세요).

연습 4-2

t를 매개변수로 하는 square 함수를 작성하세요. 여기서 t는 거북이입니다. 이 함수는 이 거북이를 이용해 정사각형을 그려야 합니다.

연습 4-3

🐢를 인수로 하는 square 함수 호출을 작성하고, @svg 매크로가 이를 이용하도록 해보세요.

연습 4-4

square 함수에 매개변수 len을 추가해보세요. 본문을 수정해서 변의 길이가 len이 되도록 하는 것입니다. 함수 호출 시에도 두 번째 인수를 주도록 변경하고요. 이렇게 한 후 매크로를 다시 실행해보세요. len의 값을 다르게 주면 어떻게 되는지 시험해보세요.

연습 4-5

square 함수를 복사하고 이름을 polygon으로 바꾸세요. 새로운 매개변수 n을 추가하고, n개의 변을 가지는 정다각형을 그리도록 본문을 수정해보세요.

TIP n개의 변을 가지는 정다각형의 외각은 $\frac{360}{n}$ 도입니다.

연습 4-6

매개변수로 거북이 t, 반지름 r를 받는 함수 circle을 작성해보세요. 이 함수는 적당한 길이 와 변의 개수를 인수로 해서 polygon 함수를 호출하고, 이를 통해 원 내지는 이에 근사한 도형 을 그려야 합니다. 여러 가지 r에 대해서 이 함수가 어떻게 동작하는지 시험해보세요.

TIP 원의 둘레 circumference를 계산한 다음, len * n과 둘레가 같아지도록 하세요.

연습 4-7

circle 함수를 일반화해서 원호를 그리는 arc 함수를 작성해보세요. 그려야 할 원호의 각도 를 나타내는 추가 매개변수 angle을 받아야 합니다. angle의 단위는 도(°)입니다. 즉 angle 이 360으로 주어지면, arc 함수는 완전한 원을 그려야 합니다.

4.4 캡슐화

위에서 풀어본 첫 번째, 두 번째 연습 과제는 정사각형을 그리는 코드를 함수 정의에 넣고, 거 북이를 인수로 해서 그 함수를 호출하는 것이었습니다. 풀이는 다음과 같습니다.

```
function square(t)
    for i in 1:4
        forward(t, 100)
        turn(t, -90)
    end
end
🐢 = Turtle()
@svg begin
    square(🐢)
end
```

여기서 가장 안쪽에 있는 문장 forward와 turn은 들여쓰기가 적용되어 있습니다. 이는 그 문 장들이 함수 정의 안에 있는 for 루프 안에 있다는 것을 나타냅니다.

함수 내부에서 t는 인수로 넘겨진 거북이 🐢를 가리킵니다. 그러므로 turn(t, -90)은 turn(🐢, -90)과 같은 작용을 합니다. 그렇다면 도대체 왜 turn함수를 호출할 때 🐢를 쓰지 않고 t를 쓴 걸까요? 여기에는 t가 🐢뿐만 아니라 아무 거북이나 될 수 있다는 생각이 깔려 있습니다. 즉 다음 코드처럼 새로운 거북이 🐫(\:camel:을 치고 탭)를 만들어서 square 함수의 인수로 넘길 수도 있습니다.

```
🐫 = Turtle()
@svg begin
    square(🐫)
end
```

이렇게 코드를 함수의 형태로 감싸는 것을 **캡슐화**encapsulation라고 합니다. 캡슐화의 한 가지 이점은 해당 코드가 이름을 가지게 됨으로서, 일종의 문서화가 된다는 것입니다. 또 다른 이점은 코드를 재사용할 때, 복사해서 붙여넣는 것보다 함수를 한 번 더 호출하는 것이 훨씬 더 간결하다는 점입니다.

4.5 일반화

다음 단계는 매개변수 len을 square 함수에 추가하는 것이었죠. 풀이는 다음과 같습니다.

```
function square(t, len)
    for i in 1:4
        forward(t, len)
        turn(t, -90)
    end
end
🐢 = Turtle()
@svg begin
    square(🐢, 100)
end
```

함수에 매개변수를 추가하는 것을 **일반화**generalization이라고 합니다. 매개변수를 추가하면 함수를 더 일반적인 상황에서 사용할 수 있습니다. 이전 버전에서는 정사각형이 항상 같은 크기였는데, 이 버전에서는 다양한 길이로 만들 수 있게 되었습니다.

다음 단계도 일반화입니다. polygon 함수는 정사각형을 그리는 대신에, 임의 개수의 변을 갖는 정다각형을 그립니다. 풀이는 다음과 같습니다.

```
function polygon(t, n, len)
    angle = 360 / n
    for i in 1:n
        forward(t, len)
        turn(t, -angle)
    end
end
🐢 = Turtle()
@svg begin
    polygon(🐢, 7, 70)
end
```

이 풀이는 변의 길이가 70인 정칠각형을 그리게 됩니다.

4.6 인터페이스 디자인

다음 단계는 반지름 r를 매개변수로 받아 원을 그리는 circle 함수를 작성하는 것입니다. polygon 함수를 이용해 정50각형을 그리는 간단한 풀이는 다음과 같습니다.

```
function circle(t, r)
    circumference = 2 * π * r
    n = 50
    len = circumference / n
    polygon(t, n, len)
end
```

첫 번째 줄에서는 반지름 r를 공식 2πr에 적용해 원의 둘레 circumference를 구했습니다. n은 원에 근사시킨 정다각형의 변의 개수니까, len은 그 다각형의 한 변의 길이입니다. 이렇게 해서 polygon 함수는 반지름이 r인 원에 근사한 정50각형을 그리게 되었습니다.

이 풀이의 한계는 n이 상수라는 점입니다. 매우 큰 원을 그릴 때는 한 변의 길이가 너무 길고, 반대로 작은 원을 그릴 때는 너무 짧은 변을 그리느라 시간을 낭비하게 될 것입니다. 한 가지 해결책은 이 함수를 일반화해서 n을 매개변수로 받는 것입니다. 이렇게 하면 (circle 함수를 호출하는) 사용자에게 좀 더 제어권을 주게 되겠지만, 인터페이스는 덜 깔끔해질 것입니다.

여기서 함수의 **인터페이스**interface란 함수의 사용법을 요약한 것입니다. 매개변수는 뭔지, 함수는 어떤 동작을 하는지, 결괏값은 무엇인지와 같은 것들입니다. 인터페이스가 '깔끔'하다고 얘기한다면, 호출자가 불필요한 세부 사항을 신경 쓸 필요 없이 함수를 사용할 수 있다는 뜻입니다.

이 예제를 보면 r는 그려야 할 원에 대한 구체적 사양이므로 인터페이스에 포함되어야 합니다. 반면 n은 그 원을 어떻게 그릴지에 대한 세부 사항에 속하므로, 인터페이스에 넣기가 적절하지 않겠군요.

n을 매개변수로 포함해 인터페이스를 지저분하게 만드는 것보다는 다음과 같이 원 둘레에 따라 적당한 n이 계산되도록 하는 것이 더 좋겠습니다.

```
function circle(t, r)
    circumference = 2 * π * r
    n = trunc(circumference / 3) + 3
    len = circumference / n
    polygon(t, n, len)
end
```

변의 개수는 `circumference/3`에 가까운 정수로 계산하였습니다. 이렇게 하면 한 변의 길이는 3 근처의 값이 되는데, 어떤 크기의 원에나 적당한 값입니다. 원이 매끄럽게 보일 만큼 충분히 작으면서, 효율적으로 그릴 수 있을 정도로 충분히 큰 값이죠.

n에 3을 더한 것은 변의 개수가 적어도 3개 이상이 되도록 하기 위해서입니다.

4.7 리팩터링

circle 함수를 작성할 때는 polygon 함수를 재활용할 수가 있었습니다. 많은 변을 가진 정다 각형은 원에 잘 근사하기 때문이었죠. 하지만 원호는 그렇게 협조적이지가 않아서, arc 함수를 작성할 때 polygon 이나 circle 함수를 활용할 수가 없습니다.

대안은 polygon 함수를 복사해서 arc 함수로 바꾸는 것입니다. 이렇게 한 결과는 아마 다음과 같을 것입니다.

```
function arc(t, r, angle)
    arc_len = 2 * π * r * angle / 360
    n = trunc(arc_len / 3) + 1
    step_len = arc_len / n
    step_angle = angle / n
    for i in 1:n
        forward(t, step_len)
        turn(t, -step_angle)
    end
end
```

이렇게 작성하고 보니 아래쪽 절반이 polygon 함수와 비슷합니다. 그렇지만 인터페이스를 변경하지 않고는 polygon 함수를 활용할 수가 없습니다. 세 번째 인수로 angle을 받도록 일반화할 수도 있을 텐데, 이렇게 하면 더 이상 polygon이라는 이름이 적절하지가 않습니다! 그 대신 이렇게 일반화된 함수를 polyline이라고 하기로 하지요.

```
function polyline(t, n, len, angle)
    for i in 1:n
        forward(t, len)
        turn(t, -angle)
    end
end
```

이제 polygon과 arc 함수가 polyline을 사용하도록 재작성합시다.

```
function polygon(t, n, len)
    angle = 360 / n
    polyline(t, n, len, angle)
end

function arc(t, r, angle)
    arc_len = 2 * π * r * angle / 360
    n = trunc(arc_len / 3) + 1
    step_len = arc_len / n
    step_angle = angle / n
    polyline(t, n, step_len, step_angle)
end
```

마지막으로 circle 함수가 arc를 사용하도록 재작성해봅시다.

```
function circle(t, r)
    arc(t, r, 360)
end
```

이렇게 인터페이스를 개선하고 코드 재활용을 더 하는 방향으로 프로그램을 재정리하는 과정을 **리팩터링**refactoring이라고 부릅니다.[4] 우리 경우를 보면 arc 함수와 polygon 함수에 비슷한 코드가 있음에 알아차린 후, 그 부분을 뽑아내서 polyline으로 만들었죠.

미리 이런 프로그램을 만들기로 계획했더라면, polyline을 먼저 작성함으로써 리팩터링을 피할 수 있었을 것입니다. 그렇지만 보통 프로젝트 초입에는 모든 인터페이스를 디자인할 수 있을 정도로 충분히 알고 있기가 어렵습니다. 코딩을 시작한 이후에야, 비로소 문제를 더 잘 이해하게 되는 거죠. 그러므로 종종 리팩터링은 여러분이 뭔가 더 알게 되었다는 신호이기도 합니다.

4.8 개발 계획

개발 계획development plan은 프로그램을 작성하는 어떤 공정입니다. 이번 사례 연구를 통해 우리가 사용한 공정은 '캡슐화 및 일반화'였습니다. 이 공정은 다음 단계로 이루어집니다.

1. 함수 정의가 없는 작은 프로그램을 작성하는 것으로 시작한다.

2. 프로그램이 동작하면, 응집된 부분을 식별해서, 함수로 캡슐화하여 이름을 붙인다.

3. 적절한 매개변수를 추가함으로써 함수를 일반화한다.

4. 동작하는 함수들의 집합이 만들어질 때까지 1~3단계를 반복한다. 이때 두 번 타이핑하는 것을 (그러다 오타내는 것도) 방지하기 위해 동작하는 코드를 복사하고 붙여넣어 작성한다.

5. 리팩터링을 통해 프로그램을 개선할 수 있는지 찾아본다. 예를 들어 여러 위치에 비슷한 코드가 있으면, 이 부분을 뽑아내서 일반화된 함수로 만드는 것을 고려한다.

---

4 역자주_ factoring은 수학에서는 인수분해를 뜻하고, 전산에서는 큰 문제를 작은 문제들로 분해하는 과정을 뜻합니다. 그러니까 refactoring은 다시 factoring을 하는 것이죠.

이 공정에는 단점이 좀 있긴 하지만(나중에 대안들도 살펴보겠습니다), 사전에 프로그램을 나누어 함수로 만들 방안을 찾지 못했을 경우에 유용합니다. 코딩을 진행하면서, 인터페이스 디자인을 하는 접근법이죠.

4.9 문서화 문자열

문서화 문자열docstring은 함수 정의 바로 앞에 나오는 문자열로 그 함수의 인터페이스를 설명하는 용도로 쓰입니다. 번역하지 않고 docstring으로 바로 쓰이는 경우도 많은데, 여기서 'doc'은 documentation, 즉 문서화의 줄임말입니다. 다음은 사용례입니다.

```
"""
polyline(t, n, len, angle)

n개의 선분을 연달아 그린다. 선분의 길이는 len이고
선분 사이의 각도는 angle이다(단위는 도). t는 거북이.
"""
function polyline(t, n, len, angle)
    for i in 1:n
        forward(t, len)
        turn(t, -angle)
    end
end
```

문서화된 내용은 REPL이나 노트북에서 ?를 타이핑하고 함수나 매크로의 이름을 넣은 후 엔터 키를 치면 볼 수 있습니다.

```
help?> polyline
search:

polyline(t, n, len, angle)

 n개의 선분을 연달아 그린다. 선분의 길이는 len이고
 선분 사이의 각도는 angle이다(단위는 도). t는 거북이.
```

문서화 문자열은 보통 삼중 따옴표로 인용된 문자열로 작성됩니다. 삼중 따옴표로 인용된 문자열은 문자열이 여러 줄을 차지할 수 있도록 하기 때문에 '다중행' 문자열이라고도 합니다.

문서화 문자열은 함수를 사용하기 위한 핵심 정보를 담고 있습니다. 먼저 함수가 무엇을 하는지를 간결하게 설명합니다(어떻게 하는지 등 자세한 설명은 제외합니다). 또 각각의 매개변수가 어떤 작용을 하는지 설명하고, (쉽게 알기 어렵다면) 그 매개변수가 어떤 자료형이어야 하는지도 설명합니다.

TIP 이런 종류의 문서화는 인터페이스 디자인에서 중요한 부분입니다. 잘 디자인된 인터페이스는 쉽게 설명할 수 있어야 합니다. 함수에 대해 설명하는 데 어려움을 겪는다면, 아마도 인터페이스가 개선될 여지가 있는 것입니다.

4.10 디버깅

인터페이스는 함수와 호출자 사이의 계약 같은 것입니다. 호출자는 매개변수를 제공하기로 하고, 함수는 해당 기능을 수행하기로 한 것이죠.

예를 들자면, `polyline` 함수는 네 개의 인수를 필요로 하는데, 각각 `t`는 거북이, `n`은 정수, `len`은 양수, `angle`은 각도로 해석할 수 있는 숫자여야 합니다.

이런 요구 사항은 함수 실행 전에 만족되어야 하는 조건들이기 때문에 **전제 조건**precondition이라고 합니다. 반대로 함수 실행 후 만족되어야 하는 조건들은 **후행 조건**postcondition이라고 합니다. 후행 조건은 (선분을 그리는 것과 같은) 함수의 의도된 효과는 물론, (거북이의 이동이나 다른 변경 사항과 같은) 부수적인 효과side effect도 포함합니다.

전제 조건을 만족시키는 것은 호출자의 책임입니다. 만일 호출자가 전제 조건을 위반한다면 함수는 제대로 실행되지 않을 것입니다. 이때 버그는 함수가 아니라 호출자 쪽에 있겠죠.

전제 조건이 만족되었는데, 후행 조건이 만족되지 않았다면, 버그는 함수 내부에 있습니다. 전제 조건과 후행 조건이 명확하다면, 디버깅하는 데 큰 도움이 됩니다.

4.11 용어집

모듈module

연관된 함수 및 기타 정의들의 모음을 포함하는 파일.

패키지package

추가 기능을 가지고 있는 외부 라이브러리.

using 문

모듈 파일을 읽어서, 모듈 객체를 생성시키는 문장.

루프loop

반복해서 실행되는 프로그램의 부분.

캡슐화encapsulation

명령문의 나열을 함수 정의로 바꾸는 공정.

일반화generalization

(숫자처럼) 불필요하게 구체적인 어떤 것을 (변수나 매개변수처럼) 더 일반적인 것으로 바꾸는 공정.

인터페이스interface

함수를 어떻게 사용해야 하는지에 대한 설명. 인수의 이름과 설명, 결괏값을 포함한다.

개발 계획

프로그램을 작성하기 위한 어떤 공정.

문서화 문자열docstring

함수 정의 위에 위치한 문자열로, 함수의 인터페이스를 기술한다.

전제 조건precondition

어떤 함수가 실행되기 전에 호출자에 의해서 만족되어야 하는 요구 사항들.

후행 조건postcondition

어떤 함수가 실행을 종료하기 전에 만족시켜야 하는 요구 사항.

4.12 연습 문제

연습 4-8

노트북에 다음 코드를 먼저 입력하세요.

1. circle(🐢, radius)이 실행되는 동안 프로그램의 상태를 보여주는 스택 도식을 그려 보세요. 이를 위한 산수는 손으로 해도 되고, 코드에 출력문을 추가해서 할 수도 있습니다.

2. 4.7절에 있는 arc 함수는 원호의 선형 근사가 항상 진짜 원의 바깥쪽에 있기 때문에 약 간 정확도가 떨어집니다. 그 결과로 실행이 끝났을 때 거북이는 제대로 된 목적지에서 몇 픽셀 벗어난 위치에 있게 됩니다. 여기서 이런 오류의 효과를 감소시킬 수 있는 방법을 보여드릴 것입니다. 코드를 읽고, 이해가 되는지 확인해보세요. 그림을 그려서 확인해보 면, 왜 이렇게 되는지 이해할 수 있을 겁니다.

```
"""
arc(t, r, angle)

주어진 반지름과 각도를 이용해 원호를 그린다.

    t: 거북이
    r: 반지름
    angle: 중심각 (단위는 도)
"""
function arc(t, r, angle)
    arc_len = 2 * π * r * abs(angle) / 360
    n = trunc(arc_len / 4) + 3
    step_len = arc_len / n
    step_angle = angle / n
```

```
        # 원호의 선형 근사로 인해 발생하는 오차를 줄이기 위해서
        # 시작하기 전에 살짝 왼쪽으로 회전시킨다
        turn(t, -step_angle/2)
        polyline(t, n, step_len, step_angle)
        turn(t, step_angle/2)
    end
```

연습 4-9

[그림 4-2]에 나온 것처럼 꽃을 그릴 수 있는, 적당하게 일반화된 함수 집합을 작성해보세요.

그림 4-2 거북이 꽃

연습 4-10

[그림 4-3]에 나온 것과 같은 도형을 그릴 수 있는, 적당하게 일반화된 함수 집합을 작성해보세요.

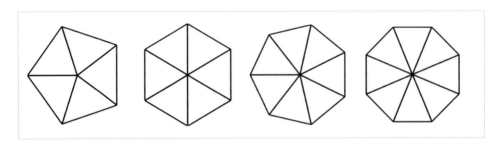

그림 4-3 거북이 파이

연습 4-11

알파벳의 각 문자들은 수직선, 수평선, 곡선 등 기본 요소 몇 개를 조합해서 그릴 수 있습니다. 최소 개수의 기본 요소로 그릴 수 있는 알파벳을 디자인한 후, 실제로 그 문자들을 그리는 함수를 작성하세요.

각 문자마다 그것을 그리는 함수가 따로 있어야 합니다. 함수 이름은 draw_a, draw_b와 같은 식으로 하고, letters.jl 파일에 집어넣으세요.

연습 4-12

위키백과에서 와선^{spiral} 항목(*https://ko.wikipedia.org/wiki/와선*)을 읽고, [그림 4-4]와 같이 아르키메데스 와선을 그리는 프로그램을 작성하세요.

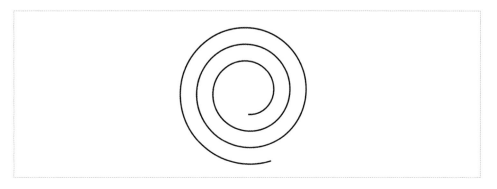

그림 4-4 아르키메데스 와선

CHAPTER 5

조건과 재귀

이 장의 주제는 `if` 명령문입니다. 이 명령문은 프로그램의 상태에 따라 다른 코드를 실행합니다. 더 진행하기 전에 두 가지 연산자를 소개하겠습니다. 몫 연산자와 나머지 연산자입니다.

5.1 몫 연산과 나머지 연산

몫 연산자floor division operator, 즉 ÷는 두 수를 나눈 값을 소수점 첫째 자리에서 버립니다(REPL에서 ÷를 입력하려면 \div를 입력한 후 탭 키를 누릅니다). 예들 들어, 영화의 상영 시간이 105분이라고 했을 때, 이게 몇 시간 몇 분인지 알고 싶다고 해봅시다. 일반 나눗셈으로는 부동소수점 수가 나오게 됩니다.

```
julia> minutes = 105
105
julia> minutes / 60
1.75
```

보통 시간은 소수점으로 표현하지 않죠. 몫 연산자를 사용하면, 시간이 정수 단위로 떨어집니다.

```
julia> hours = minutes ÷ 60
1
```

나머지를 구하려면, 시간을 다시 분으로 환산해서 원래 값에서 빼주면 됩니다.

```
julia> remainder = minutes - hours * 60
45
```

다른 방법은 **나머지 연산자**modulus operator인 %를 사용하는 것입니다. 나머지 연산자는 두 수를 나눈 나머지를 반환합니다.

```
julia> remainder = minutes % 60
45
```

TIP 나머지 연산자는 보기보다 꽤 유용합니다. 예를 들어 어떤 수 x가 어떤 수 y의 약수인지를 확인하려면 x % y 한 후, 결과가 0인지를 보면 됩니다.

또, 어떤 수의 오른쪽 끝에 있는 숫자(자릿수)를 뽑아낼 때도 사용할 수 있습니다. 예를 들어 x % 10은 어떤 자연수 x의 가장 오른쪽 숫자를 구합니다. 비슷하게 x % 100은 오른쪽 두 개 숫자를 구하죠(물론 10진법일 때 얘기입니다).

5.2 논리 표현식

논리 표현식 Boolean expression은 평가 결과가 참true이거나 거짓false인 표현식입니다. 다음 예제에서는 == 연산자를 사용하는데, 이는 두 피연산자를 비교해서 같으면 true, 거짓이면 false를 반환하는 연산자입니다.

```
julia> 5 == 5
true
julia> 5 == 6
false
```

여기서 true와 false는 문자열이 아니고, Bool 자료형에 속하는 특별한 값입니다.

```
julia> typeof(true)
Bool
```

```
julia> typeof(false)
Bool
```

== 연산자는 **관계 연산자**relational operator 중 하나입니다. 관계 연산자는 피연산자들을 비교하는 연산자죠. 나머진 다음과 같습니다.

---

x != y	# x와 y는 같지 않다
x ≠ y	# (\ne 탭)[1]
x > y	# x가 y보다 크다
x < y	# x가 y보다 작다
x >= y	# x가 y보다 크거나 같다.
x ≥ y	# (\ge 탭)[2]
x <= y	# x가 y보다 작거나 같다.
x ≤ y	# (\le 탭)[3]

> **CAUTION_** 이런 연산자들은 아마도 무척 친숙할 것입니다. 그렇지만, 수학에서 쓰는 기호와 줄리아에서 쓰는 기호가 약간 다르다는 점에 유의하세요. 흔한 잘못은 이중 등호(==)를 쓸 자리에 단일 등호(=)를 쓰는 것입니다. =는 할당 연산자이고, ==는 관계 연산자임을 기억해두세요. 그리고 =<나 => 기호 같은 것은 없습니다.[4]

5.3 논리 연산자

논리 연산자logical operator에는 세 가지가 있는데, 각각 &&(and: 논리곱), ¦¦(or: 논리합), !(not: 부정)입니다. 이들 연산자의 의미는 각 연산자의 영어 표현과 비슷합니다. 예를 들어 x > 0 && x < 10이라는 표현식은 x가 0보다 크고(**and**), x가 10보다 작을 때 참입니다.

논리 표현식 n % 2 == 0 ¦¦ n % 3 == 0은 둘 중 하나의 표현식이 참이거나, 둘 다 참일 경우 참

---

1 역자주_ **n**ot **e**qual에서 따왔습니다.
2 역자주_ **g**reater than or **e**qual to에서 따왔습니다.
3 역자주_ **l**ess than or **e**qual to에서 따왔습니다.
4 역자주_ =>는 딕셔너리의 원소인 순서쌍을 만드는 연산자입니다. 11장에 나옵니다.

입니다. 즉, n이 2로 나누어 떨어지거나(**or**), n이 3으로 나누어 떨어질 때 참입니다.

&&, **||** 연산자 모두 오른쪽 결합[5] 연산자입니다만, **&&**의 우선순위가 **||**보다 높습니다.

마지막으로 **!** 연산자는 논리 표현식의 결과를 반대로(**not**) 바꿉니다. **!(x > y)**는 x > y가 거짓일 경우에(x가 y와 같거나 더 작을 때) 참입니다.

5.4 조건부 실행

뭔가 유용한 프로그램을 작성하려면, 조건에 따라 프로그램의 동작을 바꿀 수 있는 기능이 거의 언제나 필요합니다. **조건부 명령문(조건문)**^{conditional statement}이 이런 기능을 합니다. 가장 간단한 형태는 if 명령문입니다.

```
if x > 0
    println("x is positive")
end
```

if 다음에 나오는 논리 표현식을 조건이라고 부릅니다. 만일 조건이 참이면, 들여쓰기된 문장이 실행되고, 참이 아니면 아무 일도 일어나지 않습니다.

if 명령문은 함수 정의와 구조가 동일합니다. 헤더가 있고, end로 끝나는 본문이 있습니다. 이런 문장을 **복합 문장**^{compound statement}이라고 부릅니다.

본문에 들어갈 수 있는 문장의 수에는 제한이 없습니다. 가끔 아무런 문장이 없는 빈 본문을 사용하는 것이 유용할 때도 있습니다(보통 아직 작성하지 않은 코드가 들어갈 자리로 쓰는 거죠).

```
if x < 0
    # TODO: 음수인 경우를 처리해야 함!
end
```

---

5 역자주_ 오른쪽부터 왼쪽으로 결합시키는 연산자라는 의미로, 예를 들어 a && b && c && d라는 표현식이 있다고 하면, a && (b && (c && d))로 구문을 분석한다는 뜻입니다.

5.5 대체 실행

if 명령문의 두 번째 형태는 '대체 실행'입니다. 실행할 수 있는 두 개의 문장 세트가 있고, 어떤 쪽을 실행할지를 결정하는 조건이 있습니다. 다음과 같은 형태입니다.

```
if x % 2 == 0
    println("x is even")
else
    println("x is odd")
end
```

만약 x를 2로 나눈 나머지가 0이라면, x가 짝수[even]라는 것을 알 수 있고, 프로그램은 그에 맞는 메시지를 출력합니다. 이와 반대로 해당 조건이 거짓이라면(홀수[odd]라면), 두 번째 문장 세트가 실행됩니다. 조건은 반드시 참이거나 거짓이므로, 두 개의 문장 세트 중 하나는 반드시 실행됩니다. 이렇게 실행되는 부분을 **분기**[branch]라고 합니다. 실행 흐름에서 나누어 갈라지는 부분이기 때문에 그렇게 부릅니다.

5.6 연쇄 조건문

어떨 때는 경우의 수가 두 개를 초과하기 때문에, 분기도 두 개를 초과해 필요할 때가 있습니다. 이런 경우를 표현하기 위한 한 가지 방법은 **연쇄 조건문**[chained conditional statement]입니다.

```
if x < y
    println("x is less than y")
elseif x > y
    println("x is greater than y")
else
    println("x and y are equal")
end
```

이런 경우에도 딱 하나의 분기만 실행됩니다. 사용할 수 있는 elesif 문의 개수에는 제한이 없습니다. else 문은 맨 뒤에 넣어야 하는데, (필요하다면) 뺄 수도 있습니다.

```
if choice == "a"
    draw_a()
elseif choice == "b"
    draw_b()
elseif choice == "c"
    draw_c()
end
```

각각의 조건은 위에서부터 차례로 확인됩니다. 처음 조건이 거짓이면, 그다음으로 넘어가는 식이죠. 그중 하나가 참이면, 해당 분기가 실행되고 연쇄 조건문 전체가 종료됩니다. 한 개 이상의 조건이 참인 경우라 해도, 첫 번째로 참인 조건에 해당하는 분기만 실행됩니다.

5.7 중첩 조건문

조건문은 다른 조건문 안에 포함될 수 있습니다. 위 절에서 보았던 예제를 다음처럼 바꿔서 쓸수도 있습니다.

```
if x == y
    println("x and y are equal")
else
    if x < y
        println("x is less than y")
    else
        println("x is greater than y")
    end
end
```

바깥쪽 조건문은 두 개의 분기를 가지고 있습니다. 첫 번째 분기는 간단한 문장입니다. 두 번째 분기는 또다른 if 문인데, 그 자체로 두 개의 분기를 가지고 있네요. 그 두 개의 분기도 물론 또다른 조건문을 가질 수 있지만, 여기서는 간단한 문장으로 되어 있습니다.

들여쓰기가 비록 강제적인 것은 아니지만, 들여쓰기를 통해 **중첩 조건문**nested conditional statement의 구조를 명확하게 표현할 수 있습니다. 그렇다 해도 중첩 조건문은 좀처럼 빨리 읽기가 어렵습니다. 따라서 가능하다면 중첩 조건은 피하는 것이 좋습니다.

논리 연산자는 종종 중첩 조건문을 간소화할 수 있게 해줍니다. 예를 들면 다음 코드는 단일 조건문으로 변경할 수 있습니다.

```
if 0 < x
    if x < 10
        println("x is a positive single-digit number.")
    end
end
```

여기 출력문은 두 개의 조건을 다 만족시켜야 실행되므로, **&&** 연산자를 써서 동일한 효과를 낼 수 있습니다.

```
if 0 < x && x < 10
    println("x is a positive single-digit number.")
end
```

줄리아에서는 이런 종류의 논리식을 더 간결하게 표현할 수 있습니다.

```
if 0 < x < 10
    println("x is a positive single-digit number.")
end
```

5.8 재귀

한 함수는 다른 함수를 호출할 수 있습니다. 그리고 놀랍게도, 자기 자신을 호출할 수도 있습니다. 이렇게 할 수 있다는 것이 뭐 어떻다는 것인지 처음에는 와닿지 않을 수 있지만, 프로그램으로 할 수 있는 가장 마법 같은 일이 바로 자기 자신을 호출할 수 있다는 것입니다. 다음 함수를 보시죠.

```
function countdown(n)
    if n ≤ 0
        println("Blastoff!")
    else
```

```
        print(n, " ")
        countdown(n-1)
    end
end
```

n이 0이거나 음수이면 "Blastoff!"(발사!)를 출력합니다. 그렇지 않은 경우에는 n을 출력하고 n-1을 인수로 해서 countdown 함수, 즉 자기 자신을 호출합니다.

이 함수를 호출하면 어떻게 될까요?

```
julia> countdown(3)
3 2 1 Blastoff!
```

먼저 countdown이 시작합니다(매개변수 n = 3). n이 0보다 크니까 3을 출력하고, 자기 자신을 호출합니다.

　countdown이 시작합니다(매개변수 n = 2). n이 0보다 크니까 2를 출력하고, 자기 자신을 호출합니다.

　　countdown이 시작합니다(매개변수 n = 1). n이 0보다 크니까 1을 출력하고, 자기 자신을 호출합니다.

　　　countdown이 시작합니다(매개변수 n = 0). n이 0보다 크지 않으니까 "Blastoff!"를 출력하고 종료합니다.

　　n = 1을 받은 countdown이 종료됩니다.

　n = 2를 받은 countdown이 종료됩니다.

n = 3을 받은 countdown이 종료됩니다.

마지막으로 처음 출발한 Main으로 돌아왔습니다.

이렇게 자기 자신을 호출하는 함수를 **재귀 함수**recursive function라고 합니다. 이를 실행하는 것을 **재귀**recursion라고 합니다.

다른 예를 보겠습니다. 문자열을 n번 출력하는 함수를 다음과 같이 작성할 수 있습니다.

```
function printn(s, n)
    if n ≤ 0
        return
    end
    println(s)
    printn(s, n-1)
end
```

n ≤ 0이면, **리턴문**return statement이 실행되어 함수가 종료됩니다. 실행 흐름은 즉시 호출자에게로 돌아가고, 이 함수의 나머지 부분은 실행되지 않습니다.

함수의 나머지 부분은 countdown과 유사합니다. s를 출력하고, s를 n-1번 출력하기 위해서 자기 자신을 호출합니다. 그러므로 전체 출력되는 문자열의 개수는 1 + (n − 1), 즉 n입니다.

이런 단순한 예제라면, for 루프를 쓰는 것이 더 간단할 것 같습니다. 나중에 보겠지만, for 루프로 작성하기는 무척 어렵고, 재귀로는 쉬운 문제들이 있습니다. 그러니 일찍 시작해보는 것이 좋겠네요.

5.9 재귀 함수의 스택 도식

3.9절에서 함수 호출 시 프로그램의 상태를 나타내기 위해 스택 도식을 사용했었습니다. 재귀 함수를 이해하기 위해서 그런 도식을 그려보는 것이 도움이 될 것 같습니다.

줄리아는 함수가 호출될 때마다, 함수의 지역 변수와 매개변수를 갖고 있는 틀을 하나 만듭니다. 재귀 함수라면, 동시에 두 개 이상의 틀이 스택에 존재할 수 있겠죠.

[그림 5-1]은 n = 3으로 호출된 countdown 함수의 스택 도식입니다.

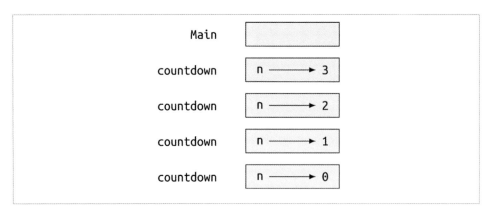

그림 5-1 스택 도식

보통 때처럼 스택의 맨 위는 Main 틀입니다. 어떤 변수도 만들지 않았고, 인수도 없기 때문에 Main 틀은 비어 있습니다.

4개의 countdown 틀은 매개변수 n의 값이 다 다릅니다. 스택의 가장 아래에 있는 n = 0인 경우를 **기저 상태**^{base case}라고 부릅니다. 여기서는 재귀 호출을 하지 않기 때문에, 더 이상 틀이 없습니다.

연습 5-1

연습 삼아 s = "Hello", n = 2로 호출된 printn 함수의 스택 도식을 그려보세요. 그런 다음 인수로 함수 객체와 숫자 n을 받아서, 그 함수를 n번 호출하는 기능을 하는 새로운 함수 do_n 을 작성해보세요.

5.10 무한 재귀

만일 재귀가 기저 상태에 도달하지 못하게 되면, 자기 자신을 무한히 호출하게 되고, 그 결과로 프로그램은 절대 끝나지 않는 상황이 됩니다. 이런 상황을 **무한 재귀**^{infinite recursion}라고 하며, 대개 좋은 상황이라 할 수 없습니다. 여기 무한 재귀를 하는 가장 간단한 예가 있습니다.

```
function recurse()
    recurse()
end
```

대부분의 프로그래밍 환경에서, 무한 재귀를 갖고 있는 프로그램이 실제로 무한히 실행되지는 않습니다. 재귀의 스택 깊이가 최대치에 닿으면 줄리아는 다음과 같은 오류 메시지를 출력합니다.

```
julia> recurse()
ERROR: StackOverflowError:
Stacktrace:
 [1] recurse() at ./REPL[1]:2 (repeats 80000 times)
```

여기서 스택트레이스는 이전 장에서 봤던 것보다 조금 길게 나옵니다. 오류가 발생했을 때를 보면, 스택에 80,000개의 **recurse** 함수 틀이 있군요!

실수로 무한 재귀가 발생했다면, 재귀 함수에 자기 자신을 다시 호출하지 않게 되는 기저 상태가 존재하는지 먼저 확인하세요. 기저 상태가 있음을 확인했으면, 그 상태에 정말 갈 수 있을지 확인해보기 바랍니다.

5.11 키보드 입력

지금까지 우리가 작성한 프로그램은 사용자로부터 어떤 입력도 받지 않았습니다. 항상 같은 동작을 했죠.

줄리아의 내장 함수 **readline**은 프로그램을 잠깐 멈추고 사용자의 입력을 받습니다. 사용자가 엔터 키를 누르면 프로그램이 재개되며 **readline**이 사용자가 입력한 내용을 결괏값으로 돌려줍니다. 이때 결괏값의 자료형은 문자열입니다.

```
julia> text = readline()
What are you waiting for?
"What are you waiting for?"
```

사용자로부터 입력을 받기 전에, 프롬프트를 출력해 무엇을 입력해야 할지를 알려주는 것이 좋습니다.

```
julia> print("What...is your name? "); readline()
What...is your name? Arthur, King of the Britons!
"Arthur, King of the Britons!"
```

세미콜론(;)은 여러 문장을 같은 행에 집어넣을 수 있게 해줍니다. REPL에서 이렇게 실행하면 마지막 문장만 값을 돌려줍니다.

정수를 입력받고 싶다면, 결괏값을 Int64로 변환할 수 있습니다.

```
julia> println("What...is the airspeed velocity of an unladen swallow?"); speed
= readline()
What...is the airspeed velocity of an unladen swallow?
42
"42"
julia> parse(Int64, speed)
42
```

하지만 이렇게 했을 때 숫자 외의 다른 글자를 넣게 되면 오류가 발생합니다.

```
julia> println("What...is the airspeed velocity of an unladen swallow? ");
speed = readline()
What...is the airspeed velocity of an unladen swallow?
What do you mean, an African or a European swallow?
"What do you mean, an African or a European swallow?"
julia> parse(Int64, speed)
ERROR: ArgumentError: invalid base 10 digit 'W' in "What do you mean, an African
or a European swallow?"
[...]
```

이런 오류에 대처하는 방법은 나중에 살펴보겠습니다.

5.12 디버깅

구문 오류나 실행 오류가 발생할 때, 오류 메시지는 많은 정보를 보여줍니다. 지나치게 정보가 많다고 느낄 수도 있는데요, 가장 유용한 부분은 일반적으로 다음 두 가지입니다.

- 어떤 종류의 오류인가

- 어디서 오류가 났는가

구문 오류는 몇 가지 경우를 제외하면 대개 쉽게 찾을 수 있습니다. 일반적으로 오류 메시지는 문제가 발견된 지점을 가리키지만, 실제 오류 발생 지점이 그보다 더 앞, 종종 바로 직전 행인 경우도 있습니다.

실행 오류도 마찬가지입니다. 신호 대 노이즈 비율을 데시벨로 계산한다고 해봅시다. 공식은 아래와 같습니다.

$$SNR_{db} = 10 \log_{10} \frac{P_{signal}}{P_{noise}}$$

줄리아로 코드를 작성한다면, 다음과 같이 할 수 있을 것 같습니다.

```
signal_power = 9
noise_power = 10
ratio = signal_power ÷ noise_power
decibels = 10 * log10(ratio)
print(decibels)
```

해보면 이렇게 나오죠.

```
-Inf
```

기대한 결과가 아닙니다.

오류를 찾기 위해서 ratio의 값을 화면에 출력해보는 것이 도움이 될 것 같습니다. 해보면 0이 나오죠. 문제는 3행에 있습니다. 나눗셈 연산을 했어야 하는데, 몫 연산을 했군요.

5.13 용어집

몫 연산자floor division operator

어떤 수를 다른 수로 나눈 몫을 구하는 연산자. ÷ 기호를 쓴다.

나머지 연산자modulus operator

어떤 수를 다른 수로 나눈 나머지를 구하는 연산자. 퍼센트 기호(%)를 쓴다.

논리 표현식 Boolean expression

값이 참이거나 거짓이 되는 표현식.

관계 연산자relational operator

피연산자들을 비교하는 연산자들. ==, ≠ (!=), >, <, ≥ (>=), ≤ (<=).

논리 연산자logical operator

논리 표현식을 결합하는 연산자들. && (and: 논리곱), ¦¦ (or: 논리합), ! (not: 부정).

조건문conditional statement

어떤 조건에 따라 실행 여부가 결정되는 문장.

조건condition

조건문에서 어떤 분기가 실행될지를 결정하는 논리 표현식.

복합 문장compound statement

헤더와 본문으로 구성된 문장. 본문은 end 예약어로 끝난다.

분기branch

조건문에서 실행될 수 있는 여러 문장의 세트 중 하나.

연쇄 조건문chained conditional statement

대체 실행될 수 있는 분기가 나열되어 있는 조건문.

중첩 조건문nested conditional statement

어떤 조건문의 분기 안에 포함되어 있는 조건문.

재귀 함수recursive function

자기 자신을 호출하는 함수.

재귀recursion

현재 실행되고 있는 함수 자신을 다시 호출해 실행하는 과정.

리턴문return statement

함수를 즉시 종료시키며, 호출자에게 돌아가도록 하는 문장.

기저 상태base case

재귀 함수에서 자기 자신을 호출하지 않는 분기.

무한 재귀infinite recursion

기저 상태가 없는 재귀, 또는 기저 상태로 도달하지 못하는 재귀. 무한 재귀는 결국 실행 오류를 내는 것으로 귀결된다.

5.14 연습 문제

연습 5-2

time 함수는 임의의 기준 시각인 **epoch**으로부터 현재까지의 경과한 시간을 초 단위로 반환합니다. 유닉스 시스템에서 epoch은 그리니치 평균시로 1970년 1월 1일 0시 0분 0초입니다.

```
julia> time()
1.550846226624217e9
```

현재 시간을 읽어, epoch으로부터 경과한 날짜와 나머지 시분초를 구하는 스크립트를 작성하세요.

연습 5-3

페르마의 마지막 정리는 2보다 큰 정수 n에 대해서 다음 식을 만족시키는 양의 정수 a, b, c가 존재하지 않는다는 정리입니다.

$$a^n + b^n = c^n$$

1. 네 개의 매개변수 a, b, c, n에 대해서 페르마의 마지막 정리가 성립하는지 검사하는 checkfermat 함수를 작성하세요. 2보다 큰 n에 대해서 a^n + b^n == c^n을 만족하면, "Holy smokes, Fermat was wrong!"("헉, 페르마가 틀렸네!")을 출력하고, 그렇지 않으면 "No, that doesn't work."("아니요, 안 됩니다.")를 출력하세요.

2. 사용자에게 a, b, c, n을 입력받아 이를 정수로 변환한 후, checkfermat 함수를 이용해 페르마의 정리에 위배되는지 검사하는 함수를 작성하세요.

연습 5-4

막대기 세 개가 있을 때, 어떤 경우에는 막대들로 삼각형을 만들 수 있고, 어떤 경우에는 그럴 수 없습니다. 예를 들어 막대 하나의 길이가 12인치이고, 나머지 두 개가 각각 1인치라면, 짧은 두 개의 막대가 삼각형을 이루도록 중간에서 만나게 할 수 없을 것입니다. 임의로 세 개의 길이가 주어질 때, 그것을 변의 길이로 가진 삼각형을 만들 수 있을지 알 수 있는 간단한 시험 방법은 다음과 같습니다.

어떤 변이 다른 두 개를 더한 것보다 길다면, 삼각형을 만들 수 없다. 그런 변이 존재하지 않는다면, 삼각형을 만들 수 있습니다. (만일 한 변의 길이가 다른 두 개를 더한 것과 같다면, 퇴화 degenerate 삼각형[6]이라는 도형이 됩니다.)

1. 세 개의 정수를 인수로 받아, 그것을 길이로 하는 삼각형을 생성할 수 있는지를 판단하고, 그 결과에 따라 "Yes" 또는 "No"를 출력하는 함수 istriangle을 작성하세요.

2. 세 개의 길이를 사용자로부터 입력받고 이를 정수로 변환한 후, 그것을 길이로 하는 삼각형을 생성할 수 있을지를, istriangle 함수를 이용해서 판단하는 함수를 작성하세요.

연습 5-5

다음 프로그램의 출력이 어떻게 되나요? 결과를 출력하는 순간의 프로그램의 상태를 보여주는 스택 도식을 그려보세요.

```
function recurse(n, s)
    if n == 0
        println(s)
    else
        recurse(n-1, n+s)
    end
end

recurse(3, 0)
```

1. 이 함수를 이렇게 호출하면 어떤 일이 벌어집니까: recurse(-1, 0)?

2. 이 함수를 사용하려고 하는 사람이 알아야 할 것을 모두 설명하는 문서화 문자열을 작성하세요.

NOTE_ 이하 연습들은 4장에 나온 ThinkJulia 모듈을 사용합니다.

---

6 역자주_ 퇴화 삼각형은 그저 선분입니다만, 면적이 0인 삼각형으로 볼 수도 있습니다. 삼각형에서 성립하는 많은 공식이 퇴화 삼각형에도 성립하기 때문에, 퇴화 삼각형을 삼각형으로 간주하면 편리한 경우가 있습니다. 예를 들어 평면에 있는 임의의 세 개 점을 처리할 때, 직선상에 있는 경우와 없는 경우를 구분해서 처리하지 않고, 그저 삼각형을 이룬다고 하고 처리하는 식으로 할 수 있습니다.

연습 5-6

다음 함수를 읽고, 무엇을 하는 함수인지 생각해보세요(4장 연습 문제를 참고하세요). 그런 다음 실행해보고, 그 생각이 맞았는지 확인해봅시다.

```
function draw(t, length, n)
    if n == 0
        return
    end
    angle = 50
    forward(t, length*n)
    turn(t, -angle)
    draw(t, length, n-1)
    turn(t, 2*angle)
    draw(t, length, n-1)
    turn(t, -angle)
    forward(t, -length*n)
end
```

연습 5-7

코크 곡선은 [그림 5-2]처럼 생긴 프랙탈 도형입니다.

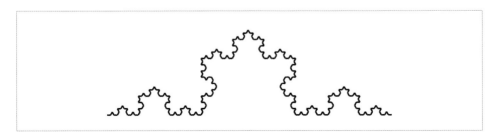

그림 5-2 코크 곡선

가로 길이가 x인 코크 곡선을 그리는 절차는 다음과 같습니다.

1. 길이가 $\frac{x}{3}$인 코크 곡선을 그린다.

2. 왼쪽으로 60도 회전한다.

3. 길이가 $\frac{x}{3}$인 코크 곡선을 그린다.

4. 오른쪽으로 120도 회전한다.

5. 길이가 $\frac{x}{3}$인 코크 곡선을 그린다.

6. 왼쪽으로 60도 회전한다.

7. 길이가 $\frac{x}{3}$인 코크 곡선을 그린다.

x가 3보다 작은 경우에는 예외적으로, 그냥 길이가 x인 직선을 그립니다.

1. 거북이와 길이를 매개변수로 받아서, 받은 길이만큼의 코크 곡선을 거북이로 그리는 함수 koch를 작성하세요.

2. 눈송이 모양이 되도록 세 개의 코크 곡선을 그리는 함수 snowflake를 작성하세요.

3. 코크 곡선은 여러 가지 방식으로 일반화할 수 있습니다. 영문 위키백과의 코크 곡선 항목 (https://en.wikipedia.org/wiki/Koch_snowflake)에서 다른 예들을 찾아보고, 마음에 드는 것을 구현해보세요.

CHAPTER 6

유익 함수

우리가 지금까지 사용했던 많은 함수, 특히 수학 함수 같은 것들은 결괏값이 있었습니다. 하지만 우리가 작성한 함수들은 그렇지 않았죠. 물론 값을 출력한다거나, 거북이를 움직인다거나 하는 작용은 있었지만, 반환하는 것이라곤 nothing뿐이었습니다. 이 장에서는 결괏값이 있는 유익 함수를 작성하는 법을 알아보겠습니다.

6.1 결괏값

함수를 호출하면 결괏값이 생성되는데, 일반적으로 이 값을 변수에 할당하거나, 표현식의 일부로 사용합니다.

```
e = exp(1.0)
height = radius * sin(radians)
```

지금까지 우리가 작성한 함수는 빈void 함수였습니다. 편하게 말하자면 결괏값이 없는 것이고, 좀 더 엄밀하게 말하자면 결괏값이 nothing입니다. 이 장에서 (마침내) 결괏값이 있는 유익 함수를 작성해보겠습니다. 첫 번째 예제는 area 함수입니다. 반지름이 주어지면 원의 면적을 반환하는 함수입니다.

```
function area(radius)
    a = π * radius^2
    return a
end
```

이미 봤던 리턴문과 다르게, 유익 함수에서는 리턴문이 표현식을 가지고 있습니다. 그 뜻은 '표현식의 값을 결괏값으로 즉시 반환하라'입니다. 표현식을 얼마나 복잡하게 쓰든 상관없습니다. 그러니까, area 함수를 다음과 같이 축약할 수도 있습니다.

```
function area(radius)
    π * radius^2
end
```

하지만 a와 같은 **임시 변수**temporary variable와 명시적인 리턴문을 사용하면 디버깅이 좀 더 쉽습니다.

어떤 함수의 반환값은 그 함수에서 마지막으로 평가된 표현식의 값입니다. 기본적으로 함수 정의의 본문에 있는 마지막 표현식의 값이죠.

조건문의 분기에 따라 복수의 리턴문을 쓰는 것이 유용할 때도 있습니다. 절댓값을 반환하는 함수를 보죠.

```
function absvalue(x)
    if x < 0
        return -x
    else
        return x
    end
end
```

여기서 리턴문은 배타적으로 실행되는 대체 분기에 있기 때문에, 하나만 실행됩니다.

함수 실행 중 리턴문을 만나면, 더 이상의 문장을 실행하지 않고 함수 실행이 종료됩니다. 리턴문 뒤에 나오는 코드 등 실행 흐름이 결코 도달할 수 없는 코드를 **불필요한 코드**dead code라고 부릅니다.

유익 함수에서는 가능한 실행 경로마다 리턴문이 나올 수 있도록 하는 것이 좋습니다. 다음 코드를 보겠습니다.

```
function absvalue(x)
    if x < 0
        return -x
    end
    if x > 0
        return x
    end
end
```

이 함수는 잘못되었습니다. 만일 x가 0인 경우, 두 조건이 모두 참이 아니므로, 실행 흐름이 리턴문을 만나지 못하기 때문입니다. 이런 식으로 실행 흐름이 함수의 끝까지 가게 되면, 결괏값은 nothing이 됩니다. 물론 이게 0의 절댓값은 아니지요.[1]

```
julia> show(absvalue(0))
nothing
```

TIP 사실 줄리아에는 절댓값을 계산하는 내장 함수 abs가 이미 있습니다.

연습 6-1

두 개의 값 x, y를 받아서 x > y이면 1을, x == y이면 0, x < y이면 -1를 반환하는 함수 compare를 작성해보세요.

6.2 점진적 개발

큰 함수를 작성하다 보면, 디버깅에 점점 더 시간을 쓰게 됩니다.

복잡도가 증가하는 프로그램을 다루기 위해 **점진적 개발**incremental development을 시도해볼 수 있을

---

1 역자주_ nothing은 특수한 값이므로 print 함수로는 출력할 수 없고 show 함수를 사용해야 합니다.

것 같습니다. 점진적 개발의 목표는 한 번에 작은 분량의 코드만을 추가하고 테스트함으로써 디버깅이 길어지는 것을 방지하는 것입니다.

예를 들어 좌표가 (x_1, y_1)과 (x_2, y_2)로 주어진 두 점의 거리를 계산한다고 해봅시다. 피타고라스 정리에 따라 거리는 다음과 같습니다.

$$d = \sqrt{(x_2 - x_1)^2 + (y_2 - y_1)^2}$$

첫 번째 단계는 줄리아에서 거리 함수가 어떻게 보여야 할 것인지 생각해보는 것입니다. 다시 말해, 입력(매개변수)이 무엇인지, 출력(결괏값)이 무엇이냐는 것입니다.

이 경우 입력은 2개의 점이므로, 4개의 숫자로 표현할 수 있죠. 결괏값은 부동소수점 수로 표현되는 거리입니다.

이제 함수의 윤곽을 작성할 수 있습니다.

```
function distance(x₁, y₁, x₂, y₂)
    0.0
end
```

물론 이 버전이 실제 거리를 계산하는 것은 아닙니다. 결괏값이 항상 0이니까요. 그렇지만, 구문 규칙에 맞고, 실행이 됩니다. 즉 뭔가 더 해보기 전에 테스트할 수 있다는 것을 의미합니다. 아래첨자는 유니코드 문자로 넣을 수 있습니다(_1 입력 후 탭, _2 입력 후 탭 등).

새로운 함수를 테스트하기 위해서, 샘플로 인수를 주고 호출해봅시다.

```
distance(1, 2, 4, 6)
```

여기서는 가로 간격이 3이고, 세로 간격이 4가 되도록 샘플값을 선택했습니다. 그러면 3-4-5 직각삼각형 모양이니까, 피타고라스 정리에 따라 거리는 빗변의 길이인 5가 됩니다. 함수를 테스트할 때, 옳은 결과를 알고 있으면 도움이 됩니다.

함수가 구문 규칙에 부합한다는 것을 확인했으니, 본문에 코드를 추가해볼 때입니다. 다음 단계로 가로 간격 $(x_2 - x_1)$과 세로 간격 $(y_2 - y_1)$을 계산하는 것이 합리적입니다. 그 값들을

임시 변수에 넣고, @show 매크로를 이용해 출력하는 버전으로 개선해보겠습니다.[2]

```julia
function distance(x₁, y₁, x₂, y₂)
    dx = x₂ - x₁
    dy = y₂ - y₁
    @show dx dy
    0.0
end
```

앞에서와 마찬가지로 distance(1, 2, 4, 6)를 실행하면 dx = 3과 dx = 4를 출력할 것입니다. 이제 우리는 함수가 제대로 인수를 받고, 첫 번째 계산을 옳게 했다는 것을 알았습니다. 문제가 있다 해도, 코드가 몇 줄밖에 안 되니 쉽게 확인해볼 수 있습니다.

다음으로 dx와 dy를 제곱해서 더한 값을 계산합니다.

```julia
function distance(x₁, y₁, x₂, y₂)
    dx = x₂ - x₁
    dy = y₂ - y₁
    d² = dx^2 + dy^2
    @show d²
    0.0
end
```

다시 프로그램을 실행해보고 출력이 25인지 확인해볼 수 있습니다. 아래첨자와 마찬가지로 위첨자도 유니코드 문자로 넣을 수 있습니다(\^2 탭). 마지막으로 sqrt 함수를 사용해서 결괏값를 계산합니다.

```julia
function distance(x₁, y₁, x₂, y₂)
    dx = x₂ - x₁
    dy = y₂ - y₁
    d² = dx^2 + dy^2
    sqrt(d²)
end
```

----

2 역자주_ @show 매크로는 뒤에 오는 표현식이 어떻게 평가되는지 출력하고, 그 최종 결과를 또 한 번 출력하므로 디버깅에 매우 유용합니다.

```julia
julia> @show 1 + 1
1 + 1 = 2
2
```

생각대로 잘 실행된다면, 이제 끝났습니다. 뭔가 문제가 있다면, 반환하고 종료하기 전에 sqrt(d²) 값을 먼저 화면에 출력해볼 수도 있겠죠.

distance 함수의 최종 버전은 화면에 아무것도 출력하지 않습니다. 그저 결괏값만 반환할 뿐이죠. 우리가 디버깅하면서 유용하게 사용했던 print 문은, 함수가 제대로 동작하는 것을 확인한 다음에는 제거해야 합니다. 이런 코드를 **스캐폴딩**scaffolding이라고 합니다.[3]

프로그래밍을 처음 할 때는 한 번에 한두 줄의 코드만 추가해야 합니다. 경험이 쌓이면 한 번에 많은 분량을 작성하고 디버깅할 수 있게 됩니다. 어떤 경우든 점진적 개발은 디버깅에 소요될 시간을 크게 아껴줄 것입니다.

점진적 개발 방법의 핵심은 다음과 같습니다.

1. 동작하는 프로그램에서 시작해, 작고 점진적인 변화를 만듭니다. 어떤 시점에서 오류가 발생하면, 오류가 난 지점이 어딘지 쉽게 알 수 있습니다.

2. 계산 중간 결과를 담는 변수를 사용합니다. 그러면 화면에 출력해보고 제대로 되는지 확인할 수 있습니다.

3. 프로그램이 잘 동작하면, 스캐폴딩을 제거하거나 여러 문장을 복합 표현식으로 축약합니다. 단, 프로그램이 읽기 어려워지지 않는 선에서 그렇게 합니다.

연습 6-2

점진적 개발 방법을 사용해 hypotenuse(빗변[4]) 함수를 작성하세요. 이 함수는 직각삼각형의 밑변과 높이를 인수로 받아서 빗변의 길이를 반환해야 합니다. 개발 과정의 각 단계를 기록하세요.

---

3 역자주_ IT 업계에서는 흔히 번역하지 않고 쓰지만, 원래는 건축 중에 임시로 설치해놓고 쓰는 가설물인 비계를 뜻합니다.

4 역자주_ https://ko.wikipedia.org/wiki/빗변

6.3 합성

이제 감을 좀 잡았겠지만, 어떤 함수 안에서 다른 함수를 호출할 수도 있습니다. 예제로 원의 중심점 좌표와 호에 있는 한 점의 좌표를 인수로 받아, 원의 넓이를 계산하는 함수를 작성해보겠습니다.

먼저 원의 중심점 좌표는 xc, yc에, 호 위의 점 좌표는 xp, yp에 저장되어 있다고 가정합시다. 첫 번째 단계는 원의 반지름을 찾는 것입니다. 즉 이 두 점의 거리죠. 바로 앞에서 distance 함수를 작성했으니 그것을 활용하겠습니다.

```
radius = distance(xc, yc, xp, yp)
```

다음 단계는 반지름을 이용해 원의 넓이를 구하는 것입니다. 이것도 역시 앞에서 작성했었죠.

```
result = area(radius)
```

각 단계를 함수 안에 넣으면 이렇게 됩니다.

```
function circlearea(xc, yc, xp, yp)
    radius = distance(xc, yc, xp, yp)
    result = area(radius)
    return result
end
```

임시 변수로 사용한 radius와 result는 개발과 디버깅 과정에서 유용하게 썼습니다만, 프로그램이 일단 완성된 다음에는 함수 호출을 합성해서 더 간결하게 만들 수 있습니다.

```
function circlearea(xc, yc, xp, yp)
    area(distance(xc, yc, xp, yp))
end
```

6.4 불리언 함수

불리언Boolean 자료형을 반환하는 함수는 복잡한 조건식을 함수 내부로 숨기는 데 편리하게 사용할 수 있습니다.

```julia
function isdivisible(x, y)
    if x % y == 0
        return true
    else
        return false
    end
end
```

일반적으로 불리언 함수는 예, 아니요로 대답할 수 있는 질문인 것처럼 이름을 짓습니다. isdivisible 함수는 x가 y로 나뉠 수 있는지(whether x is divisible by y)에 따라 결괏값으로 true 또는 false를 반환합니다.

```julia
julia> isdivisible(6, 4)
false
julia> isdivisible(6, 3)
true
```

== 연산자의 결과가 불리언 자료형이므로, isdivisible 함수가 결과를 리턴문 없이 직접 반환하도록 축약할 수 있습니다.

```julia
function isdivisible(x, y)
    x % y == 0
end
```

불리언 함수는 보통 조건문에서 사용합니다.

```julia
if isdivisible(x, y)
    println("x is divisible by y")
end
```

다음과 같이 코드를 작성하고 싶어지기도 합니다만…

```
if isdivisible(x, y) == true
    println("x is divisible by y")
end
```

불리언 함수의 결괏값이 참인지 굳이 다시 비교할 필요는 없습니다.

연습 6-3

함수 isbetween(x,y,z)를 작성하세요. x ≤ y ≤ z를 만족하면 true, 그렇지 않으면 false를 반환해야 합니다.

6.5 재귀 심화

여기까지 해서 줄리아의 일부분을 알아보았습니다. 놀랍겠지만, 이 일부분으로도 **완전**complete 프로그래밍 언어가 됩니다. 어떤 계산 문제도 이 언어로 표현할 수 있다는 것을 뜻합니다. 지금까지 만들어진 그 어떤 프로그램도, 독자 여러분이 지금까지 배운 줄리아 언어의 기능만으로 재작성할 수 있습니다(실제로는 마우스나 디스크 등 장치를 다루는 명령이 더 필요하겠지만, 계산 자체는 이게 다입니다).

이 주장을 증명하는 것은 쉽지 않은 일인데요, 초기 컴퓨터 과학자였던 앨런 튜링이 처음으로 해결한 바 있습니다(앨런 튜링은 수학자라고 지적하는 분도 있겠지만, 사실 초기 컴퓨터 과학자들은 모두 수학자로 시작했습니다). 그래서 이것을 튜링 논제라고 합니다. 이 주제에 대한 좀 더 완전하고 엄밀한 논의는 마이클 십서Michael Sipser의 책 『Introduction to the Theory of Computation』(Cengage, 2012)을 참고하세요.

지금까지 배운 것들로 무엇을 할 수 있는지 알아보기 위해서, 몇 가지 재귀적으로 정의된 수학 함수를 다뤄보겠습니다. 재귀적 정의는 정의 안에 정의되고 있는 자신을 참조한다는 점에서 순환 정의와 비슷합니다. 그러나 진짜 순환 정의는 쓸모가 없습니다.

날카로운vorpal[5]

어떤 날카로운 것을 표현하는 형용사.

사전에서 단어를 이런 식으로 정의한다면 참 짜증이 날 겁니다. 반면에 ! 기호로 표시하는 계승 함수(팩토리얼)를 보면, 그 정의가 다음과 같음을 알 수 있습니다.

$$n! = \begin{cases} 1 & \text{if } n = 0 \\ n(n-1)! & \text{if } n > 0 \end{cases}$$

이 정의에 따르면 0의 계승은 1이고, 그 외 다른 n의 계승은 n 곱하기 $n-1$의 계승입니다.

그러므로 3!은 3×2!, 2!은 2×1!, 1!은 1×0!이 되고, 이런 식으로 전부 모으면 3!은 3×2× 1×1, 즉 6이 됩니다.

어떤 것에 대한 재귀적 정의를 하고 싶으면, 줄리아 프로그램을 작성해서 확인해볼 수 있습니다. 첫 번째 단계로 어떤 매개변수를 쓸지를 정해야 합니다. 이 경우, 계승이 정수를 받는 것이 명백합니다.

```
function fact(n) end
```

인수가 0인 경우에는 1을 반환하면 됩니다.

```
function fact(n)
    if n == 0
        return 1
    end
end
```

다른 경우에는 n-1의 계승을 구하기 위해 재귀 호출을 하고, 그 후 n을 곱합니다.

```
function fact(n)
    if n == 0
        return 1
    else
```

----

5 역자주_ vorpal은 루이스 캐럴의 『거울 나라의 앨리스』에 나오는 넌센스 시 「재버워키」에서 가져온 단어입니다.

```
        recurse = fact(n-1)
        result = n * recurse
        return result
    end
end
```

이 프로그램의 실행 흐름은 5.8절에 나온 countdown 함수와 비슷합니다. 만일 인수를 3으로 해서 fact 함수를 호출하면, 실행 흐름은 다음과 같습니다.

3은 0이 아니므로, 두 번째 분기를 타서 n-1의 계승을 구합니다…

   2는 0이 아니므로, 두 번째 분기를 타서 n-1의 계승을 구합니다…

      1은 0이 아니므로, 두 번째 분기를 타서 n-1의 계승을 구합니다…

         0은 0과 같으므로, 첫 번째 분기를 타서 더 이상의 재귀 호출 없이, 1을 반환합니다.

      결괏값 1을 n의 값 1과 곱한 결과 1이 반환됩니다.

   결괏값 1을 n의 값 2와 곱한 결과 2가 반환됩니다.

결괏값 2를 n의 값 3과 곱한 결과 6이, 최초 함수 호출에 대한 결과로 반환됩니다.

[그림 6-1]은 이 함수 호출 순서를 나타내는 스택 도식입니다.

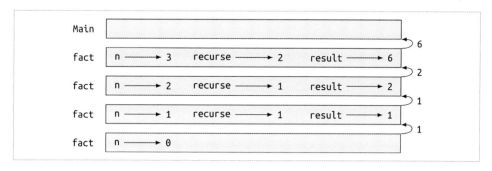

그림 6-1 스택 도식

각 fact 함수 호출에서 결괏값이 스택 위로 넘어가고 있습니다. 각 틀에서 결괏값은 result인데, 이것은 n과 recurse의 곱입니다.

마지막 틀을 보면, 변수 recurse와 result가 존재하지 않습니다. 이들을 생성하는 분기가 실행되지 않기 때문입니다.

TIP 줄리아에는 정수의 계승을 구하는 내장 함수 factorial이 이미 있습니다.

6.6 믿음의 도약

실행 흐름을 따라가는 것도 프로그램을 읽는 한 방법이지만, 프로그램 길이가 길어지면 압도되기 십상입니다. 제가 **믿음의 도약**leap of faith이라고 부르는 다른 방법이 있습니다. 함수 호출을 만나면, 실행 흐름을 따라가는 대신에 함수가 잘 동작하고 옳은 결과를 반환할 거라고 **가정**assume하는 것입니다.

사실 우리는 이미 내장 함수에 대해서 믿음의 도약을 하고 있었습니다. cos이나 exp 같은 내장 함수를 호출할 때, 그 함수들의 본문을 확인해보지는 않았죠. 그저 그 함수를 작성한 사람들이 훌륭한 프로그래머들이니까 잘 동작할 거라고 간주했던 것입니다.

여러분이 직접 작성한 함수를 호출할 때도 마찬가지 입니다. 예를 들어 6.4절에서 작성한 어떤 수가 다른 수의 약수인지를 판별하는 isdivisible 함수가 있습니다. 코드 검토도 하고 테스트도 해서 이 함수가 제대로 동작함을 일단 확인하고 나면, 다시는 함수 본문을 읽을 필요 없이 isdivisible 함수를 사용할 수 있었습니다.

재귀 호출을 하는 프로그램도 마찬가지입니다. 6.5절의 예제 코드를 봅시다. 재귀 호출을 만나는 순간, 실행 흐름을 그대로 따라가는 대신에 그 재귀 호출이 잘 동작한다고 (옳은 값을 반환한다고) 가정해야 합니다. 그런 다음 생각해보는 겁니다. 'n-1의 계승이 있다 치고, n의 계승을 계산할 수 있나?' 물론 그렇게 할 수 있는 것은 명백합니다. n을 곱하기만 하면 되니까요!

아직 다 작성하지도 않은 함수를 잘 동작한다고 가정한다니, 좀 기묘한 느낌이 드는 게 당연합니다. 바로 그것이 제가 믿음의 도약이라고 부르는 이유입니다.

6.7 추가 예제

계승 다음으로 가장 흔하게 재귀적으로 정의되는 수학 함수는 피보나치 수(*https://ko. wikipedia.org/wiki/피보나치_수*)입니다.

$$fib(n) = \begin{cases} 0 & \text{if } n = 0 \\ 1 & \text{if } n = 1 \\ fib(n-1) + fib(n-2) & \text{if } n > 1 \end{cases}$$

줄리아로 번역해보면 이렇게 됩니다.

```
function fib(n)
    if n == 0
        return 0
    elseif n == 1
        return 1
    else
        return fib(n-1) + fib(n-2)
    end
end
```

이 함수의 실행 흐름을 정직하게 따라가려고 시도한다면, 극히 작은 n에 대해서도 머리가 터질 겁니다. 그 대신 믿음의 도약을 받아들인 후, 두 개의 재귀 호출이 잘 동작한다고 가정하면, 그 둘을 더해 옳은 결과를 낼 수 있다는 것이 명백해집니다.

6.8 자료형 검사

fact 함수를 호출할 때 인수로 1.5를 주면 어떻게 될까요?

```
julia> fact(1.5)
ERROR: StackOverflowError:
Stacktrace:
[1] fact(::Float64) at ./REPL[3]:2
```

무한 재귀가 발생한 것처럼 보입니다. 왜 그럴까요? 이 함수의 기저 상태는 n == 0일 때입니다. 그런데 n이 정수가 아니라면, 기저 상태를 놓치므로 무한 재귀에 빠지게 됩니다.

첫 번째 재귀 호출에서 n의 값은 0.5가 되고, 그다음에는 -0.5가 되고, 점점 더 작은 음수로 가는데, 결코 0이 되지 못합니다.

두 가지 방안이 있습니다. 하나는 계승 함수를 일반화해서 부동소수점 수에도 적용될 수 있게 하는 것이고, 다른 하나는 fact 함수가 인수의 자료형을 미리 확인하도록 하는 것입니다. 첫 번째 방안은 감마 함수라고 부르는 것인데, 이 책의 내용을 아득히 벗어나는 것입니다. 그러므로 두 번째 방안으로 가겠습니다.

인수의 자료형을 검사하기 위해 내장 연산자인 isa를 사용할 수 있습니다. 자료형을 검사하면서, 인수가 양수인지도 검사할 수 있습니다.

```
function fact(n)
    if !(n isa Int64)
        error("Factorial is only defined for integers.")
    elseif n < 0
        error("Factorial is not defined for negative integers.")
    elseif n == 0
        return 1
    else
        return n * fact(n-1)
    end
end
```

첫 번째 분기는 정수가 아닌 경우에 대응하고, 두 번째 분기는 음수에 대응합니다. 두 경우에 프로그램은 오류 메시지를 출력하고, nothing을 결괏값으로 반환하여 뭔가 잘못되었음을 알려줍니다.

```
julia> fact("fred")
ERROR: Factorial is only defined for integers.
julia> fact(-2)
ERROR: Factorial is not defined for negative integers.
```

두 검사를 통과하고 나면, n이 0이거나 양수임을 알 수 있게 됩니다. 그러면 재귀가 결국 종료하게 됨을 증명할 수 있습니다.

여기 나오는 것과 같은 패턴을 종종 **보호자**guardian라고 부릅니다. 앞에 있는 조건문 2개가 보호자로서 이후에 나오는 코드에 오류를 발생시킬 수 있는 값이 들어가지 않도록 보호해줍니다. 이런 보호자는 코드의 정합성을 증명할 수 있게끔 해줍니다.

나중에 14.5절에서 오류 메시지를 화면에 출력하는 것보다 좀 더 유연하게 대처할 수 있는 방법, 즉 예외 처리에 대해 살펴보겠습니다.

6.9 디버깅

이렇게 큰 프로그램을 분할해서 작은 함수들로 만들면, 자연스럽게 디버깅을 위한 검사점이 생겨납니다. 어떤 함수가 잘 동작하지 않으면, 세 가지 가능성이 있습니다.

- 함수에 전달되는 인수에 문제가 있다(전제 조건 위반).

- 함수 자체에 문제가 있다(후행 조건 위반).

- 결괏값에 문제가 있거나, 사용 방식에 문제가 있다.

첫 번째 가능성을 배제하기 위해서 함수의 앞부분에 출력문을 추가해 매개변수 값(과 자료형)을 출력해볼 수 있습니다. 아니면 명시적으로 전제 조건을 체크하는 코드를 넣을 수도 있습니다.

매개변수에 문제가 없다면, 각각의 리턴문 앞에 결괏값을 출력하는 출력문을 넣습니다. 가능하다면 직접 손으로 결괏값을 계산해봅니다. 6.2절에서 해본 것처럼 결과를 쉽게 확인해볼 수 있는 인수를 넣어 함수를 직접 호출해보는 것도 고려할 수 있습니다.

함수 자체에 문제가 없는 것 같다면, 함수를 호출하는 부분을 잘 살펴보고 결괏값이 옳게 사용되는지를(혹은 아예 사용이 안 되는 건 아닌지를) 확인합니다

함수의 앞부분과 뒷부분에 출력문을 넣으면 실행 흐름을 파악하는 데 도움이 됩니다. 다음 코드는 fact 함수에 그런 출력문을 추가한 것입니다.

```
function fact(n)
    space = " " ^ (4 * n)
    println(space, "factorial ", n)
    if n == 0
```

```
        println(space, "returning 1")
        return 1
    else
        recurse = fact(n-1)
        result = n * recurse
        println(space, "returning ", result)
        return result
    end
  end
```

여기서 space는 들여쓰기를 위해 사용하는 빈 칸으로 된 문자열입니다.

```
julia> fact(4)
                factorial 4
            factorial 3
        factorial 2
    factorial 1
factorial 0
returning 1
    returning 1
        returning 2
            returning 6
                returning 24
    24
```

실행 흐름이 헷갈리면 이런 식의 출력이 도움이 됩니다. 효과적인 스캐폴딩을 만들어 넣으려면 좀 시간이 걸릴 수 있습니다만, 약간의 스캐폴딩만으로도 디버깅이 크게 줄어들 수 있습니다.

6.10 용어집

임시 변수temporary variable

복잡한 계산 과정 중간에 나오는 값을 저장하는 변수.

불필요한 코드dead code

프로그램 중 절대 실행되지 않는 부분. 종종 코드가 리턴문 뒤에 있기 때문에 발생한다.

점진적 개발incremental development

한 번에 작은 분량의 코드만을 추가하고 테스트함으로써 디버깅을 줄이는 것을 목표로 하는 프로그램 개발 계획.

스캐폴딩scaffolding

프로그램 개발 중에만 사용하고, 완성 후에는 제거하는 코드.

보호자guardian

오류가 발생시킬 수 있는 상황을 미리 체크하고 조치하기 위해 조건문을 사용하는 프로그램 패턴.

6.11 연습 문제

연습 6-4

다음 프로그램의 스택 도식을 그려보세요. 프로그램의 출력은 어떻게 됩니까?

```
function b(z)
    prod = a(z, z)
    println(z, " ", prod)
    prod
end

function a(x, y)
    x = x + 1
    x * y
end

function c(x, y, z)
    total = x + y + z
    square = b(total)^2
    square
end

x = 1
```

```
y = x + 1
println(c(x, y+3, x+y))
```

연습 6-5

아커만 함수(*https://ko.wikipedia.org/wiki/아커만_함수*)는 다음과 같이 정의됩니다.

$$A(m,n) = \begin{cases} n+1 & \text{if } m = 0 \\ A(m-1,1) & \text{if } m > 0 \text{ and } n = 0 \\ A(m-1, A(m, n-1)) & \text{if } m > 0 \text{ and } n > 0 \end{cases}$$

아커만 함수 값을 계산하는 함수 ack를 작성하세요. 작성한 함수를 이용해 ack(3, 4)를 계산하고 125가 맞는지 확인해봅시다. 더 큰 m과 n에 대해서는 어떤 일이 벌어지나요?

연습 6-6

noon이나 redivider처럼 뒤에서부터 읽어도 앞에서부터 읽은 것과 같은 단어를 회문^{palindrome}이라고 합니다. 재귀적으로 말하자면, 어떤 단어의 첫 글자와 마지막 글자가 같고, 가운데 부분이 회문이면 전체가 회문입니다.

다음은 문자열 인수를 받아서 첫 글자, 마지막 글자, 중간 글자들을 돌려주는 함수입니다.

```
function first(word)
    first = firstindex(word)
    word[first]
end

function last(word)
    last = lastindex(word)
    word[last]
end

function middle(word)
    first = firstindex(word)
    last = lastindex(word)
    word[nextind(word, first) : prevind(word, last)]
end
```

이 함수들 자체의 동작 원리는 8장에서 살펴보겠습니다.

1. 이 함수들을 테스트해보세요. middle 함수에 두 글자로 이뤄진 문자열을 인수로 줘서 호출하면 어떻게 됩니까? 한 글자는요? 아무 글자도 포함하지 않는 빈 문자열("")에 대해서는 어떻습니까?

2. 문자열 인수를 받아서 회문이면 true를, 아니면 false를 반환하는 isapalindrome 함수를 작성하세요. 문자열의 길이는 내장 함수 length로 알 수 있습니다.

연습 6-7

어떤 수 a가 b의 거듭제곱이라 함은, a가 b로 나누어 떨어지고, $\dfrac{a}{b}$가 b의 거듭제곱이라는 뜻입니다. 매개변수 a, b를 받아 a가 b의 거듭제곱이면 true를 반환하는 함수 ispower를 작성하세요.

TIP 기저 상태에 대해 먼저 생각해봐야 합니다.

연습 6-8

a와 b의 최대공약수greatest common divisor(GCD)는 두 수를 나머지 없이 나누는 수(약수) 중에서 가장 큰 수를 가리킵니다.

최대공약수를 찾는 방법 중 하나는, a를 b로 나눈 나머지를 r라고 할 때 gcd(a, b) = gcd(b, r)가 성립한다는 사실에 기반합니다. 기저 상태로는 gcd(a, 0) = a를 사용할 수 있습니다.

a, b를 매개변수로 받아 최대공약수를 반환하는 함수 gcd를 작성하세요.

출처: 이 문제는 『컴퓨터 프로그램의 구조와 해석』(인사이트, 2016)에서 따왔습니다.

CHAPTER 7

반복

이 장에서 다루는 주제는 반복^{iteration}입니다. 어떤 문장의 블록을 반복적으로 실행하는 것을 말합니다. 우리가 지금까지 살펴본 반복은 5.8절에서 다룬 재귀를 이용하는 방법, 4.2절에서 다룬 for 루프가 있습니다. 이 장에서는 while 문을 사용하는 새로운 종류의 반복을 살펴보겠습니다. 하지만 먼저 변수 할당에 대해서 좀 더 알아봐야겠습니다.

7.1 재할당

이미 눈치챘을지도 모르겠지만, 한 변수에 값을 여러 번 할당할 수 있습니다. 새로운 할낭은 기존 변수가 새로운 값을 참조하도록 합니다(그리고 기존의 값을 참조하지 않도록 합니다).

```
julia> x = 5
5
julia> x = 7
7
```

처음에는 x의 값이 5였고, 그다음에는 7이 됩니다.

[그림 7-1]은 **재할당**^{reassignment}이 스택 도식에서 어떻게 표시되는지를 보여줍니다.

그림 7-1 스택 도식

여기서 종종 혼란의 근원이 되는 사항 하나를 지적해야겠습니다. 줄리아는 등호 기호(=)를 할당에 사용하기 때문에, a = b 와 같은 표현을 자연스럽게 수학적 명제인 등식^{equality}으로 이해한다면 a와 b가 같다는 뜻으로 해석하게 될 수 있습니다. 하지만 이런 해석은 틀렸습니다.

첫째, 등식은 대칭적 관계이지만, 할당은 그렇지 않습니다. 예를 들어 수학에서는 $a = 7$이면 $7 = a$입니다. 하지만 줄리아에서는 a = 7은 적법한 표현이고, 7 = a는 그렇지 않습니다.

또한, 수학에서 등식의 명제는 항상 참이거나 거짓이어서, 만일 지금 $a = b$이면 항상 a는 b와 같습니다. 줄리아에서는 할당문으로 두 변수를 같게 만들 수 있지만, 그것이 계속 유지된다고 할 수는 없습니다.

```
julia> a = 5
5
julia> b = a          # 이제 a와 b는 같다
5
julia> a = 3          # 더 이상 a와 b가 같지 않다
3
julia> b
5
```

여기서 보면 세 번째 줄에서 a의 값이 바뀌는데, b의 값은 바뀌지 않으므로, 결국 두 변수는 더 이상 같지 않습니다.

> **CAUTION_** 변수에 값을 재할당하는 것이 종종 유용하긴 하지만, 주의를 기울여야 합니다. 변수의 값이 자주 바뀌면 코드를 읽거나 디버깅하기가 무척 어려워질 수 있습니다.
>
> 함수에 대해서는, 이전에 정의된 함수와 동일한 이름을 갖는 함수를 정의할 수 없습니다.

7.2 변수 갱신

통상적인 재할당은 **갱신**update입니다. 변수의 기존 값을 가지고 새로운 값을 만드는 것이죠.

```
julia> x = x + 1
8
```

이것은 x의 현재 값을 가져와 1을 더해 새로운 값을 만든 후, 다시 x가 그 값이 되도록 갱신하라는 뜻입니다.

존재하지 않는 변수에 대해 갱신을 시도하면 오류가 발생합니다. 변수에 값을 할당하기 전에 우측의 표현식을 먼저 평가하기 때문입니다.

```
julia> y = y + 1
ERROR: UndefVarError: y not defined
```

변수를 갱신하기 전에는 먼저 **초기화**initialize해야 합니다. 보통 간단한 할당으로 합니다.

```
julia> y = 0
0
julia> y = y + 1
1
```

변수의 값에 1을 더해 갱신하는 것을 **증가**increment라고 하고, 1을 빼서 갱신하는 것을 **감소**decrement라고 합니다.

7.3 while 문

보통 거듭해서 되풀이되는 작업을 자동화하기 위해 컴퓨터를 사용합니다. 동일하거나 비슷한 작업을 오류 없이 되풀이하는 것은 컴퓨터가 잘하고 사람은 잘하지 못하는 일입니다. 이런 동작을 컴퓨터 프로그램에서는 **반복**iteration이라고 부릅니다.

우리는 이미 재귀로 반복을 구현한 두 개의 함수 countdown과 printn을 봤습니다. 반복은 너무나 흔한 작업이기 때문에 줄리아에서는 이를 편하게 할 수 있는 기능을 제공하고 있습니다. 그중 한 가지가 4.2절에서 본 for 루프입니다. 나중에 다시 살펴보기로 하죠.

또 다른 반복은 **while 문**입니다. 다음은 while을 이용해 countdown을 구현한 것입니다.

```
function countdown(n)
    while n > 0
        print(n, " ")
        n = n - 1
    end
    println("Blastoff!")
end
```

while 문은 거의 언제나 일상적인 문장을 읽는 것처럼 해석할 수 있습니다. 'n이 0보다 큰 동안에while n 값을 출력하고 n 값을 1만큼 감소하라. n이 0이 되면 "Blastoff!"를 출력하라.'

whlie 문의 실행 흐름이 어떻게 되는지 더 정식으로 살펴보겠습니다.

1. 조건이 참인지 거짓인지 확인한다.

2. 거짓이면, while 문을 빠져나가고, 그다음 문장을 실행한다.

3. 참이면, 본문을 실행한 후, 1단계로 돌아간다.

이런 종류의 실행 흐름을 루프(둥근 고리)라고 합니다. 3단계에서 1단계로 되돌아가기 때문입니다.

while 루프는 본문에서 최종적으로는 조건이 거짓이 되어 루프가 끝낼 수 있도록 한 개 이상의 변수 값을 갱신해야 합니다. 그렇지 않으면, 루프를 무한히 반복하게 되는데, 이를 **무한 루프**infinite loop라고 부릅니다. 컴퓨터 과학자들의 끝없는 농담 소재가 되는 샴푸 사용 설명이 있는데, 이렇습니다. "Lather, rinse, repeat(감고, 헹구고, 반복하세요).''[1] 곧이곧대로 하면 이게 바로 무한루프입니다.

countdown 함수를 보자면, 루프가 결국 종료됨을 증명할 수 있습니다. 만일 n이 0이거나 음수이면, 루프는 아예 실행되지 않습니다. 만일 n이 양수이면, 루프를 돌 때마다 값이 작아지니까,

---

1 역자주_ 왜 반복하라는 건지 이해가 안 될 수도 있는데, 샴푸가 대량으로 팔리기 시작한 1950년대에는 머리를 자주 감지 않았고, 포마드 같은 것을 많이 사용했습니다. 또한 샴푸 자체의 세정력도 약했기 때문에 필요한 만큼 더 감으라고 안내하는 것이 이상하지 않았습니다.

결국에는 0에 도달합니다.

다른 루프에 대해서는 이런 식으로 쉽게 얘기할 수 없습니다. 다음 예를 보겠습니다.

```
function seq(n)
    while n != 1
        println(n)
        if n % 2 == 0          # n이 짝수인 경우
            n = n / 2
        else                   # n이 홀수인 경우
            n = n*3 + 1
        end
    end
end
```

이 루프의 조건은 종료 n!=1입니다. 그러니까 n이 1이 되어 조건이 거짓이 될 때까지 루프가 돌게 됩니다.

루프를 돌 때마다, 프로그램은 n의 값을 출력하고, 홀짝 여부를 확인합니다. 짝수이면 n을 2로 나눈 값으로, 홀수이면 n*3 + 1로 값을 갱신합니다. 인수로 3을 주어 **seq**를 호출한다면, n의 값은 3, 10, 5, 16, 8, 4, 2, 1이 됩니다.

n이 늘어날 때도 있고, 줄어들 때도 있기 때문에, n이 결국 1이 되어 프로그램이 종료된다는 것을 쉽게 증명할 수는 없습니다. 특정한 n 값에 대해서는 증명할 수 있습니다. 예를 들어 n이 2의 거듭제곱이면, 루프를 돌 때마다 n은 계속 짝수이므로, 결국 1이 될 때까지 줄어들 겁니다. 앞에서 3으로 호출한 예를 보면 16 이후로는 그렇게 됐죠.

가능한 모든 양의 정수 n에 대해서 프로그램의 종료 여부를 증명하는 것은 매우 어려운 문제입니다. 실은 아직까지 아무도 증명하거나 반증하지 못했습니다! (위키백과에서 '콜라츠 추측'을 찾아보세요.)

연습 7-1

5.8절에서 재귀로 구현한 **printn** 함수를 **while** 문을 이용해 다시 구현해보세요.

7.4 break

어떤 경우에는 본문의 절반 정도를 지나온 후에야 루프를 끝낼 때가 되었음을 알게됩니다. 이
럴 때는 **break 문**을 사용해서 루프를 빠져나올 수 있습니다.

예를 들어 사용자로부터 계속해서 입력을 받되, done이 들어올 때까지만 그렇게 입력받고 싶
다고 가정해봅시다. 다음과 같이 작성하면 됩니다.

```
while true
    print("> ")
    line = readline()
    if line == "done"
        break
    end
    println(line)
end
println("Done!")
```

루프의 조건이 true로 고정되어 있기 때문에, break 문을 만나기 전까지는 루프가 계속 실행
됩니다.

이 루프는 돌 때마다 화면에 부등호 문자(>)를 찍은 후, 사용자가 입력하기를 기다립니다. 사
용자가 done을 입력하면, break 문이 실행되어 루프를 빠져나갑니다. 아니면, 프로그램은 사
용자가 입력한 내용을 그대로 출력하고, 루프의 맨 위로 다시 올라갑니다. 다음은 실행 예입니다.

```
> not done
not done
> done
Done!
```

이런 식으로 while 루프를 작성하는 것은 꽤 일반적입니다. 루프의 진행 여부를 (맨 위뿐만 아
니라) 아무 곳에서나 체크해볼 수 있기 때문입니다. 또한 이렇게 하면 루프에 대해 서술할 때
'어떤 조건이 될 때까지 계속 돈다'고 소극적으로 표현하기보다 '어떤 조건이 되면 멈춘다'고 적
극적으로 표현할 수 있게 됩니다.

7.5 continue

break 문이 루프를 빠져나가게 한다는 것을 배웠습니다. 이제 **continue 문**을 알아보겠습니다. 루프 실행 중 continue 문을 만나면, 현재 회차에서 아직 실행하지 않은 문장을 건너뛰고, 루프의 맨 위로 올라가 새로운 회차의 반복을 시행합니다.

다음 예제 코드를 보겠습니다.

```
for i in 1:10
    if i % 3 == 0
        continue
    end
    print(i, " ")
end
```

출력은 이렇습니다.

```
1 2 4 5 7 8 10
```

i가 3으로 나누어 떨어지는 수라면, continue 문은 현재 회차의 반복을 중단하고, 다음 회차의 반복을 시작합니다. 그러므로 1에서 10 사이의 수 중에서 3으로 나누어 떨어지지 않는 수만 출력되었습니다.

7.6 제곱근 구하기

수식에서 값을 구할 때, 먼저 근삿값을 구한 후 반복적으로 개선하는 방식의 프로그램에서 루프를 종종 사용하기도 합니다.

예를 들어 제곱근을 계산하는 방식 중 '뉴턴 방법'이라는 것이 있습니다. a의 제곱근 값을 알고 싶다고 해봅시다. 추정치가 x라고 할 때, 다음 공식을 쓰면 더 나은 추정치를 구할 수 있습니다 (이때 최초 추정치는 0보다 큰 아무 수나 쓸 수 있습니다).

$$y = \frac{1}{2}\left(x + \frac{a}{x}\right)$$

예들 들어 a는 4이고 x는 3이라고 해봅시다.

```
julia> a = 4
4
julia> x = 3
3
julia> y = (x + a/x) / 2
2.1666666666666665
```

추정치가 정확한 값($\sqrt{4} = 2$)에 더 가까워졌습니다. 계속 반복해보면 점점 더 가까워집니다.

```
julia> x = y
2.1666666666666665
julia> y = (x + a/x) / 2
2.0064102564102564
```

몇 번 더 해보면, 추정치가 거의 정확한 값이 됩니다.

```
julia> x = y
2.0064102564102564
julia> y = (x + a/x) / 2
2.0000102400262145
julia> x = y
2.0000102400262145
julia> y = (x + a/x) / 2
2.0000000000262146
```

일반적으로 어느 정도 반복을 시행해야 정확한 값이 될지 미리 알 수는 없습니다만, 추정치가 변하지 않게 되면, 정확한 값이 되었음을 알 수 있습니다.

```
julia> x = y
2.0000000000262146
julia> y = (x + a/x) / 2
2.0
julia> x = y
2.0
julia> y = (x + a/x) / 2
2.0
```

y == x가 되면 반복을 멈춰도 됩니다. 다음 코드는 최초 추정치 x를 더 이상 개선되지 않을 때까지 반복해서 개선하는 루프입니다.

```
while true
    println(x)
    y = (x + a/x) / 2
    if y == x
        break
    end
    x = y
end
```

이 코드는 대부분의 값에 대해서 잘 동작하지만, 일반적으로 부동소수점 수끼리 같은지 비교하는 것은 좀 위험합니다. 부동소수점 수는 정확한 값의 근삿값에 불과합니다. $\frac{1}{3}$ 같은 대부분의 유리수와 $\sqrt{2}$ 같은 무리수 전체는 Float64로 정확하게 표현될 수 없습니다.

x와 y가 정확하게 같은지를 검사하는 것보다, 내장 함수 abs를 이용해서 두 수의 차를 계산해서 특정 값보다 작은지 검사하는 것이 좋습니다.

```
if abs(y-x) < ε
    break
end
```

여기서 엡실론 ε (\varepsilon 탭)은 0.0000001처럼 작은 값을 사용하며, 만족할 수 있는 오차 범위를 지정하는 역할을 하는 수치입니다.

7.7 알고리즘

뉴턴 방법은 **알고리즘**algorithm의 한 예입니다. 알고리즘은 어떤 종류의 문제를 풀기 위한 기계적인 절차를 말합니다. 여기서는 제곱근을 구하는 문제였습니다.

알고리즘이 무엇인지 이해하기 위해서는 알고리즘이 아닌 것이 무엇인지를 아는 것이 도움이 됩니다. 한 자리 수의 곱셈을 배울 때 아마도 구구단표를 외웠을 겁니다. 즉 100개에 대한 답을 외워 알고 있는 거죠. 이런 종류의 지식은 알고리즘이 아닙니다.

그렇지만 좀 '게을렀다'면 요령 몇 가지를 배웠을 수도 있습니다. 예를 들어 n과 9의 곱을 구할 때, 첫 번째 자릿수는 $n-1$, 두 번째 자릿수는 $10-n$이라고 답을 쓸 수도 있습니다(n이 1이라면 답은 09, n이 2라면 18이 되겠죠). 이 요령은 9와 어떤 한 자리 수를 곱할 때에도 성립합니다. 이런 절차가 바로 알고리즘입니다.

이와 비슷하게 받아올림이 발생하는 덧셈이나 받아내림이 발생하는 뺄셈, 여러 자릿수의 나눗셈을 하는 방법도 모두 알고리즘입니다. 알고리즘의 특징 중 하나는 생각없이 그대로 수행할 수 있다는 것입니다. 간단한 규칙에 따라서 각 단계를 밟아나가기만 하면 되는 기계적인 절차입니다.

알고리즘을 수행하는 것은 지루한 일입니다만, 알고리즘을 만들어내는 것은 흥미롭고 지적으로 도전적인, 컴퓨터 과학의 핵심 요소입니다.

아무런 어려움이나 의식적인 사고 없이 자연스럽게 하는 일들이 있습니다. 그중 어떤 것은 알고리즘으로 표현하기가 정말 어렵습니다. 자연어를 이해하는 것이 좋은 예입니다. 우리 모두 자연어를 잘 쓰고 있지만, 그 누구도 우리가 **어떻게** 자연어를 구사하는지, 최소한 알고리즘의 형태로는 설명을 못 하고 있습니다.

7.8 디버깅

점점 더 큰 프로그램을 작성할수록 디버깅하는 데 시간을 점점 더 많이 쓰게 될 겁니다. 코드가 길어지면, 오류가 발생할 소지도 많아지고, 버그가 숨어 있을 곳도 많아집니다.

디버깅 시간을 줄일 수 있는 한 가지 방법은 '분할해서 디버깅하기'입니다. 예를 들어 프로그램이 100줄로 되어 있다고 해봅시다. 한 줄씩 검사한다면 100번 해야 합니다.

그 대신 문제를 반으로 나눠볼 수 있습니다. 프로그램에 버그가 있을 때, 먼저 프로그램의 중간쯤을 살펴보고 검사할 수 있는 중간 단계의 값을 찾습니다. 출력문 또는 값을 검사할 수 있는 어떤 코드를 추가한 후, 프로그램을 실행합니다.

이 중간 점검에서 잘못된 점이 있으면, 문제는 프로그램의 앞쪽 절반에 있는 것입니다. 만일 잘못된 점이 없다면, 문제는 나머지 절반에 있다고 볼 수 있습니다.

이런 식으로 검사할 때마다, 찾아봐야 하는 프로그램의 줄 수를 절반으로 줄일 수 있습니다. 이론적으로는 6단계(100단계보다는 월등히 작죠) 안에 한두 줄의 코드로 축소할 수 있습니다.

실제 사례에서는 프로그램의 중간이 어딘지 명확하지 않고, 검사가 불가능할 수도 있습니다. 줄 수를 세서 중간 지점을 찾는 것은 말이 안 됩니다. 그 대신 오류가 있을 가능성이 있는 곳이 어디인지, 쉽게 검사해볼 수 있는 지점이 어디인지 생각해보세요. 그런 다음 버그가 앞쪽에 있을 가능성과 뒤쪽이 있을 가능성이 비슷한 지점을 고르면 됩니다.

7.9 용어집

재할당reassignment
이미 존재하는 변수에 새로운 값을 주는 할당.

갱신update
변수에 이전 값을 토대로 한 새로운 값을 주는 할당.

초기화initialization
나중에 갱신할 수 있도록 변수에 초깃값을 주는 할당.

증가increment
변수의 값이 늘어나도록 하는 갱신(보통 1만큼).

감소decrement
변수의 값이 줄어들도록 하는 갱신.

반복iteration
재귀 함수 호출이나 루프를 통해 어떤 문장의 집합을 되풀이해서 실행하는 것.

while 문

어떤 조건에 의해 조절되는 반복을 만드는 명령문.

무한 루프infinite loop

종료 조건이 절대 성립하지 않는 루프.

break 문

즉시 루프 바깥으로 나갈 수 있게 하는 명령문.

continue 문

루프의 처음으로 돌아가 다음 회차 반복을 실행하도록 하는 루프 내부의 명령문.

알고리즘algorithm

어떤 종류의 문제를 풀기 위한 보편적인 절차.

7.10 연습 문제

연습 7-2

7.6절에서 제곱근을 구하는 루프를 복사한 후, mysqrt라는 이름의 함수로 만들어보세요. 매개변수는 a로 하고, 적당한 값 x를 선택하여, a의 제곱근의 추정값을 반환하면 됩니다.

이 함수를 시험해보기 위해, 아래와 같은 표를 출력하는 testsquareroot 함수를 작성하세요.

```
a    mysqrt              sqrt                diff
-    ------              ----                ----
1.0 1.0                 1.0                 0.0
2.0 1.414213562373095   1.4142135623730951 2.220446049250313e-16
3.0 1.7320508075688772  1.7320508075688772 0.0
4.0 2.0                 2.0                 0.0
5.0 2.23606797749979    2.23606797749979   0.0
6.0 2.449489742783178   2.449489742783178  0.0
```

```
7.0 2.6457513110645907  2.6457513110645907  0.0
8.0 2.82842712474619    2.8284271247461903  4.440892098500626e-16
9.0 3.0                 3.0                 0.0
```

첫 번째 열은 a의 값, 두 번째 열은 `mysqrt`로 계산한 제곱근, 세 번째 열은 `sqrt`로 계산한 제곱근, 네 번째 열은 두 수치의 차이의 절댓값입니다.

연습 7-3

내장 함수 `Meta.parse`는 문자열을 받아서, 표현식으로 변환합니다. 이렇게 변환된 표현식은 `Core.eval` 함수를 써서 줄리아에서 평가할 수 있습니다. 다음 예를 보겠습니다.

```
julia> expr = Meta.parse("1+2*3")
:(1 + 2 * 3)
julia> eval(expr)
7
julia> expr = Meta.parse("sqrt(π)")
:(sqrt(π))
julia> eval(expr)
1.7724538509055159
```

반복적으로 사용자 입력을 요청하고, 받은 입력을 `eval` 함수를 이용해 평가한 후, 결과를 출력하는 `evalloop` 함수를 작성해보세요. 사용자가 done을 입력하면 반복을 멈추고, 마지막으로 평가한 표현식의 값을 함수의 결괏값으로 돌려줘야 합니다.

연습 7-4

수학자 스리니바사 라마누잔은 $\frac{1}{\pi}$의 근삿값을 생성하는 무한 급수를 찾아냈습니다.

$$\frac{1}{\pi} = \frac{2\sqrt{2}}{9801} \sum_{k=0}^{\infty} \frac{(4k)!(1103 + 26390k)}{(k!)^4 396^{4k}}$$

이 공식을 사용해서 π의 근삿값을 반환하는 함수 `estimatepi`를 작성해보세요. while 문을 이용해 수열의 마지막 항이 1e-15(줄리아에서 10^{-15}을 표현하는 방법입니다)보다 작아질 때까지 루프를 돌며 수열의 합을 계산해야 합니다. 계산한 값을 줄리아에 내장된 상수인 π와 비교해보세요.

CHAPTER 8

문자열

문자열은 정수, 부동소수점 수, 불리언과 좀 다릅니다. 문자열은 일종의 **순열**sequence인데, 어떤 값들의 순서대로 묶어놓았다는 뜻입니다. 이 장에서는 문자열을 구성하는 각 문자에 접근하는 방법과 줄리아가 제공하는 문자열 도우미 함수에 대해서 알아보겠습니다.

8.1 문자

영어 사용자라면 알파벳 문자(A, B, C 등), 숫자, 일반적인 문장부호가 익숙할 것입니다. 이런 문자들은 미국정보교환표준부호American Standard Code for Information Interchange, 줄여서 **아스키 표준** ASCII standard으로 표준화되어 있어서, 각각의 문자마다 0에서 127 사이의 숫자 하나가 대응합니다.

물론 영어가 아닌 언어에서 사용하는 문자들도 있습니다. 악센트 및 기타 수정이 가해진 ASCII 문자의 변형 문자들, 키릴 문자와 그리스 문자 등 알파벳과 관련 있는 문자들, ASCII나 영어와 전혀 관련이 없는 아랍어, 중국어, 히브리어, 힌두어, 일본어, 한국어에서 쓰는 문자들이 있습니다.

유니코드 표준 Unicode standard은 어떤 문자가 정확히 어떤 것인지와 같은 복잡함을 해결하기 위해 만들어졌고, 이런 문제에 대한 최종 해결책으로 여겨지고 있습니다. 세계적 규모로, 모든 문자에 고유한 숫자가 하나씩 할당되어 있습니다.

한 개의 문자를 표현하는 자료형은 Char입니다. 값을 표시할 때는 문자를 작은 따옴표로 감쌉니다.

```
julia> 'x'
'x': ASCII/Unicode U+0078 (category Ll: Letter, lowercase)
julia> '🍌'
'🍌': Unicode U+01f34c (category So: Symbol, other)
julia> typeof('x')
Char
```

이렇게 심지어 **이모지**emoji[1]마저도 유니코드 표준에 포함되어 있습니다(바나나는 \:babana: 탭으로 입력합니다).

8.2 문자열은 순열

문자열은 문자의 순열입니다. 대괄호bracket 연산자([])를 이용해 각 문자에 접근할 수 있습니다.

```
julia> fruit = "banana"
"banana"
julia> letter = fruit[1]
'b': ASCII/Unicode U+0062 (category Ll: Letter, lowercase)
```

두 번째 문장에서는 fruit의 첫 번째 문자를 가져와 letter에 할당했습니다.

대괄호 안에 있는 표현식을 **인덱스**index라고 합니다. 인덱스는 원하는 순열 안에서 어떤 문자를 가져올지를 정합니다.

줄리아의 인덱스는 1에서 시작합니다. 정수를 인덱스로 사용하는 객체의 첫 번째 원소는 인덱스 1로 접근할 수 있고, 마지막 원소는 인덱스 end로 접근할 수 있습니다.

....

1 역자주_ 이모티콘은 ^_^ 같은 것을 뜻하는 말이고, 이모지는 ☺ 같은 것을 뜻합니다. 이모티콘은 emotion과 icon을 합성해서 만든 말로, 흔히 쓰는 문자로 감정을 표현하기 위해 만들어졌습니다. 이모지는 일본어로 그림을 뜻하는 에(絵)와 문자를 뜻하는 모지(文字)의 합성어로, 말 그대로 그림문자입니다. 즉 이모티콘과는 관련이 없지만 서양에서도 쓰이게 되며 '에모지'보다는 '이모지'라는 표기가 더 많이 쓰이게 되었습니다.

```
julia> fruit[end]
 'a': ASCII/Unicode U+0061 (category Ll: Letter, lowercase)
```

인덱스에는 값과 연산자를 포함하는 표현식을 쓸 수 있습니다.

```
julia> i = 1
1
julia> fruit[i+1]
 'a': ASCII/Unicode U+0061 (category Ll: Letter, lowercase)
julia> fruit[end-1]
 'n': ASCII/Unicode U+006e (category Ll: Letter, lowercase)
```

다만 인덱스 값의 자료형은 정수여야 합니다. 그렇지 않으면 오류가 발생합니다.

```
julia> letter = fruit[1.5]
ERROR: MethodError: no method matching getindex(::String, ::Float64)
```

8.3 length

length는 문자열을 이루는 문자의 개수를 반환하는 내장 함수입니다.

```
julia> fruits = "🌰 🍎 🍐"
"🌰 🍎 🍐"
julia> len = length(fruits)
5
```

문자열의 마지막 글자를 가져오려면, 다음과 같이 작성하고 싶은 마음이 들 것 같습니다.

```
julia> last = fruits[len]
 ' ': ASCII/Unicode U+0020 (category Zs: Separator, space)
```

그렇지만 기대했던 결과가 아니네요.

줄리아의 문자열은 **UTF-8 부호화**^{UTF-8 encoding}를 사용합니다. UTF-8은 가변 길이 부호화 방식이므로, 각 문자를 이루는 메모리의 바이트[2] 수가 문자의 종류에 따라 달라질 수 있습니다.

sizeof 함수는 문자열의 메모리 바이트 수를 반환합니다.

```
julia> sizeof("🍌")
4
```

이모지가 4바이트로 부호화되고, 문자열은 바이트 단위로 인덱스되기 때문에 fruits의 다섯 번째 원소는 공백space이었습니다.

따라서 UTF-8 문자열에서는 모든 바이트 인덱스가 유효하지는 않습니다. 유효하지 않은 바이트 인덱스로 문자열에 접근하면 다음과 같이 오류가 발생합니다.

```
julia> fruits[2]
ERROR: StringIndexError("🍌 🍎 🍐", 2)
```

fruits의 경우를 보면 🍌 문자가 4바이트를 차지하므로, 인덱스 2, 3, 4는 유효하지 않고, 5가 다음 문자의 인덱스가 됩니다. 다음 차례의 유효 인덱스 5는 nextind(fruits, 1)을 호출해서 가져올 수 있습니다. 그다음 인덱스는 nextind(fruits, 5)로 가져올 수 있고, 그 뒤도 이런 식으로 하면 됩니다.

8.4 순회

많은 계산 과정이 문자열의 문자를 한 번에 하나씩 처리하는 것과 관련 있습니다. 보통 문자열의 처음부터 시작해, 매번 한 글자씩 나아가며 뭔가를 처리하고, 맨 마지막 문자까지 이를 반복합니다. 이런 식의 처리 패턴을 **순회**traversal라고 합니다. 순회를 작성하는 한 가지 방법은 while 루프를 사용하는 것입니다.

```
index = firstindex(fruits)
while index <= sizeof(fruits)
    letter = fruits[index]
```

----

2 역자주_ 바이트(byte)는 컴퓨터 메모리의 최소 단위입니다.

```
        println(letter)
        global index = nextind(fruits, index)
    end
```

이 루프는 문자열을 순회하면서 각 문자를 한 줄에 하나씩 출력합니다. 루프의 조건은 index <= sizeof(fruit)입니다. 즉 index가 문자열의 바이트 길이보다 커지면 조건이 false가 되고, 루프가 더 이상 실행되지 않습니다.

firstindex 함수는 유효한 첫 바이트 인덱스를 반환합니다. index 앞에 있는 예약어 global 은 Main에서 정의된(즉, while 루프 바깥에서 정의된) 변수 index에 재할당을 하겠다는 것을 의미합니다(이에 대한 좀 더 자세한 설명은 11.7절을 보세요).

연습 8-1

문자열을 인수로 받아, 맨 뒤 글자부터 한 줄에 하나씩 출력하는 함수를 작성해보세요.

순회를 작성하는 또 다른 방법은 for 루프입니다.

```
for letter in fruits
    println(letter)
end
```

루프를 돌 때마다, 문자열의 다음 문자가 변수 letter에 할당됩니다. 이 루프는 더 이상 다음 문자가 없을 때까지 계속됩니다.

다음 예제는 문자열 병합과 for 루프를 이용해 딕셔너리순으로 된 나열을 만드는 방법을 보여주고 있습니다. 로버트 매클로스키의 『아기 오리들한테 길을 비켜 주세요』(1999, 시공주니어)에 나오는 아기 오리들의 이름은 Jack, Kack, Lack, Mack, Nack, Ouack, Pack, Quack 입니다. 다음 루프는 이 이름들을 순서대로 출력합니다.

```
prefixes = "JKLMNOPQ"
suffix = "ack"

for letter in prefixes
    println(letter * suffix)
end
```

결과는 다음과 같은데 "Ouack"과 "Quack"은 철자가 틀렸으므로 완전히 올바른 결과는 아니네요.

```
Jack
Kack
Lack
Mack
Nack
Oack
Pack
Qack
```

연습 8-2

위 프로그램의 오류를 수정해보세요.

8.5 문자열 조각

문자열의 일부분을 **조각**slice이라고 합니다. 조각을 선택하는 것은 한 글자를 선택하는 것과 유사합니다.

```
julia> str = "Julius Caesar";

julia> str[1:6]
"Julius"
```

TIP REPL에서 세미콜론은 복수의 문장을 한 줄로 실행할 수 있게 해줄 뿐 아니라, 해당 문장의 출력을 보이지 않게 하는 역할도 합니다.

연산 [n:m]은 문자열의 n번째 바이트에서 m번째 바이트까지의 문자로 이루어진 문자열을 반환합니다. 따라서 대괄호 연산자를 이용해 한 글자를 가져올 때처럼 인덱스 처리에 유의해야 합니다.

예약어 end는 문자열의 마지막 바이트를 가리키는 인덱스로 쓸 수 있습니다.

```
julia> str[8:end]
"Caesar"
```

첫 번째 인덱스가 두 번째보다 크다면, 결과는 빈 문자열이 됩니다. 빈 문자열은 들어가는 글자 없는 두 개의 따옴표로 표시합니다.

```
julia> str[8:7]
""
```

빈 문자열은 글자를 포함하지 않으므로, 길이가 0입니다. 그렇지만 그것 빼고는 다른 문자열하고 다를 바가 없습니다.

연습 8-3

위 예제를 이어서 계속해봅시다. str[:]은 무슨 뜻일 것 같습니까? 한번 실험해보세요.

8.6 문자열은 불변

어떤 문자열에서 한 글자를 바꾸려고 하면, [] 연산자를 할당의 좌변에 놓으면 될 것 같다는 생각이 듭니다.

```
julia> greeting = "Hello, world!"
"Hello, world!"
julia> greeting[1] = 'J'
ERROR: MethodError: no method matching setindex!(::String, ::Char, ::Int64)
```

오류가 발생하는 원인은 문자열이 **불변**immutable이기 때문입니다. 무슨 뜻이냐면 존재하는 문자열은 수정이 불가능합니다. 할 수 있는 것은 원본을 기준으로 원하는 변화가 가해진 새로운 문자열을 만드는 것입니다.

```
julia> greeting = "J" * greeting[2:end]
"Jello, world!"
```

이 예제에서는 새로운 첫 글자와 **greeting**의 조각을 병합했습니다. 원본 문자열에는 아무런 변화가 없습니다.

8.7 문자열 보간

병합을 이용해 문자열을 만드는 것은 좀 번잡스럽습니다. 매번 **string** 함수로 문자열로 변환한 다음, 반복해서 문자열 병합을 하는 수고를 줄이기 위해 $ 기호를 쓰는 **문자열 보간**^{string} interpolation을 쓸 수 있습니다.

```
julia> greet = "Hello"
"Hello"
julia> whom = "World"
"World"
julia> "$greet, $(whom)!"
"Hello, World!"
```

다음과 같은 문자열 병합보다 읽기 편하고, 쓰기도 간편합니다.

```
greet * ", " * whom * "!"
```

$ 기호 다음에 나오는 가장 짧은 완전 표현식이 보간될 문자열 값이 됩니다. 그러므로 괄호를 사용하면 어떤 표현식이나 사용할 수 있습니다.

```
julia> "1 + 2 = $(1 + 2)"
"1 + 2 = 3"
```

8.8 탐색

다음 함수는 어떤 기능을 할까요?

```
function find(word, letter)
    index = firstindex(word)
    while index <= sizeof(word)
        if word[index] == letter
            return index
        end
        index = nextind(word, index)
    end
    -1
end
```

여기서 find 함수는 [ ] 연산의 역함수 같은 느낌입니다. 인덱스를 받아서 해당 글자를 가져오는 대신, 글자를 받아서 해당 인덱스를 돌려줍니다. 찾으려는 글자가 없으면, -1을 반환합니다.

이 코드는 처음으로 루프 안에 return 문을 사용한 예입니다. 만일 word[index] == letter 가 만족되면, 즉시 루프를 빠져나오고 index를 반환하며 함수 실행이 종료됩니다.

찾으려는 글자가 문자열에 나타나지 않으면, 루프가 정상적으로 종료되고 -1이 반환됩니다.

이런 식의 계산 패턴, 즉 순열을 순회하면서 찾으려고 하는 것을 찾았을 때 결과를 되돌려주는 것을 **탐색**search이라고 부릅니다.

연습 8-4

find 함수를 수정해서, 세 번째 인수를 받을 수 있도록 하세요. 이 인수는 탐색을 시작할 word 의 인덱스를 지정합니다.

8.9 루프와 계수

다음 프로그램은 문자열에서 글자 a가 나타나는 횟수를 헤아립니다.

```
word = "banana"
counter = 0
for letter in word
    if letter == 'a'
        global counter = counter + 1
    end
end
println(counter)
```

이 프로그램은 **계수기**counter라는 널리 쓰이는 계산 패턴을 보여줍니다. 변수 counter는 0으로 초기화된 후, a가 발견될 때마다 증가합니다. 루프가 종료한 후, counter는 계수 결과, 즉 a의 개수를 갖게 됩니다.

연습 8-5

위 코드를 count라는 이름의 함수로 캡슐화한 후, 문자열과 찾을 글자를 인수로 받도록 일반화하세요.

그런 다음 문자열을 순회하는 대신, [연습 8-4]에서 만든 인수가 3개인 find 함수를 이용하도록 재작성해보세요.

8.10 문자열 라이브러리

줄리아에는 문자열 작업을 하는 데 유용한 다양한 기능을 제공합니다. 예들 들어 uppercase 함수는 문자열을 받아, 모든 글자를 대문자로 변환한 새 문자열을 반환합니다.

```
julia> uppercase("Hello, World!")
"HELLO, WORLD!"
```

또 알고 보면 우리가 작성했던 find 함수와 매우 유사한 findfirst 함수가 이미 있습니다.

```
julia> findfirst("a", "banana")
2:2
```

사실 `findfirst` 함수는 우리가 작성한 함수보다 더 일반화되어 있어, 단일 문자뿐 아니라 부분 문자열까지 찾을 수 있습니다.

```
julia> findfirst("na", "banana")
3:4
```

기본적으로 `findfirst` 함수는 문자열의 첫 글자부터 찾기 시작하지만, 시작할 인덱스를 세 번째 인수로 받을 수도 있습니다.

```
julia> findnext("na", "banana", 4)
5:6
```

8.11 ∈ 연산자

∈ (\in 탭) 연산자는 연산자 왼쪽에 있는 문자가 오른쪽에 있는 문자열에 포함되어 있는지를 알려주는 불리언 연산자입니다.

```
julia> 'a' ∈ "banana"        # 'a' in "banana"
true
```

예를 들어 다음 함수는 word1의 글자 중에서 word2에도 나오는 글자를 모두 출력합니다.

```
function inboth(word1, word2)
    for letter in word1
        if letter ∈ word2
            print(letter, " ")
        end
    end
end
```

변수 이름을 잘 지으면, 줄리아 코드를 그냥 영어처럼 읽을 수 있습니다. 위 예제를 영어로 읽어보면 이렇습니다. "for (each) letter in (the first) word, if (the) letter is an element of (the second) word, print (the) letter."

두 단어 "apples"와 "oranges"에 대해 글자 비교를 해보면 다음 결과를 얻습니다.

```
julia> inboth("apples", "oranges")
a e s
```

8.12 문자열 비교

문자열에도 관계 연산자를 쓸 수 있습니다. 두 문자열이 같은지 확인하려면 ==를 사용합니다.

```
word = "Pineapple"
if word == "banana"
    println("All right, bananas.")
end
```

다른 관계 연산자들로 문자열이 알파벳 순서로 앞쪽인지 뒤쪽인지를 비교할 수 있습니다.

```
if word < "banana"
    println("Your word, $word, comes before banana.")
elseif word > "banana"
    println("Your word, $word, comes after banana.")
else
    println("All right, bananas.")
end
```

사람은 단어의 알파벳 순서를 따질 때 대소문자를 구분하지 않지만, 줄리아는 다릅니다. 모든 대문자가 소문자에 우선합니다. 그러므로 이 코드를 실행하면 다음과 같이 출력됩니다.

```
Your word, Pineapple, comes before banana.
```

TIP 이런 문제를 해결하는 일반적인 방법은 비교 수행 전에 표준화된 표현 형식으로 변환하는 것입니다. 예를 들어 단어를 전부 소문자로 미리 변환해놓는 식입니다.

8.13 디버깅

순열의 값을 순회하기 위해 인덱스를 사용할 때 처음과 끝을 정확히 지정하는 것이 좀 어려운 경우가 있습니다. 다음 함수는 두 개의 단어를 비교해서, 한 단어의 글자 순서를 뒤집으면 다른 단어가 되는지를 파악하고, 그 여부를 참이나 거짓으로 반환합니다. 그런데, 곧 살펴보겠지만 이 코드에는 두 개의 오류가 있습니다.

```
function isreverse(word1, word2)
    if length(word1) != length(word2)
        return false
    end
    i = firstindex(word1)
    j = lastindex(word2)
    while j >= 0
        j = prevind(word2, j)
        if word1[i] != word2[j]
            return false
        end
        i = nextind(word1, i)
    end
    true
end
```

먼저 조건문으로 두 단어가 같은 길이인지 확인합니다. 길이가 다르다면 즉시 false를 반환합니다. 루프가 끝까지 돌면 두 단어의 길이가 같다고 가정할 수 있습니다. 보호자 패턴의 한 예입니다(6.8절을 보세요).

i, j는 인덱스입니다. i는 word1을 앞에서부터 순회하고, j는 word2를 뒤에서부터 순회합니다. 일치하지 않은 두 글자가 발견되면 즉시 false를 반환합니다. 전체 루프를 돌았고, 모든 글자쌍이 일치했다면 true를 반환합니다.

lastindex 함수는 인수로 전달된 문자열에서 가장 큰 유효 바이트 인덱스를 반환합니다.

prevind 함수는 지정 위치 앞에 있는 유효 바이트 인덱스를 반환합니다.

이 함수를 시험해보기 위해서 "pots"와 "stop"으로 호출해보겠습니다. 결과가 true이길 기대했지만 false가 나왔습니다.

```
julia> isreverse("pots", "stop")
false
```

이런 종류의 오류를 디버그할 때, 저는 첫 번째로 인덱스의 값을 출력해봅니다.

```
while j >= 0
    j = prevind(word2, j)
    @show i j
    if word1[i] != word2[j]
```

이제 프로그램을 다시 실행해보면 더 많은 정보를 얻게 됩니다.

```
julia> isreverse("pots", "stop")
i = 1
j = 3
false
```

루프의 1회 차 실행에서 j는 4가 되어야 하는데 출력된 값은 3입니다. 이 문제는 j = prevind(word2, j) 코드를 while 루프의 끝쪽으로 옮겨서 해결할 수 있습니다.

이 문제를 해결하고 다시 프로그램을 실행하면 다음과 같은 결과가 나옵니다.

```
julia> isreverse("pots", "stop")
i = 1
j = 4
i = 2
j = 3
i = 3
j = 2
i = 4
j = 1
i = 5
j = 0
```

```
ERROR: BoundsError: attempt to access "pots"
at index [5]
```

이번에는 BoundsError가 발생했습니다. i의 값이 5일 때는 "pots" 문자열의 범위를 벗어나기 때문입니다.

연습 8-6

이 프로그램을 매 회차마다 i, j 값을 갱신해가며 종이 위에 그리며 실행해보세요. 그리고 이 두 번째 오류의 해결책을 찾고 고쳐보세요.

8.14 용어집

순열sequence

어떤 값들의 순서 있는 모음. 정수 인덱스로 구분할 수 있다.

아스키 표준ASCII standard

전자 통신을 위해 문자열을 숫자로 대응시킨 표준. 128개 문자가 있다.

유니코드 표준 Unicode standard

컴퓨터 산업 표준으로, 전 세계에서 사용되는 거의 모든 문자 체계의 문자들에 대해 일관된 코드화 규칙, 표시 방법, 처리 방법을 규정했다.

인덱스index

순열에 있는 한 항목(예들 들면 문자열에 있는 한 문자)에 접근하기 위해 사용하는 정수. 줄리아에서는 인덱스가 1부터 시작한다.

UTF-8 부호화 UTF-8 encoding

유니코드의 1,112,064개 모든 유효한 코드 포인트(문자)를 처리할 수 있는 가변 길이 문자 부호화 방법. 한 개부터 네 개까지의 바이트를 사용해 문자를 부호화한다.

순회 traverse

순열에 있는 항목에 차례대로 접근하여 각각에 대해 유사한 작업을 수행하는 것을 말한다.

조각 slice

인덱스 범위로 지정 가능한 문자열의 부분.

빈 문자열 empty string

문자를 가지고 있지 않은 문자열. 길이가 0이고, 연속된 두 개의 따옴표로 표기한다.

불변 immutable

순열의 성질로, 항목을 변경하지 못함을 의미한다.

문자열 보간 string interpolation

한 개 이상의 지정 위치를 가지고 있는 어떤 문자열을 평가하는 절차. 각 지정 위치의 표현식을 평가하고 결과를 치환하는 식으로 동작한다.

탐색 search

순회 패턴의 한 종류로, 목표 항목을 찾을 때까지 순회하는 것을 말한다.

계수기 counter

어떤 것을 세기 위해 사용하는 변수. 일반적으로 0으로 초기화한 후, 증가시키는 식으로 사용한다.

8.15 연습 문제

연습 8-7

문자열 함수에 대한 문서를 읽어보세요(*https://docs.julialang.org/en/v1/manual/strings*). 어떻게 동작하는지 확실하게 이해하기 위해, 필요하면 직접 시험도 해보세요. strip 함수와 replace 함수가 특히 유용합니다.

문서를 보면, 예를 들어 search(string::AbstractString, chars::Chars, [start::Integer])와 같이 헷갈려 보이는 설명이 나옵니다. 여기서 대괄호는 선택적 인수임을 나타냅니다. 즉 인수 string과 chars는 꼭 필요하고, start는 선택 사항이라는 뜻입니다.

연습 8-8

8.9절에서 만든 함수와 비슷하게 동작하는 내장 함수로 count가 있습니다. 문서를 읽어보고 count 함수를 사용해 문자열 "banana"에 'a'가 몇 개 있는지 찾아보세요.

연습 8-9

문자열 조각을 만드는 연산에 세 번째 인덱스를 넣을 수도 있습니다. 첫 번째는 시작 지점, 세 번째는 종료 지점, 두 번째는 간격입니다. 간격이란 조각을 만들 글자와 글자 사이의 간격을 말합니다. 간격이 2라면, 한 글자씩 건너뛸 것이고, 3이라면 두 글자씩 건너뛸 것입니다. 다음 예를 보세요.

```
julia> fruit = "banana"
"banana"
julia> fruit[1:2:6]
"bnn"
```

간격이 −1이면 문자열을 역순으로 따라갑니다. 그러므로 조각 [end:-1:1]은 뒤집힌 문자열을 만듭니다.

이 사용법을 활용해서 [연습 6-6]의 ispalindrome 함수를 딱 한 줄로 바꿔보세요.

연습 8-10

다음 함수들은 모두 문자열에 소문자가 하나라도 있는지 확인하려는 목적으로 작성되었습니다. **의도는 그랬지만** 구현에 잘못된 부분이 있습니다. 각 함수가 실제로 어떤 동작을 하는지 서술해보세요(단, 인수는 모두 문자열이라고 가정합시다).

```
function anylowercase1(s)
    for c in s
        if islowercase(c)
            return true
        else
            return false
        end
    end
end

function anylowercase2(s)
    for c in s
        if islowercase('c')
            return "true"
        else
            return "false"
        end
    end
end

function anylowercase3(s)
    for c in s
        flag = islowercase(c)
    end
    flag
end

function anylowercase4(s)
    flag = false
    for c in s
        flag = flag || islowercase(c)
    end
    flag
end

function anylowercase5(s)
    for c in s
```

```
        if !islowercase(c)
            return false
        end
    end
    true
end
```

연습 8-11

카이사르 암호Caesar cipher는 각 문자를 고정된 자릿수만큼 '회전'하는 방식으로 동작하는 약한 암호화 방법입니다. 문자를 회전한다는 것의 의미는 알파벳에서 정해진 횟수만큼 다음 글자로 움직인다는 뜻으로, 마지막 글자 Z 다음에는 다시 처음 글자 A로 이어집니다. 그러므로 A를 3만큼 회전하면 D가 되고, Z를 1만큼 회전하면 A가 됩니다.

단어를 회전하려면, 각 글자를 같은 만큼 회전하면 됩니다. 예를 들어 "cheer"를 7만큼 회전하면 "jolly"가 되고, "melon"을 −10만큼 회전하면 "cubed"가 됩니다. 영화 〈2001: 스페이스 오디세이〉에 나오는 우주선의 컴퓨터는 이름이 "HAL"인데, 이는 "IBM"을 −1만큼 회전한 것입니다.

문자열과 정수를 인수로 받아서, 받은 문자열을 받은 인수만큼 회전해서 만든 문자열을 반환하는 함수 rotateword를 작성하세요.

> **TIP** 문자를 숫자 코드로 변환하는 Int 함수와 숫자 코드를 문자로 변환하는 Char 함수가 유용할 것입니다. 알파벳 글자들은 알파벳 순서대로 부호화되어 있습니다. 'c'는 알파벳의 세 번째 문자이므로 다음과 같은 결과를 얻을 수 있습니다.

```
julia> Int('c') - Int('a')
2
```

주의할 점은 대문자와 소문자는 부호화된 숫자가 다르다는 것입니다.

```
julia> Char(Int('A') + 32)
'a': ASCII/Unicode U+0061 (category Ll: Letter, lowercase)
```

ROT13은 13만큼 회전하는 카이사르 암호 체계인데, 인터넷에서는 공격적인 농담을 ROT13으로 숨기기도 합니다.[3] 쉽게 상처받지 않는 멘탈이라면, 그런 농담들을 찾아서 암호를 풀어보세요.

---

3 역자주_ 유즈넷 *rec.humor.funny* 같은 곳에서 사용합니다.

CHAPTER 9

사례 연구: 단어로 놀기

이 장에서는 두 번째 사례 연구로, 어떤 성질을 가진 단어들을 찾는 낱말 퍼즐 풀이를 해보겠습니다. 예를 들어 주어진 영어 단어에 대해 가장 긴 회문([연습 6–6] 참고)을 찾고, 그중에서도 글자들이 알파벳 순서로 되어 있는 것을 찾아보는 예제를 살펴보겠습니다. 그리고 새로운 개발 계획인 '기해결 문제로의 환원'을 소개하겠습니다.

9.1 단어 목록 읽기

이 장의 문제를 풀기 위해서는 영어 단어 목록이 필요합니다. 웹에서 얻을 수 있는 단어 목록이 여럿 있는데, 우리 목적에 가장 잘 맞는 것은 그레이디 워드^{Grady Ward}가 모비 어휘 목록 프로젝트(*https://en.wikipedia.org/wiki/Moby_Project*)의 일환으로 퍼블릭 도메인으로 배포한 단어 목록 중 하나입니다. 113,809개의 공식 십자말풀이 단어로서, 십자말풀이 퍼즐이나 기타 다른 단어 게임의 유효한 답으로 사용할 수 있다고 인정는 단어들입니다. 모비 프로젝트에서 사용하는 파일명은 `113809of.fic`입니다만, 이 책의 깃허브 저장소에서는 좀 더 간단한 이름인 `words.txt`로 다운로드할 수 있습니다(*https://github.com/BenLauwens/ThinkJulia.jl/blob/master/data/words.txt*).

이 파일은 평범한 텍스트 파일이기 때문에, 문서 편집기^{text editor}로 열 수 있고, 줄리아에서 읽을 수도 있습니다. 내장 함수 **open**은 파일명을 매개변수로 받아, **파일 스트림**^{file stream}을 반환합니다. 파일 스트림을 이용하면 파일 내용을 읽을 수 있습니다.

```
julia> fin = open("words.txt")
IOStream(<file words.txt>)
```

fin은 입력을 받기 위해 사용하는 파일 스트림입니다. 더 이상 필요하지 않으면, close(fin)을 호출해서 닫아주어야 합니다.

줄리아에는 파일을 읽기 위한 여러 가지 함수가 있습니다. 그중에 개행문자(NEWLINE)가 나올 때까지 문자들을 읽어, 문자열로 반환하는 readline 함수도 있습니다.

```
julia> readline(fin)
"aa"
```

이 목록의 첫 번째 단어는 'aa'인데, 용암의 한 종류를 뜻하는 단어입니다.[1]

파일 스트림은 현재 접근 중인 파일의 위치를 추적합니다. 따라서 readline을 한 번 더 호출하면 파일의 다음 단어를 읽을 수 있습니다.

```
julia> readline(fin)
"aah"
```

다음 단어는 'aah'입니다. 이것도 사전에 있는 완벽하게 정당한 단어니까, 못 믿겠다는 표정 그만 지으세요….

파일을 for 루프에 넣어서 읽을 수도 있습니다. 다음 프로그램은 words.txt 파일을 읽어서 각 단어를 한 줄에 하나씩 출력합니다.

```
for line in eachline("words.txt")
    println(line)
end
```

---

1 역자주_ https://ko.wikipedia.org/wiki/용암#아아_용암 참고.

9.2 연습 문제

연습 9-1

words.txt 파일을 읽어서, 길이가 20글자 이상인 단어만 출력하는 프로그램을 작성하세요.

연습 9-2

1939년에 어니스트 빈센트 라이트Ernest Vincent Wright는 알파벳 e가 들어 있지 않은 5만 개의 단어로 된 소설『Gadsby』를 썼습니다. 영어에서 e는 가장 흔한 글자이기 때문에 쉬운 일이 아니었습니다.

사실 가장 흔하게 쓰이는 그 글자 없이 독자적인 생각을 구성하기는 어려운 일입니다. 처음에는 진전이 느리지만, 주의를 기울이고 연습을 하다 보면 점차 그런 능력을 기를 수는 있습니다.[2]

좋습니다. 여기까지만 하겠습니다.

주어진 단어에 글자 e가 없으면 true를 반환하는 hasno_e 함수를 작성하세요.

직전에 풀었던 문제를 수정해서 e가 없는 단어만 출력하고, 그 비율이 얼마나 되는지도 계산해보세요.[3]

연습 9-3

어떤 단어와 금지 문자로 구성된 문자열을 받아서, 그 단어가 금지 문자를 포함하지 않으면 true를 반환하는 함수 avoids를 작성하세요.

프로그램을 수정해서 사용자에게 금지 문자로 구성된 문자열을 입력받고, 금지 문자를 포함하지 않는 단어의 개수를 출력하도록 해보세요. 제외되는 단어의 숫자가 가장 작아지도록 하는 5개의 금지 문자를 찾을 수 있을까요?

---

2 역자주_ 이 문단은 저자가 일부러 e를 쓰지 않고 장황하게 쓴 문단입니다.

3 역자주_ 명시적으로 써 있진 않지만, 이하 문제들을 풀 때 words.txt 파일의 단어를 읽어서 처리하는 것이 필요할 수 있습니다.

연습 9-4

어떤 단어와 어떤 문자열을 입력받은 후, 단어가 문자열에 있는 글자로만 이루어져 있으면 true를 반환하는 함수 usesonly를 작성하세요. 허용된 글자 acefhlo만 가지고 문장을 만들 수 있겠습니까? "Hoe alfalfa"는 제외하고요.[4]

연습 9-5

어떤 단어와 어떤 문자열을 입력받은 후, 단어가 문자열에 있는 모든 글자를 한 번 이상 사용하면 true를 반환하는 함수 usesall을 작성하세요. 모든 모음 aeiou를 사용하는 단어는 몇 개가 있습니까? aeiouy는요?

연습 9-6

단어의 글자들이 알파벳 숫서로 되어 있으면(같은 글자가 연달아 있는 것도 괜찮습니다), true를 반환하는 isabecedarian을 작성하세요. 글자가 알파벳 순서인 단어는 얼마나 많이 있습니까?

9.3 검색

9.2절의 모든 연습 문제는 공통점이 있습니다. 모두 검색 패턴으로 풀이할 수 있습니다. 가장 간단한 예는 다음과 같습니다.

```
function hasno_e(word)
    for letter in word
        if letter == 'e'
            return false
        end
    end
    true
end
```

---

4 역자주_ hoe는 괭이질을 하다, alfalfa는 콩과에 속하는 식물이므로 유효한 단어로 이루어진 문장입니다.

for 루프는 단어 안의 글자들을 순회합니다. 글자 e를 찾으면, 즉시 false를 반환하고, 그렇지 않으면 다음 글자로 넘어갑니다. 이 루프가 정상적으로 끝났다면, e를 찾지 못했다는 뜻이니 true를 반환합니다.

이 함수는 ∉ (\notin 탭) 연산자 또는 ∈ (\in 탭) 연산자를 써서 더 간결하게 작성할 수 있습니다. 하지만 검색 패턴의 논리를 설명하기 위해 글자를 비교하는 버전을 먼저 보여드렸습니다.

avoids 함수는 hasno_e 함수를 일반화한 것입니다. 구조는 동일합니다.

```
function avoids(word, forbidden)
    for letter in word
        if letter ∈ forbidden
            return false
        end
    end
    true
end
```

금지 문자를 찾으면, 바로 false를 반환합니다. 루프를 정상 종료했으면 true를 반환합니다.

usesonly 함수는 비슷한데, 조건만 뒤집혀 있습니다.

```
function usesonly(word, available)
    for letter in word
        if letter ∉ available
            return false
        end
    end
    true
end
```

금지 문자 목록 대신에 가능 문자 목록을 사용했습니다. 만일 word의 글자 중에서 available에 없는 글자가 있으면 false를 반환합니다.

usesall 함수도 비슷한데, 단어와 문자열의 역할만 뒤집혀 있습니다.

```
function usesall(word, required)
```

```
        for letter in required
            if letter ∉ word
                return false
            end
        end
        true
    end
```

word의 각 글자를 순회하는 것이 아니라, required의 글자를 순회하고 있습니다. required 글자 중에서 word에 없는 글자가 나오면, false를 반환합니다.

정말 '컴퓨터 과학자처럼 생각'한다면, usesall 함수가 직전에 풀었던 문제의 한 가지 경우라는 것을 깨닫고 다음과 같이 작성했을 것입니다.

```
    function usesall(word, required)
        usesonly(required, word)
    end
```

이것이 바로 **기해결 문제로의 환원**reduction to a previously solved problem이라는 프로그램 개발 계획입니다. 해결하고자 하는 문제가 이미 해결한 문제의 한 경우임을 인식하고, 존재하는 해법을 적용하는 것이죠.

9.4 인덱스가 있는 루프

9.3절에서는 for 루프만 사용했는데, 이는 문자열의 각 글자가 차례로 필요했기 때문입니다. 그런데 정작 코드에서 인덱스는 전혀 사용하지 않았습니다.

앞에서 문제로 낸 isabecedarian 함수에서는 인접한 글자를 비교해야 하는데, for 루프로는 이를 처리하기 좀 까다로운 면이 있습니다.

```
    function isabecedarian(word)
        i = firstindex(word)
        previous = word[i]
        j = nextind(word, i)
        for c in word[j:end]
```

```
        if c < previous
            return false
        end
        previous = c
    end
    true
end
```

다른 방법으로, 재귀를 쓸 수도 있습니다.

```
function isabecedarian(word)
    if length(word) <= 1
        return true
    end
    i = firstindex(word)
    j = nextind(word, i)
    if word[i] > word[j]
        return false
    end
    isabecedarian(word[j:end])
end
```

또 다른 방법은 while 루프를 쓰는 것입니다.

```
function isabecedarian(word)
    i = firstindex(word)
    j = nextind(word, 1)
    while j <= sizeof(word)
        if word[j] < word[i]
            return false
        end
        i = j
        j = nextind(word, i)
    end
    true
end
```

이 루프는 i = 1, j = nextind(word, 1)에서 시작해서 j > sizeof(word)가 되면 끝납니다. 루프를 돌 때마다, i번째 글자(현재 글자)와 j번째 글자(다음 글자)를 비교합니다.

다음 글자가 현재 글자보다 작다면(알파벳 순서가 앞이면), 알파벳 순서가 깨진 것이니 **false**를 반환합니다.

루프를 끝까지 돌았는데, 순서가 깨진 것을 찾지 못했다면 시험에 통과한 것입니다. 루프가 맞게 끝나는 것을 확신하려면 **"flossy"** 같은 단어로 한번 시험해보세요.

다음은 두 개의 인덱스를 사용하는 **ispalindrome** 함수입니다. 인덱스 하나는 앞에서부터 올라가고, 다른 하나는 끝에서부터 내려갑니다.

```
function ispalindrome(word)
    i = firstindex(word)
    j = lastindex(word)
    while i<j
        if word[i] != word[j]
            return false
        end
        i = nextind(word, i)
        j = prevind(word, j)
    end
    true
end
```

이를 전에 풀었던 문제로 환원하면 다음과 같이 쓸 수 있습니다.

```
function ispalindrome(word)
    isreverse(word, word)
end
```

8.13절의 **isreverse** 함수를 사용했습니다.

9.5 디버깅

프로그램을 테스트하는 것은 어려운 일입니다. 이 장에 나온 함수들은 수동으로 결과를 체크해볼 수 있으니 비교적 쉽게 테스트할 수 있습니다. 그렇다고 해도, 발생 가능한 모든 오류를 테스트해볼 수 있는 단어 집합을 고르는 것은 어렵거나 불가능한 수준의 일입니다.

hasno_e 함수를 예로 들어보면, 두 개의 자명한 사례가 있습니다. e를 포함한 단어는 **false**가 반환되어야 하고, 포함하지 않는 단어는 **true**가 반환되어야 합니다. 별 문제 없이 두 사례를 모두 시험해볼 수 있을 것입니다.

각각의 사례마다, 덜 자명한 하위 사례가 있습니다. e를 포함한 단어 중에는, e로 시작하는 단어, e로 끝나는 단어, e가 중간에 있는 단어가 있습니다. 긴 단어, 짧은 단어, 빈 문자열 같은 매우 짧은 단어도 있습니다. 빈 문자열은 **특이 사례**special case의 한 예로서, 비자명한 사례를 말합니다. 이런 사례에는 오류가 숨어 있는 경우가 많습니다.

직접 만든 테스트 사례 외에도, words.txt와 같은 단어 목록에 대해서도 프로그램을 시험해봐야 합니다. 출력을 훑어봄으로써 오류를 찾아낼 수도 있을 텐데, 한 종류의 오류만 발견하고 (포함되어서는 안 되는 단어인데 포함된 경우), 나머지는 발견하지 못할 수도 있습니다(포함되어야 하는 단어인데 그렇지 않은 경우).

일반적으로 테스트는 버그를 찾을 수 있게 도와줍니다. 그러나 좋은 테스트 사례를 만드는 것은 쉽지 않고, 만들었다 해도 프로그램에 문제가 없다는 것을 확신할 수는 없습니다. 한 전설적인 컴퓨터 과학자는 일찍이 이렇게 말했습니다.

> 프로그램 테스트는 버그의 존재를 보일 수 있다. 그러나 부존재를 보일 수는 없다.
>
> — 에츠허르 데이크스트라

9.6 용어집

파일 스트림file stream
열린 파일을 표시하는 값.

기해결 문제로의 환원reduction to a previously solved problem
문제를 기존에 해결된 문제의 한 경우로 표현해서 해결하는 풀이 방법.

특이 사례special case
평범하지 않거나, 비자명한 (그래서 제대로 처리되지 않기 쉬운) 시험 사례.

9.7 연습 문제

연습 9-7

이 문제는 라디오 프로그램 〈Car Talk〉에 나온 Puzzler 코너에 바탕을 둡니다(*https://www.cartalk.com/radio/puzzler*).

> 두 개의 글자가 붙어 있는 곳이 연달아 세 개인 단어를 찾아보자. 이 조건에 거의 만족하는, 그렇지만 정확하게는 만족하지는 못하는 단어 몇 개를 알려줄게. 예를 들어 committee가 있어. 숨어 있는 i가 없었다면 완벽했을 텐데 아쉽지. 또 Mississippi가 있어. 만약 i를 들어낼 수 있다면 만족시킬 수 있겠지만, 안 되지. 세 쌍의 글자가 연달아 붙어 있는 단어가 하나 있는데, 내가 알기론 그게 유일한 단어일 거야. 물론 그런 단어가 500개 더 있을 수도 있지만, 나는 한 개밖에 생각이 안 나. 그 단어가 뭘까?

이 문제의 답을 찾는 프로그램을 작성하세요.

연습 9-8

〈Car Talk〉 Puzzler 코너에서 하나 더 해봅시다.

> 최근에 고속도로를 달리다 문득 주행거리계를 봤어. 요즘 주행거리계처럼 6자리로 숫자를 보여주는데, 최소 단위가 1마일이지. 예를 들어 내 차가 300,000마일을 달렸다면, 3-0-0-0-0-0으로 표시되는 거야.
>
> 자, 내가 그날 본 것은 무척 흥미로웠어. 마지막 4자리가 회문이었거든. 그러니까 앞으로 읽으나 뒤로 읽으나 같은 값이었다고. 예를 들어 '5-4-4-5'가 회문이지. 그러니까 주행거리계는 3-1-5-4-4-5와 같은 식으로 표시된 거야.
>
> 1마일이 지났을 때는 마지막 5자리가 회문이었어. 예를 들어 3-6-5-4-5-6이 된 거지.
>
> 다시 1마일이 지났을 때는, 6자리 중에서 가운데 4자리가 회문이었어. 그리고… 준비됐어? 1마일이 더 지나자, 6자리 모두가 회문이 되었더라고!
>
> 자, 질문은 내가 처음 봤을 때 주행거리계에 표시된 숫자가 뭐였냐는 거야.

모든 6자리 숫자에 대해서 이 조건을 시험하고, 만족하는 숫자를 모두 출력하는 줄리아 프로그램을 작성하세요.

연습 9-9

세 번째 〈Car Talk〉 Puzzler 문제인데, 검색으로 풀 수 있습니다.

> 최근에 어머니 댁에 방문했는데, 내 나이의 숫자를 뒤집으면 어머니 나이더라고. 예를 들어 어머니가 73세라면, 나는 37세인 거지. 우리는 이런 일이 얼마나 자주 일어나는지 궁금했지만, 이야기가 옆길로 새는 바람에 답을 찾지는 못했어.
>
> 집에 와서 생각해보니까, 지금까지 6번 그런 일이 있었더라고. 그리고 깨달았지. 운이 좋으면 몇 년 안에 그런 일이 또 일어날 것이고, 진짜 진짜 운이 좋으면 한 번 더 그런 일이 있을 거라는 것을 말야. 다르게 얘기하면, 다 합쳐서 그런 일은 8번 일어날 수 있는 거였어. 자 질문은 말야, 지금 내가 몇 살이게?

이 문제의 답을 찾는 줄리아 프로그램을 작성하세요.

TIP lpad 함수를 유용하게 사용할 수 있을 것 같습니다.

CHAPTER 10

배열

이 장에서는 줄리아에서 가장 유용하게 사용되는 내장 자료형인 배열에 대해서 알아보겠습니다. 그리고 객체에 대해서 배운 후, 같은 객체가 한 개 이상의 이름을 가지고 있을 때 어떤 일이 일어나는지도 알아보겠습니다.

10.1 배열은 순열

문자열처럼 **배열**array은 값의 순서 있는 나열, 즉 순열sequence입니다. 문자열에서 값은 문자였습니다. 배열에서는 아무 자료형이나 가능합니다. 배열의 각 값은 **원소**element라고 하고, 어떨 때는 **항목**item이라고 합니다.

배열은 여러 가지 방법으로 만들 수 있습니다. 가장 간단한 것은 원소들을 대괄호([ ])로 감싸는 것입니다.

```
[10, 20, 30, 40]
["crunchy frog", "ram bladder", "lark vomit"]
```

첫 번째 줄에서는 4개의 정수를 가진 배열을 만들었습니다. 두 번째 줄에서는 3개의 문자열을 가진 배열을 만들었습니다. 배열의 원소가 반드시 같은 자료형일 필요는 없습니다. 다음 배열은 문자열, 부동소수점 수, 정수, 다른 배열을 원소로 가지고 있습니다.

```
["spam", 2.0, 5, [10, 20]]
```

어떤 배열의 원소인 배열을 **중첩된 배열**nested array이라고 합니다.

원소가 없는 배열은 빈 배열이라고 하는데, 빈 대괄호를 써서 만들 수 있습니다([ ]).

물론 배열도 변수에 할당할 수 있습니다.

```
julia> cheeses = ["Cheddar", "Edam", "Gouda"];

julia> numbers = [42, 123];

julia> empty = [];

julia> print(cheeses, " ", numbers, " ", empty)
["Cheddar", "Edam", "Gouda"] [42, 123] Any[]
```

typeof 함수를 쓰면 배열의 자료형을 알 수 있습니다.

```
julia> typeof(cheeses)
Array{String,1}
julia> typeof(numbers)
Array{Int64,1}
julia> typeof(empty)
Array{Any,1}
```

여기서 자료형 뒤의 숫자는 차원을 나타냅니다(이에 대해서는 20.5절에서 자세히 다루겠습니다). 배열 empty는 모든 자료형의 값을 담을 수 있기 때문에 자료형이 Any입니다.

10.2 배열은 가변

배열의 원소에 접근하기 위한 구문 규칙은, 문자열에서 문자에 접근하는 것과 동일하게 대괄호 연산자를 사용하는 것입니다. 대괄호 안에 있는 표현식은 인덱스를 나타냅니다. 인덱스가 1에서 시작한다는 것을 잊지 마세요.

```
julia> cheeses[1]
"Cheddar"
```

문자열과 다르게 배열은 가변입니다. 무슨 뜻이냐면, 배열의 값은 바꿀 수 있습니다. 대괄호 연산자가 할당의 좌변에 나타나면, 배열의 해당 원소에 할당이 일어난다는 것을 의미합니다.

```
julia> numbers[2] = 5
5
julia> print(numbers)
[42, 5]
```

numbers의 두 번째 원소는 123이었는데, 이제는 5가 되었습니다.

[그림 10-1]은 cheeses, numbers, empty의 상태 도식입니다.

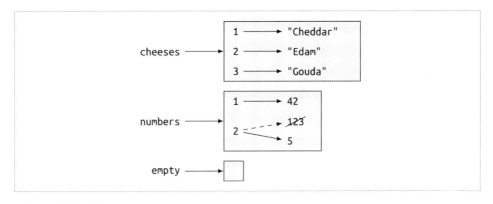

그림 10-1 상태 도식

배열 안에 있는 원소를 감싼 상자로 표현하고 있습니다. cheeses는 인덱스 1, 2, 3으로 접근할 수 있는 세 개의 원소를 가진 배열을 가리킵니다. numbers는 두 개의 원소를 갖고 있는데, 두 번째 원소가 123에서 5로 재할당된 것을 표시했습니다. empty는 원소가 없는 배열을 가리키고 있습니다.

배열의 인덱스는 문자열의 인덱스와 같은 식으로 동작합니다(UTF-8 부호화의 특성은 빼고요).

- 정수 표현식이라면 어떤 것이든 인덱스로 쓸 수 있습니다.

- 존재하지 않는 원소를 읽거나 쓰려고 하면, **BoundsError**가 발생합니다.

- 예약어 **end**는 배열의 마지막 인덱스를 가리킵니다.

∈ 연산자도 물론 쓸 수 있습니다.

```
julia> "Edam" ∈ cheeses
true
julia> "Brie" in cheeses
false
```

10.3 배열 순회하기

배열의 각 원소를 순회하는 가장 흔한 방법은 **for** 루프를 쓰는 것입니다. 구문 규칙은 문자열과 동일합니다.

```
for cheese in cheeses
    println(cheese)
end
```

이 방식은 배열의 원소를 읽으려고 할 때만 잘 동작합니다. 배열에 쓰거나, 원소를 갱신하고 싶다면 인덱스가 필요합니다. 한 가지 방법은 내장 함수 **eachindex**를 쓰는 것입니다.

```
for i in eachindex(numbers)
    numbers[i] = numbers[i] * 2
end
```

이 루프는 배열을 순회하며 각 원소를 갱신합니다. 루프를 돌 때마다 **i**는 다음 원소의 인덱스를 갖게 됩니다. 본문의 할당문을 보면, 원소의 이전 값을 가져오고 재할당을 하는 데에 인덱스 **i**를 썼습니다.

빈 배열에 대한 for 루프는 본문이 한 번도 실행되지 않습니다.

```
for x in []
    println("This can never happen.")
end
```

배열은 다른 배열을 원소로 가질 수 있지만, 중첩된 배열 또한 한 개의 원소일 뿐입니다. 그래서 다음 배열의 길이는 4입니다.

```
["spam", 1, ["Brie", "Roquefort", "Camembert"], [1, 2, 3]]
```

length 함수는 배열에 있는 원소의 개수를 반환합니다.

10.4 배열 자르기

자르기 연산자([n:m])역시 배열에 적용됩니다.

```
julia> t = ['a', 'b', 'c', 'd', 'e', 'f'];

julia> print(t[1:3])
['a', 'b', 'c']
julia> print(t[3:end])
['c', 'd', 'e', 'f']
```

아무 인수 없이 자르기 연산자를 사용하면, 배열 전체의 복사본이 만들어집니다.

```
julia> print(t[:])
['a', 'b', 'c', 'd', 'e', 'f']
```

배열은 가변이기 때문에, 배열 수정 작업 전에 복사본을 만들어두는 것이 좋을 때가 자주 있습니다.

여러 개의 원소를 한 번에 갱신하기 위해 자르기 연산자를 할당문 좌변에 쓸 수 있습니다.

```
julia> t[2:3] = ['x', 'y'];

julia> print(t)
['a', 'x', 'y', 'd', 'e', 'f']
```

10.5 배열 라이브러리

줄리아에는 배열을 다루는 여러 함수가 있습니다. 예를 들어 push! 함수는 배열의 맨 뒤에 새로운 원소를 추가합니다.

```
julia> t = ['a', 'b', 'c'];

julia> push!(t, 'd');

julia> print(t)
['a', 'b', 'c', 'd']
```

append! 함수는 두 번째 배열의 원소들을 첫 번째 배열의 뒤에 붙입니다.

```
julia> t1 = ['a', 'b', 'c'];

julia> t2 = ['d', 'e'];

julia> append!(t1, t2);

julia> print(t1)
['a', 'b', 'c', 'd', 'e']
```

이 코드에서 t2는 바뀌지 않습니다.

sort! 함수는 배열의 원소를 오름차순으로 정렬합니다.

```
julia> t = ['d', 'c', 'e', 'b', 'a'];

julia> sort!(t);

julia> print(t)
['a', 'b', 'c', 'd', 'e']
```

sort 함수는 오름차순으로 원소가 배열된 복사본을 반환합니다.

```
julia> t1 = ['d', 'c', 'e', 'b', 'a'];

julia> t2 = sort(t1);

julia> print(t1)
['d', 'c', 'e', 'b', 'a']
julia> print(t2)
['a', 'b', 'c', 'd', 'e']
```

NOTE_ 줄리아는 인수를 수정하는 함수의 이름에는 !를 뒤에 붙이는 관례가 있습니다.

10.6 맵, 필터, 리듀스

배열의 모든 원소를 합하려면, 보통 다음과 같은 루프를 작성할 것입니다.

```
function addall(t)
    total = 0
    for x in t
        total += x
    end
    total
end
```

변수 total을 0으로 초기화한 후, 루프를 돌 때마다 += 연산자에 배열의 원소를 하나씩 가져와서 적용하는 거죠. += 연산자는 변수를 갱신하기 위한 단축 명령입니다. 다음 **증강 할당문** augmented assignment statement을 보세요.

```
total += x
```

이것은 다음 할당문과 동일합니다.

```
total = total + x
```

루프가 실행되면서 **total**에 원소의 합이 누적됩니다. 이런 식으로 사용하는 변수를 보통 **누산기**accumulator라고 합니다.

배열에 있는 모든 원소를 더하는 것은 흔하게 하는 작업이기 때문에 줄리아에는 내장 함수 sum 이 있습니다.

```
julia> t = [1, 2, 3, 4];

julia> sum(t)
10
```

이처럼 원소의 순열을 합쳐서 단일한 값을 만드는 연산을 **리듀스 연산**reduce operation이라고 합니다.

종종 다른 배열을 만들기 위해서는 원래 배열을 순회하면서 작업할 필요가 있습니다. 예를 들어 다음 함수는 문자열의 배열을 받아서, 대문자로 바꾼 문자열의 배열을 반환합니다.

```
function capitalizeall(t)
    res = []
    for s in t
        push!(res, uppercase(s))
    end
    res
end
```

res를 빈 배열로 초기화된 후, 루프를 돌 때마다 다음 원소를 res 뒤에 추가하고 있습니다. 이렇게 보면 res가 또 다른 종류의 누산기임을 알 수 있습니다.

capitalizeall과 같이 배열의 각 원소에 대해 어떤 함수(여기서는 uppercase)를 적용하는 연산을 보통 **맵**map이라고 합니다.

또 다른 흔한 작업은 배열에서 어떤 원소들을 선택해 부분 배열을 만드는 것입니다. 예를 들어 다음 함수는 문자열의 배열을 받아서 대문자 단어만 추린 배열을 반환합니다.

```
function onlyupper(t)
    res = []
    for s in t
        if s == uppercase(s)
            push!(res, s)
        end
    end
    res
end
```

onlyupper와 같이 어떤 원소는 선택하고 어떤 원소는 걸러내는 이런 연산을 보통 **필터**filter라고 부릅니다.

대부분의 배열 연산은 맵, 필터, 리듀스의 조합으로 표현할 수 있습니다.

10.7 도트 연산자

^ 같은 모든 이항 연산자는 .^처럼 대응하는 **도트 연산자**dot operator를 가지고 있습니다. 도트 연산자는 자동적으로 두 배열의 대응하는 원소와 원소에 대해 연산을 수행합니다. 예를 들어 [1, 2, 3] ^ 3은 정의되지 않는 식이지만, [1, 2, 3] .^ 3은 원소별로 연산자를 대응해 결과가 [1^3, 2^3, 3^3]이 됩니다.

```
julia> print([1, 2, 3] .^ 3)
[1, 8, 27]
```

모든 줄리아 함수 f는 **도트 구문 규칙**dot syntax을 통해 배열의 각 원소에 적용할 수 있습니다. 예를 들어 문자열 배열을 대문자로 바꾸고 싶으면, 명시적인 루프를 사용하지 않고도 다음과 같이 할 수 있습니다.

```
julia> t = uppercase.(["abc", "def", "ghi"]);

julia> print(t)
["ABC", "DEF", "GHI"]
```

도트 구문 규칙을 사용하면 맵을 우아하게 구현할 수 있습니다. 다음과 같이 한 줄로 구현한
capitalizeall 함수를 보세요.

```
function capitalizeall(t)
    uppercase.(t)
end
```

10.8 원소의 삭제(추가)

배열에서 원소를 삭제하는 데에는 여러 가지 방법이 있습니다. 삭제하고 싶은 원소의 인덱스를
안다면 splice! 함수를 사용할 수 있습니다.

```
julia> t = ['a', 'b', 'c'];

julia> splice!(t, 2)
'b': ASCII/Unicode U+0062 (category Ll: Letter, lowercase)
julia> print(t)
['a', 'c']
```

splice! 함수는 배열을 수정하고, 삭제한 원소를 결과로 반환합니다.

pop! 함수는 배열의 마지막 원소를 삭제하고, 삭제한 원소를 결과로 반환합니다.

```
julia> t = ['a', 'b', 'c'];

julia> pop!(t)
'c': ASCII/Unicode U+0063 (category Ll: Letter, lowercase)
julia> print(t)
['a', 'b']
```

popfirst! 함수는 배열의 첫 번째 원소를 삭제하고 결과로 반환합니다.

```
julia> t = ['a', 'b', 'c'];

julia> popfirst!(t)
'a': ASCII/Unicode U+0061 (category Ll: Letter, lowercase)
julia> print(t)
['b', 'c']
```

pushfirst! 함수와 push! 함수는 원소를 각각 배열의 처음과 마지막에 추가합니다.

삭제한 원소가 필요 없다면, deleteat! 함수를 사용할 수 있습니다.

```
julia> t = ['a', 'b', 'c'];

julia> print(deleteat!(t, 2))
['a', 'c']
```

insert! 함수는 주어진 인덱스에 원소를 삽입합니다.

```
julia> t = ['a', 'b', 'c'];

julia> print(insert!(t, 2, 'x'))
['a', 'x', 'b', 'c']
```

10.9 배열과 문자열

문자열은 문자의 순열이고, 배열은 값의 순열입니다. 그렇지만 문자의 배열이 문자열과 같은 것은 아닙니다. 문자열을 문자의 배열로 바꾸려면 collect 함수를 사용할 수 있습니다.

```
julia> t = collect("spam");

julia> print(t)
['s', 'p', 'a', 'm']
```

collect 함수는 문자열이나 다른 나열을 분해해서 개별 원소의 나열로 만들어줍니다.

문자열을 단어 단위로 자르고 싶으면 split 함수를 사용할 수 있습니다.

```
julia> t = split("pining for the fjords");

julia> print(t)
SubString{String}["pining", "for", "the", "fjords"]
```

선택적 인수로 구분 문자를 지정하면, 해당 문자를 단어의 경계로 사용합니다(선택적 인수에 대해서는 [연습 8-7]에서 다룬 바 있습니다).

```
julia> t = split("spam-spam-spam", '-');

julia> print(t)
SubString{String}["spam", "spam", "spam"]
```

join 함수는 split의 반대입니다. 문자열로 된 배열을 받아서, 모두 이어붙인 문자열을 반환합니다.

```
julia> t = ["pining", "for", "the", "fjords"];

julia> s = join(t, ' ')
"pining for the fjords"
```

예제에서는 구분자로 공백문자를 사용해 이어 붙였는데, 공백 없이 하려면 s = join(t)와 같이 구분 문자를 아예 주지 않으면 됩니다.

10.10 객체와 값

객체object는 변수가 가리킬 수 있는 어떤 것입니다. 지금까지는 '객체'와 '값value'을 구분하지 않고 썼다고 할 수 있습니다.

다음과 같이 할당했다고 가정해봅시다.

```
a = "banana"
b = "banana"
```

a와 b가 문자열을 가리키고 있는 것을 알 수 있습니다. 그런데 그 두 변수가 가리키고 있는 것이 같은 문자열일까요? [그림 10-2]에 표시된 것처럼 두 가지 가능성이 있습니다.

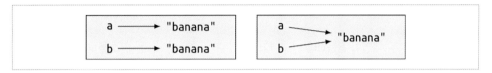

그림 10-2 상태 도식

첫 번째 가능성은 a와 b가 같은 값을 가지는 별개의 객체를 가리키고 있는 것이고, 두 번째 가능성은 두 변수가 같은 객체를 가리키고 있는 것입니다.

두 변수가 같은 객체를 가리키고 있는지 확인해보려면, ≡ (\equiv 탭) 혹은 === 연산자를 사용하면 됩니다.

```
julia> a = "banana"
"banana"
julia> b = "banana"
"banana"
julia> a ≡ b
true
```

이 예제를 보면 알겠지만, 줄리아는 a와 b가 동시에 가리키는 문자열 객체를 하나만 만듭니다. 그렇지만 두 개의 배열을 만든다면, 두 개의 객체를 얻게 됩니다.

```
julia> a = [1, 2, 3];

julia> b = [1, 2, 3];

julia> a ≡ b
false
```

이에 대한 상태 도식은 [그림 10-3]을 보세요.

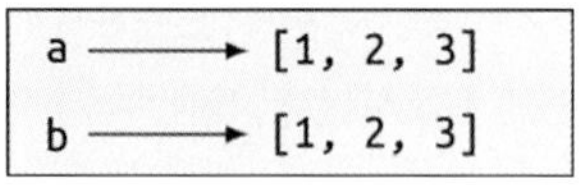

```
a ──────→ [1, 2, 3]
b ──────→ [1, 2, 3]
```

그림 10-3 상태 도식

이 경우 우리는 두 배열이 **동등하다**equivalent고 말할 수 있습니다. 같은 원소를 가졌기 때문입니다. 그렇지만 같은 객체가 아니므로 **동일하다**identical고 말할 수는 없습니다. 두 개의 객체가 동일하다면 당연히 동등하겠지만, 동등하다고 해서 반드시 동일한 것은 아닙니다.

정확하게 말해서, 객체는 값을 가지고 있습니다. [1, 2, 3]을 평가해보면, 그 값이 정수의 순열인 배열 객체를 얻게 됩니다. 다른 배열이 같은 원소를 가지고 있다면, 같은 값을 가지고 있는 것입니다. 그렇지만 같은 객체는 아닙니다.

10.11 별칭

a가 어떤 객체를 가리키게 한 후, b = a로 할당하면, 두 변수는 같은 객체를 가리킵니다.

```
julia> a = [1, 2, 3];

julia> b = a;

julia> b ≡ a
true
```

이 경우의 상태 도식은 [그림 10-4]를 보세요.

그림 10-4 상태 도식

변수가 어떤 객체를 가리키는 것을 **참조**reference라고 말합니다. 이 예제를 보면 동일한 객체를 가리키고 있는 참조가 두 개 있습니다.

참조가 두 개 이상인 객체는 이름도 두 개 이상입니다. 그러므로 우리는 이 객체가 **별칭**alias을 가졌다고 말합니다.

별칭을 가진 객체가 가변일 때, 한 별칭으로 변경을 가하면 다른 쪽에도 효과가 나타납니다.

```
julia> b[1] = 42
42
julia> print(a)
[42, 2, 3]
```

> **CAUTION_** 쓸모 있어 보일지도 모르지만, 이런 동작은 오류 발생 가능성을 높이게 됩니다. 일반적으로 가변 객체를 다룰 때에는 별칭을 만들지 않는 것이 안전합니다.

문자열 같은 불변 객체는 별칭을 만드는 것이 별다른 문제를 일으키지 않습니다. 다음 예를 보겠습니다.

```
a = "banana"
b = "banana"
```

a와 b가 참조하는 문자열이 같은 것이든, 다른 것이든 (문제를 일으키지 않는다는 점에서) 별반 차이가 없습니다.

10.12 배열 인수

어떤 함수에 배열을 인수로 전달하면, 그 함수는 배열에 대한 참조를 얻게 됩니다. 함수가 배열을 수정하게 되면, 호출자 역시 변경 사항을 보게 됩니다. 다음 예를 보면 deletehead! 함수는 배열의 첫 번째 원소를 삭제합니다.

```
function deletehead!(t)
    popfirst!(t)
end
```

실행해보면 이런 식으로 될 것입니다.

```
julia> letters = ['a', 'b', 'c'];

julia> deletehead!(letters);

julia> print(letters)
['b', 'c']
```

매개변수 t와 변수 letters는 같은 객체에 대한 별칭입니다. [그림 10-5] 스택 도식을 보세요.

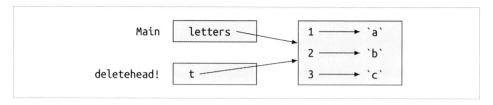

그림 10-5 상태 도식

배열이 두 개의 틀에 공유되고 있기 때문에, 그렇게 보이도록 둘 사이에 그렸습니다.

어떤 연산이 배열을 수정하는지, 아니면 새로운 배열을 만드는지 구분하는 것은 중요합니다. 예를 들어 push! 함수는 배열을 수정하고, vcat 함수는 새로운 배열을 만듭니다.

다음은 push!를 사용하는 예제입니다.

```
julia> t1 = [1, 2];

julia> t2 = push!(t1, 3);

julia> print(t1)
[1, 2, 3]
```

여기서 t2는 t1의 별칭입니다.

다음은 vcat을 사용하는 예제입니다.

```
julia> t3 = vcat(t1, [4]);

julia> print(t1)
[1, 2, 3]
julia> print(t3)
[1, 2, 3, 4]
```

vcat의 결괏값은 새로운 배열입니다. 원래 배열은 바뀌지 않았습니다.

배열을 수정하는 함수를 작성하려고 한다면, 이 차이를 구분하는 것이 중요합니다.

예를 들어 다음 함수는 의도한 것과 다르게 배열의 첫 번째 원소를 **삭제하지 않습니다.**

```
function baddeletehead(t)
    t = t[2:end]                # 틀렸음!
end
```

자르기 연산은 새로운 배열을 만듭니다. 이 새로운 배열을 t에 재할당했는데, 이렇게 해도 호출자가 알고 있는 배열에는 변화가 없습니다.

```
julia> t4 = baddeletehead(t3);

julia> print(t3)
[1, 2, 3, 4]
julia> print(t4)
[2, 3, 4]
```

baddeletehead 함수가 시작되는 시점에서 t와 t3는 같은 배열을 참조합니다. 함수가 끝나는 시점에서 t는 새로 만들어진 배열을 참조하는데, t3는 여전히 수정 전 원래 배열을 참조합니다.

대안은 배열을 수정하는 것이 아니라, 새로운 배열을 결과로 반환하는 함수로 만드는 것입니다. 예를 들어 다음 tail 함수는 인수로 전달된 배열에서 첫 번째 원소를 제외한 배열을 새로 만들어 반환합니다.

```
function tail(t)
    t[2:end]
end
```

다음 예제에서 볼 수 있듯이, 이 함수는 원래 배열을 건드리지 않습니다.[1]

```
julia> letters = ['a', 'b', 'c'];

julia> rest = tail(letters);

julia> print(rest)
['b', 'c']
```

10.13 디버깅

배열을 부주의하게 사용하면, 오랜 시간 디버깅해야 하는 오류를 만들 수 있습니다(다른 가변 객체도 마찬가지입니다). 다음은 흔히 빠지기 쉬운 함정과 그것을 피하는 방법입니다.

대부분의 배열 함수는 인수를 수정합니다. 문자열 함수와는 반대인데, 문자열 함수는 원래 문자열은 그대로 두고 새로운 문자열을 반환합니다. 다음 코드를 보죠.

---

1 역자주_ 다시 한번 주의해서 살펴보면, tail 함수와 baddeletehead 함수는 이름만 다르고, 동작이 완전히 동일한 함수라는 것을 알 수 있습니다. 함수의 이름이 뜻하는 바가 마치 배열을 수정하는 것처럼 보이느냐, 새로운 배열을 반환하는 것처럼 보이느냐의 차이가 있을 뿐입니다.
baddeletehead(bad delete head: (잘못된) 머리 삭제)라는 이름을 보면 인수로 전달된 배열을 수정하는 것으로 보이지만, 실제로는 그러지 않으니까 잘못 만들어진 함수라는 뜻입니다. 반면 tail(꼬리)이라는 이름은 인수로 전달된 배열로부터 만든 새로운 배열을 반환하는 것으로 이해되고, 또 실제로도 그러하기 때문에 제대로 된 것입니다.

```
new_word = strip(word)
```

이런 코드에 익숙하다 보면, 다음과 같이 작성하기 십상입니다.

```
t2 = sort!(t1)
```

하지만 sort! 함수는 원래 배열 t1을 수정해서 반환하기 때문에, t2는 t1의 별칭이 됩니다.

TIP 배열 함수와 배열 연산자를 사용하기 전에, 문서를 주의 깊게 읽고 대화형 모드에서 시험해보기 바랍니다.

- 한 가지 방식을 선택한 후, 일관성 있게 사용하세요.

  배열을 다루는 데 문제가 발생하는 원인 중 하나는 너무 다양한 작업 방법이 있다는 것입니다. 예를 들어 배열에서 원소를 하나 제거하는 방법에는 pop!, popfirst!, delete_at 등이 있고, 심지어 자르기 할당도 가능합니다. 원소를 하나 추가하는 방법에는 push!, pushfirst!, insert!, vcat이 있습니다. t가 배열이고 x가 배열의 원소라고 했을 때, 다음은 모두 맞는 표현입니다.

  ```
  insert!(t, 4, x)
  push!(t, x)
  append!(t, [x])
  ```

  다음은 모두 틀린 표현입니다.

  ```
  insert!(t, 4, [x])     # 틀림!
  push!(t, [x])          # 틀림!
  vcat(t, [x])           # 틀림!
  ```

- 의도하지 않은 별칭 생성을 피하기 위해 복사본을 만드세요.

  sort! 함수처럼 인수를 수정하는 함수를 사용하려 할 때, 원래 배열을 보존해야 한다면 복사본을 만든 후 함수를 호출하면 됩니다.

  ```
  julia> t = [3, 1, 2];

  julia> t2 = t[:];              # t2 = copy(t)
  ```

```
julia> sort!(t2);

julia> print(t)
[3, 1, 2]
julia> print(t2)
[1, 2, 3]
```

다음 코드처럼 내장 함수 sort를 쓸 수도 있습니다. 이 함수는 정렬된 배열을 새로 만들어 반환하고, 인수로 전달된 배열은 건드리지 않습니다.

```
julia> t2 = sort(t);

julia> println(t)
[3, 1, 2]
julia> println(t2)
[1, 2, 3]
```

10.14 용어집

배열array

값들의 순서 있는 나열.

원소element

배열(혹은 그와 유사한 나열)에 있는 값들 중 하나. 항목item이라고도 부른다.

중첩된 배열nested array

다른 배열의 원소인 배열.

가변mutable

수정할 수 있음을 나타내는 값의 성질.

증강 할당문augmented assignment

= 같은 연산자를 사용해 변수의 값을 갱신하는 명령문.

누산기accumulator

루프에서 결괏값을 누적해서 더하기 위해 사용하는 변수.

리듀스 연산reduce operation

배열을 순회하면서 여러 원소를 누적 연산해 하나의 값으로 바꾸는 식으로 동작하는 절차.

맵map

배열을 순회하면서 각 원소에 연산을 적용하는 절차.

필터filter

배열을 순회하면서 어떤 조건을 만족하는 원소들만 선택하는 절차.

도트 연산자dot operator

연산자가 배열의 각 원소에 적용되도록 하는 이항 연산자.

도트 구문 규칙dot syntax

어떤 함수를 배열의 각 원소에 적용되도록 하는 구문 규칙.

선택적 인수optional argument

필수적이지는 않은 인수.

구분자delimiter

문자열을 나누는 기준이 되는 문자나 문자열.

객체object

변수가 참조할 수 있는 어떤 값. 객체는 자료형과 값이 있다.

동등하다equivalent

같은 값을 가지다.

동일하다identical

같은 객체이다(동등하다는 의미도 내포한다).

참조reference

어떤 변수와 그 변수가 가리키는 값 사이의 관계.

별칭alias

두 개 이상의 변수가 같은 객체를 참조할 때, 그 변수들은 서로 간의 별칭이다.

10.15 연습 문제

연습 10-1

다음과 같이 정수의 배열들을 원소로 가지는 배열을 인수로 받아, 중첩된 배열의 원소들을 모두 더한 결과를 반환하는 함수 nestedsum을 작성하세요.

```julia
julia> t = [[1, 2], [3], [4, 5, 6]];

julia> nestedsum(t)
21
```

연습 10-2

다음과 같이 숫자 배열을 받아 누적 합계를 구해서 반환하는 함수 cumulsum을 작성하세요. 새로 만들어진 배열의 i번째 원소 값은 원래 배열의 첫 번째부터 i번째까지의 원소들을 합한 값입니다.

```julia
julia> t = [1, 2, 3];
```

```
julia> print(cumulsum(t))
Any[1, 3, 6]
```

연습 10-3

다음과 같이 배열을 인수로 받아 첫 번째와 마지막 원소를 뺀 나머지를 원소를 가지는 배열을 반환하는 함수 interior를 작성하세요.

```
julia> t = [1, 2, 3, 4];

julia> print(interior(t))
[2, 3]
```

연습 10-4

다음과 같이 배열을 인수로 받아 그 배열의 첫 번째와 마지막 원소를 삭제하고 nothing을 반환하는 함수 interior!를 작성하세요.

```
julia> t = [1, 2, 3, 4];

julia> interior!(t)

julia> print(t)
[2, 3]
```

연습 10-5

다음과 같이 배열을 인수로 받아, 배열이 오름차순으로 정렬되어 있으면 true를 반환하고, 그렇지 않으면 false를 반환하는 함수 issort를 작성하세요.

```
julia> issort([1, 2, 2])
true
julia> issort(['b', 'a'])
false
```

연습 10-6

어떤 단어의 글자들을 재조합해서 새로운 유효한 단어를 만들 수 있으면, 그 두 단어는 서로의 애너그램(어구전철)anagram입니다. 두 개의 문자열을 인수로 받아, 애너그램인지 여부를 반환하는 함수 isanagram을 작성하세요.

연습 10-7

배열을 인수로 받아 배열 안에 중복된 원소가 있는지 여부를 반환하는 함수 hasduplicate를 작성하세요. 단, 원래 배열을 수정하면 안 됩니다.

연습 10-8

이 연습에서는 '생일 문제'라는 것을 다룹니다(*https://ko.wikipedia.org/wiki/생일_문제*).

한 반에 23명의 학생이 있다면, 생일이 같은 친구가 있을 확률이 어떻게 됩니까? 23명의 생일을 무작위로 생성하고, 생일이 같은 사람이 있는지를 확인해보는 식으로 확률을 추정해보세요.

TIP rand(1:365)를 호출하면 무작위로 생일을 생성할 수 있습니다.

연습 10-9

9장에 나왔던 words.txt 파일을 읽어 각 단어를 원소로 하는 배열을 생성하는 함수를 두 가지 버전으로 작성하세요. 하나는 push! 함수를 써야 하고, 다른 하나는 t = [t..., x] 구문을 써야 합니다. 어떤 쪽이 실행하는 데 더 오래 걸립니까? 이유는 뭘까요?

연습 10-10

앞에서 생성한 배열 안에 어떤 단어가 있는지 여부를 알기 위해 ∈ 연산자를 쓸 수 있습니다. 그런데 이렇게 하면 배열을 처음부터 끝까지 순회하면서 비교해야 하므로 실행 속도가 느릴 수밖에 없습니다.

단어가 알파벳 순서대로 정렬되어 있다는 것에 착안하여, 2분할 탐색으로 속도를 빠르게 할 수 있습니다(흔히 이진 탐색binary search이라고 합니다). 이 방법은 딕셔너리에서 단어를 찾는 방법과 유사합니다. 배열 중간에서 시작해서, 찾고자 하는 단어가 배열 중간에 있는 단어 앞에 와야 하는지 검사합니다. 앞에 와야 한다면 앞쪽 절반에 대해서 이 과정을 동일하게 반복하고, 그렇지 않다면 뒤쪽 절반에 대해서 동일하게 반복합니다.

어느 쪽이든 탐색 공간^{search space}, 즉 확인해봐야 하는 단어의 수는 반으로 줄어듭니다. 단어 배열이 113,809개의 원소를 갖고 있다면, 대략 17단계 안에 단어를 찾거나 혹은 단어가 없음을 확인할 수 있습니다.

이러한 방식으로, 정렬된 배열과 찾을 값을 인수로 받아 배열 안에 그 값이 있는지 여부를 반환하는 함수 inbisect 함수를 작성하세요.

연습 10-11

두 단어가 있는데, 한 단어의 글자 순서를 뒤집었을 때 다른 단어와 같아진다면, 이 두 단어를 '뒤집힘 쌍'이라고 합시다. 연습 10-9에서 생성한 단어 배열에서 뒤집힘 쌍을 모두 찾아 반환하는 함수 reversepairs를 작성하세요.

연습 10-12

두 단어에서 한 글자씩 교대로 뽑아내서 만든 것이 단어가 된다면 이 두 단어가 '서로 맞물려 있다^{interlock}'고 합니다. 예를 들어 'shoe'와 'cold'는 'schooled'를 만들 수 있기 때문에 맞물려 있습니다.

1. 맞물려 있는 단어 쌍을 모두 찾아내는 프로그램을 작성하세요. 참고로 이 문제는 *http://puzzlers.org* 사이트를 참고했습니다.

   TIP 가능한 모든 단어 쌍에 대해 맞물려 있는지 검사하는 방식으로 짜면 안 됩니다!

2. 3중으로 맞물려 있는 단어를 찾을 수 있겠습니까? (세 단어에서 한 글자씩 교대로 뽑아 만든 문자열이 단어가 되는 경우)

CHAPTER 11

딕셔너리

이번 장에서는 또 다른 내장 자료형인 딕셔너리에 대해서 알아보겠습니다.

11.1 딕셔너리는 사상

딕셔너리(사전)dictionary는 배열과 비슷하지만 좀 더 일반화된 것입니다. 배열에서는 인덱스가 정수였는데, 딕셔너리에서는 (거의) 모든 자료형일 수 있습니다.

딕셔너리에서는 인덱스를 **키**key라고 하며, **값**value의 모음으로 이루어져 있습니다. 각각의 키는 하나의 값과 짝지어져 있습니다. 그렇게 짝지어진 키와 값을 **키-값 쌍**key-value pair라고 하며, 어떤 때는 **항목**item이라고도 합니다.

수학적으로 표현하면, 딕셔너리는 키 집합을 값 집합으로 보내는 **사상(매핑)**mapping입니다. 그러므로 각각의 키는 어떤 값에 대응된다고 말할 수 있습니다. 예를 들어 영어 단어에 대응하는 스페인어 단어 딕셔너리를 만들 수 있는데, 이때 키와 값은 모두 문자열이 될 것입니다.

함수 `Dict`는 새로운 빈 딕셔너리를 생성합니다.

```
julia> eng2sp = Dict()
Dict{Any,Any} with 0 entries
```

딕셔너리에서 키와 값의 자료형은 중괄호로 묶어 나타냅니다. 여기서는 키와 값 모두 Any입니다.

이 딕셔너리는 비어 있습니다. 항목을 추가하려면 대괄호를 사용하면 됩니다.

```
julia> eng2sp["one"] = "uno";
```

이렇게 하면 키 "one"에서 값 "uno"로 가는 항목을 만든 것입니다. 이 딕셔너리를 다시 출력해보면, 화살표 =>로 짝지어진 키-값 쌍을 볼 수 있습니다.

```
julia> eng2sp
Dict{Any,Any} with 1 entry:
  "one" => "uno"
```

이런 출력 형식은 곧 입력 형식이기도 합니다. 예를 들어 다음과 같이 세 개의 항목을 가진 새로운 딕셔너리를 만들 수 있습니다.

```
julia> eng2sp = Dict("one" => "uno", "two" => "dos", "three" => "tres")
Dict{String,String} with 3 entries:
  "two" => "dos"
  "one" => "uno"
  "three" => "tres"
```

여기서는 최초로 주어진 모든 키와 값이 문자열 형이므로, Dict{String,String}이 만들어졌습니다.

딕셔너리에서 항목들의 순서는 예측할 수 없습니다. 위 예제를 똑같이 입력해 실행하더라도 컴퓨터에 따라 다른 결과를 얻을 수 있습니다.

하지만 딕셔너리의 항목은 정수 인덱스로 참조하는 것이 아니기 때문에, 순서가 달라지는 것이 문제가 되지는 않습니다. 대신, 대응하는 값을 찾으려면 키를 사용해야 합니다.

```
julia> eng2sp["two"]
"dos"
```

키 "two"는 항상 값 "dos"에 대응됩니다. 그러므로 항목들의 순서가 어떻든 상관없습니다.

딕셔너리에 없는 키를 사용하려고 하면 예외가 발생합니다.

```
julia> eng2sp["four"]
ERROR: KeyError: key "four" not found
```

딕셔너리에서도 length 함수를 쓸 수 있습니다. 키-값 쌍의 개수를 반환합니다.

```
julia> length(eng2sp)
3
```

keys 함수는 딕셔너리의 키 집합을 반환합니다.

```
julia> ks = keys(eng2sp);

julia> print(ks)
["two", "one", "three"]
```

키 집합이 있으니 ∈ 연산자를 사용해서 딕셔너리에 어떤 키가 있는지 없는지 확인할 수도 있습니다.

```
julia> "one" ∈ ks
true
julia> "uno" ∈ ks
false
```

키와 마찬가지로, 딕셔너리에 어떤 값이 있는지 확인하려면 값 집합을 반환하는 values 함수를 사용한 후, ∈ 연산자를 사용하면 됩니다.

```
julia> vs = values(eng2sp);

julia> "uno" ∈ vs
true
```

∈ 연산자는 배열과 딕셔너리에서 다른 알고리즘을 사용합니다. 배열에서는 (8.8절에서 언급한 대로) 원소를 순서대로 하나씩 탐색합니다. 따라서 배열이 길어질수록 탐색 시간도 그에 비례해 길어집니다.

딕셔너리에 대해서는 **해시 테이블**[hash table]이라는 알고리즘을 사용하는데, 놀랍게도 딕셔너리에 항목이 아무리 많이 있어도 ∈ 연산자가 탐색하는 시간은 길어지지 않고 일정합니다.

11.2 딕셔너리 활용: 계수기 모음

어떤 문자열에 대해서 어떤 글자가 몇 번 나오는지 세어야 한다고 해봅시다. 다음과 같이 여러 가지 방법으로 이런 프로그램을 구현할 수 있을 것 같습니다.

- 알파벳의 각 글자에 대응하는 26개 변수를 생성한 후, 문자열을 순회하면서 각 글자에 해당하는 계수기 변수를 증가시킵니다. 십중팔구 연쇄 조건문을 사용하게 되겠죠.

- 26개 원소를 가진 배열을 생성한 후, 각 글자를 (내장 함수 **Int**를 이용해) 숫자로 변환하고 변환된 숫자를 인덱스로 삼아 해당 원소의 값을 증가시키는 방법도 있겠습니다.

- 글자를 키로 하고, 나온 횟수를 값으로 하는 딕셔너리를 만들 수도 있습니다. 어떤 글자가 처음 나오면 딕셔너리에 항목을 추가하고, 그 이후부터는 해당 항목의 값을 증가시킵니다.

세 가지 방법 모두 동일한 연산을 수행합니다만, 구현 방법은 제각각 다릅니다.

구현[implementation]이라 함은 연산을 수행하는 방법을 말합니다. 어떤 구현은 다른 것보다 좋습니다. 예를 들어 딕셔너리를 이용한 구현의 장점은 문자열에 어떤 글자가 있을지 미리 알 필요가 없고, 문자열에 있는 글자에 대해서만 저장 공간을 사용한다는 것입니다.

코드는 다음과 같은 식일 겁니다.

```
function histogram(s)
    d = Dict()
    for c in s
        if c ∉ keys(d)
            d[c] = 1
        else
            d[c] += 1
        end
    end
    d
end
```

여기서 함수의 이름은 통계 용어 히스토그램histogram입니다. 어떤 범위의 값이 얼마나 많은지(자주 나오는지)를 모아서 표현한 것을 말합니다.

함수 내 1행에서는 빈 딕셔너리를 만들었습니다. for 루프로 문자열을 순회하며 루프를 돌 때마다 문자 c가 딕셔너리에 있는지 여부를 확인합니다. 딕셔너리에 없다면, c를 키로 하고, (문자가 한 번 나온 것이므로) 1을 값으로 하는 항목을 생성합니다. 이미 딕셔너리에 있다면, d[c]를 증가시킵니다.

다음은 실행 결과입니다.

```
julia> h = histogram("brontosaurus")
Dict{Any,Any} with 8 entries:
  'n' => 1
  's' => 2
  'a' => 1
  'r' => 2
  't' => 1
  'o' => 2
  'u' => 2
  'b' => 1
```

히스토그램을 보면, 예를 들어 a와 b는 한 번, o는 두 번 나왔다는 것을 알 수 있습니다. 다른 글자도 마찬가지죠.

끝으로, 딕셔너리에는 어떤 키와 기본값을 받는 함수 get이 있습니다. 키가 딕셔너리에 있다면 해당 값을 반환하고, 딕셔너리에 없다면 기본값을 반환합니다. 다음 예를 보겠습니다(기본값을 0으로 지정했습니다).

```
julia> h = histogram("a")
Dict{Any,Any} with 1 entry:
  'a' => 1
julia> get(h, 'a', 0)
1
julia> get(h, 'b', 0)
0
```

연습 11-1

get 함수를 활용해 histogram 함수를 더 간명하게 작성해보세요. if 문을 제거할 수 있어야
합니다.

11.3 루프와 딕셔너리

for 문을 이용하면 딕셔너리의 키 집합을 순회할 수 있습니다. 예를 들어 다음 printhist 함
수는 어떤 딕셔너리의 모든 키와 그 키에 해당하는 값을 출력합니다.

```
function printhist(h)
    for c in keys(h)
        println(c, " ", h[c])
    end
end
```

실행 결과는 다음과 같습니다.

```
julia> h = histogram("parrot");
julia> printhist(h)
a 1
r 2
p 1
o 1
t 1
```

다시 말하지만, 키는 어떤 순서가 정해져 있지 않습니다. 키를 정렬된 순서로 순회하고 싶으면,
sort와 collect 함수를 조합하면 됩니다.

```
julia> for c in sort(collect(keys(h)))
           println(c, " ", h[c])
       end
a 1
o 1
p 1
r 2
t 1
```

11.4 역조회

딕셔너리 d와 키 k가 있을 때, 키에 대응하는 값 v = d[k]를 찾는 것은 쉽습니다. 이런 연산을 **조회**lookup라고 합니다.

그렇지만 값 v가 있을 때, 해당하는 키 k를 찾는 것은 어떨까요? 두 가지 문제가 있습니다. 첫째, 값 v에 대응하는 키가 두 개 이상일 수 있습니다. 원하는 바에 따라서 하나를 고르거나, 모든 키를 포함하는 배열을 만들어야 할 것입니다. 둘째, 이러한 **역조회**reverse lookup를 하는 간단한 구문 규칙이 존재하지 않습니다. 직접 검색해보세요.

> **CAUTION_** 역조회는 조회보다 매우 느립니다. 역조회를 자주 하거나 딕셔너리가 크면, 프로그램 성능에 심각한 영향을 줄 수 있습니다.

다음은 어떤 값을 받아서 그 값에 대응하는 첫 번째 키를 반환하는 함수입니다.

```
function reverselookup(d, v)
    for k in keys(d)
        if d[k] == v
            return k
        end
    end
    error("LookupError")
end
```

이 함수는 탐색 패턴의 또 다른 예인데, 지금까지 보지 못했던 함수 error를 사용합니다. error 함수는 일반적인 제어 흐름을 중단시키는 예외 ErrorException을 일으킵니다. 이 경우에는 키가 존재하지 않는다는 것을 나타내기 위해 "LookupError"라는 메시지를 포함하고 있습니다.

루프가 끝까지 돌아갔다면, v 값이 딕셔너리에 없다는 것을 의미합니다. 그러므로 예외를 던지게 됩니다.

다음은 성공적인 역조회를 보여주는 예입니다.

```
julia> h = histogram("parrot");

julia> key = reverselookup(h, 2)
'r': ASCII/Unicode U+0072 (category Ll: Letter, lowercase)
```

다음은 역조회가 성공적이지 않은 예입니다.

```
julia> key = reverselookup(h, 3)
ERROR: LookupError
```

사용자가 작성한 예외는, 줄리아가 예외를 던지는 것과 동일한 작용을 합니다. 즉 스택트레이스와 오류 메시지를 출력합니다.

> **NOTE_** 줄리아에서 역조회를 하기 위한 최적화된 방법은 다음과 같습니다.
>
> ```
> findall(isequal(3), h)
> ```

11.5 딕셔너리와 배열

딕셔너리에는 배열도 값으로 들어갈 수 있습니다. 예를 들어 문자에 대한 빈도 값을 가진 딕셔너리가 있다고 가정하고, 이를 뒤집어 빈도에 대한 문자 값을 가진 딕셔너리를 만들고 싶다고 해봅시다. 같은 빈도를 가지는 문자가 여럿일 수 있으므로, 뒤집힌 딕셔너리의 값들은 문자의 배열이어야 합니다.

다음은 딕셔너리를 뒤집는 함수입니다.

```
function invertdict(d)
    inverse = Dict()
    for key in keys(d)
        val = d[key]
        if val ∉ keys(inverse)
            inverse[val] = [key]
```

```
        else
            push!(inverse[val], key)
        end
    end
    inverse
end
```

루프를 돌 때마다 딕셔너리 d로부터 키가 하나씩 key에 할당되고, 이에 대응하는 값 val도 할당됩니다. val이 inverse에 없다면, 즉 이 값이 처음 나왔다면, 새로운 항목을 만들어 **싱글턴** singleton(원소가 딱 하나뿐인 배열)으로 초기화합니다. 그렇지 않다면, 이 값이 기존에 나왔다는 얘기니까 대응하는 키를 배열에 추가합니다.

실행 결과의 예는 다음과 같습니다.

```
julia> hist = histogram("parrot");

julia> inverse = invertdict(hist)
Dict{Any,Any} with 2 entries:
  2 => ['r']
  1 => ['a', 'p', 'o', 't']
```

[그림 11-1]은 hist와 inverse를 보여주는 상태 도식입니다. 딕셔너리를, 키-값 쌍이 담긴 상자로 표현했습니다. 값이 정수나 부동소수점 수, 문자열일 때는 상자 안에 그리지만, 값이 배열일 때는 도식을 간단하게 하기 위해서 보통 상자 바깥에 그립니다.

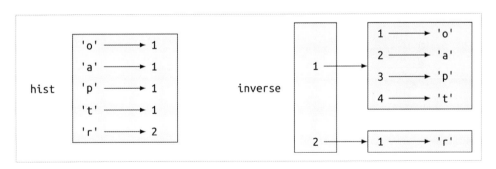

그림 11-1 상태 도식

11.6 메모

6.7절에 있는 `fibonacci` 함수를 약간 만져보았다면, 인수가 클수록 실행까지 시간이 오래 걸린다는 것을 알았을 것입니다. 게다가, 인수가 커짐에 따라 실행 시간 또한 매우 크게 증가합니다.

왜 그런지 알아보기 위해, n = 4일 때 `fibonacci` 함수의 **호출 그래프**^{call graph}를 도시한 [그림 11-2]를 살펴봅시다.

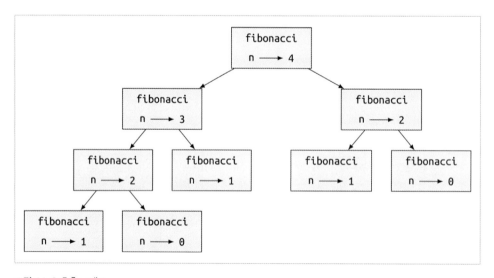

그림 11-2 호출 그래프

호출 그래프는 함수를 상자로 표시하고, 함수 호출을 상자를 잇는 화살표로 표시해 보여줍니다. 그래프의 맨 위를 보면, n = 4인 fibonacci 함수가 n = 3인 fibonacci 함수와 n = 2인 fibonacci 함수를 호출합니다. 다음엔 n = 3인 fibonacci 함수가 n = 2 그리고 n = 1인 것을 호출하죠. 나머지도 마찬가지입니다.

fibonacci(0)과 fibonacci(1)이 몇 번이나 호출되는지 한번 세어보세요. 비효율적인 해법인 것이 명백합니다. 인수가 커지면 상황이 더욱 악화됩니다.

한 가지 해결책은, 한번 계산한 값을 딕셔너리에 저장해두고 다시 사용하는 것입니다. 나중에 쓰기 위해서 저장해놓은 기존 계산값을 **메모**memo라고 합니다. 이렇게 메모를 활용하는 프로그래밍 기법을 메모이제이션(메모 기법)memoization이라고 합니다. 다음은 fibonacci 함수를 메모이제이션으로 구현한 것입니다.

```
known = Dict(0=>0, 1=>1)

function fibonacci(n)
    if n ∈ keys(known)
        return known[n]
    end
    res = fibonacci(n-1) + fibonacci(n-2)
    known[n] = res
    res
end
```

여기서 known은 이미 알고 있는 피보나치 수를 저장하고 있는 딕셔너리입니다. 0일 때 0이고, 1일 때 1인 두 개의 항목으로 시작합니다.

fibonacci 함수가 호출될 때마다 known을 확인해봅시다. 계산 결과가 이미 거기 있다면 즉시 반환할 수 있습니다. 그렇지 않다면, 계산을 수행하고 결과를 딕셔너리에 추가한 후 반환합니다.

이렇게 구현한 fibonacci 함수를 실행해보고, 원래 버전과 비교해보면 훨씬 빠르게 동작한다는 것을 알 수 있을 것입니다.

11.7 전역 변수

앞선 예제에서 변수 known은 함수 바깥에서 만들어졌습니다. 그래서 이 변수는 Main이라고 부르는 특별한 틀에 속합니다. Main에 있는 변수는 아무 함수에서나 접근할 수 있기 때문에 **전역 변수**global variable라고도 합니다. 함수 실행이 종료되면 함께 사라지는 지역 변수와 다르게 전역 변수는 개별 함수 호출을 넘어 영속적입니다.

전역 변수는 **플래그**flag 용도로 흔히 사용합니다. 깃발이라는 뜻을 가진 플래그는 어떤 조건이 참인지 여부를 나타내는 불리언 변수입니다. 예를 들어 다음 프로그램은 verbose라는 이름의 플래그를 이용해 상세한 출력을 할지 말지를 결정합니다.

```
verbose = true

function example1()
    if verbose
        println("Running example1")
    end
end
```

전역 변수에 재할당을 하려다 보면 헷갈릴 수 있습니다. 다음 예제를 보면 함수가 호출되었는지 여부를 추적하는 플래그가 있습니다.

```
been_called = false

function example2()
    been_called = true          # 잘못됨
end
```

그렇지만 실제로 실행해보면, 함수를 호출한 후에도 been_called 값은 변하지 않습니다. 원인은 example2 함수가 새로운 지역 변수 been_called를 만들었기 때문입니다. 지역 변수 been_called는 함수 실행이 끝남과 동시에 사라지고, 전역 변수에는 어떤 영향도 주지 않습니다.

함수 안에서 전역 변수에 재할당을 하려면, 그 변수가 전역임을 미리 **선언**declare해줘야 합니다.

```
been_called = false

function example2()
    global been_called
    been_called = true
end
```

global 문은 해석기^{interpreter}에 다음과 같은 뜻을 전달합니다. "이 함수 내에서 내가 **been_called**라고 하면, 이건 기존의 전역 변수를 지칭하는 것이지, 새로운 지역 변수를 만들라는 뜻이 아니다."

다음은 전역 변수를 갱신하는 예입니다.

```
counter = 0

function example3()
    counter = counter + 1        # 잘못됨
end
```

실행해보면 다음과 같은 오류가 발생합니다.

```
julia> example3()
ERROR: UndefVarError: count not defined
```

여기서 줄리아는 **count**를 지역 변수로 가정합니다. 이 가정하에서 보면, 변수에 쓰기도 전에 읽으려고 하고 있습니다. 해결책은 역시 **count**를 전역이라고 선언하는 것입니다.

```
count = 0

function example3()
    global counter
    counter = count + 1
end
```

전역 변수가 가변 값을 가리킨다면, 전역이라고 선언하지 않고도 그 값을 수정할 수 있습니다.

```
known = Dict(0=>0, 1=>1)

function example4()
    known[2] = 1
end
```

즉, 전역 변수인 배열이나 딕셔너리는 특별한 선언 없이 원소를 추가, 삭제, 교체할 수 있습니다. 그렇지만, 변수에 값을 재할당하려면 전역이라고 선언해야 합니다.

```
known = Dict(0=>0, 1=>1)

function example5()
    global known
    known = Dict()
end
```

성능을 높이고자 한다면, 전역 변수는 **상수**constant로 선언해야 합니다. 이렇게 하면 변수에 더 이상 재할당은 할 수 없지만, 가변 값을 가리키는 경우, 그 값을 여전히 수정할 수 있습니다.

```
const known = Dict(0=>0, 1=>1)

function example4()
    known[2] = 1
end
```

CAUTION_ 전역 변수는 그 유용성에도 불구하고, 너무 자주 사용하거나 자주 수정할 경우 프로그램이 디버그하기 어렵게 되는 문제가 있습니다. 또 성능도 나빠지게 됩니다.

11.8 디버깅

점점 더 큰 자료를 다루게 되면, 손수 출력하고 결과를 확인하는 방식으로 디버그하기가 무척 어려워집니다. 다음은 매우 큰 자료를 디버깅하기 위한 제안입니다.

- 입력을 축소해보세요.

  가능하다면, 자료의 크기를 줄이세요. 예를 들어 텍스트 파일을 읽는 프로그램이 있다면 처음 10줄만 읽어들이는 것으로 시작하거나, 오류를 찾을 수 있는 가장 작은 입력을 샘플로 사용하면 됩니다. 입력 파일 자체를 수정하지 말고, 프로그램을 수정해서 처음 n줄만 읽게 하는 것이 좋습니다.

  오류가 발생하면, 오류가 발생하는 최솟값으로 n을 줄일 수 있습니다. 그런 다음 오류를 찾아 수정하면서 점진적으로 n을 늘리세요.

- 요약과 자료형을 확인해보세요.

  전체 자료를 출력하고 확인하는 대신에, 자료의 요약값을 활용해보세요. 예를 들어 딕셔너리의 항목 개수나 배열 안에 있는 숫자들의 합계를 검사해볼 수 있습니다.

  실행 오류의 발생 원인 중 흔한 것이 자료형이 맞지 않는 값입니다. 이런 종류의 오류 디버깅은 값의 자료형을 출력해보는 것으로 충분한 경우가 많습니다.

- 자가 점검 코드를 작성하세요.

  어떤 경우에는 오류를 자동적으로 검사하는 코드를 작성할 수 있습니다. 예를 들어 숫자 배열의 평균을 계산한다고 해봅시다. 계산 결과가 배열의 최댓값과 최솟값 사이인지 검사하는 코드를 작성할 수 있을 것입니다. 이런 검사를 타당성 검사^{sanity check}라고 합니다.

  또 다른 종류의 검사는 다른 방식으로도 계산을 해보고 결과가 일관되는지 검사해보는 것입니다. 이런 검사를 일관성 검사^{consistency check}라고 합니다.

- 출력을 정돈하세요.

  디버깅을 위한 출력을 정돈하면 오류를 잡아내기가 수월해집니다. 6.9절에서 그런 사례를 살펴보았습니다.

  다시 한번 말하지만, 스캐폴딩을 만드는 데 소요된 시간은 디버깅에 소요되는 시간을 크게 줄여줄 수 있습니다.

11.9 용어집

딕셔너리dictionary

어떤 키를 대응하는 어떤 값으로 보내는 사상.

키key

딕셔너리에 있는 객체로, 키-값 쌍의 앞부분.

값value

딕셔너리에 있는 객체로 키-값 쌍의 뒷부분. 기존에 사용하던 '값'은 일반적인 용어이고, 여기서는 명시적으로 키-값 쌍의 뒷부분을 지칭하는 용어로 사용한다.

키-값 쌍key-value pair

키와 값의 대응 관계를 표시하는 순서쌍.

항목item

딕셔너리에서 키-값 쌍을 다르게 부르는 용어.

사상mapping

어떤 집합의 각 원소를 다른 집합의 각 원소에 대응하는 구조.

해시 테이블hash table

줄리아에서 딕셔너리를 구현하는 데 사용한 알고리즘.

구현implementation

계산을 수행하는 방법.

조회lookup

딕셔너리에 대한 연산으로, 키를 받아 대응하는 값을 찾아준다.

역조회reverse lookup

딕셔너리에 대한 연산으로 값을 받아, 이 값에 대응하는 한 개 이상의 키를 찾아준다.

싱글턴singleton

원소가 하나인 배열(혹은 그와 유사한 순열).

해시 가능hashable

해시 함수를 가지는 자료형을 가리킨다.

해시 함수hash function

해시 테이블에서 사용하는 함수로, 어떤 키에 대한 위치를 계산한다.

호출 그래프call graph

프로그램 실행 중에 만들어지는 틀(함수)을 표시하는 도식으로, 호출 함수에서 피호출 함수로 가는 화살표로 함수 호출을 나타낸다.

메모memo

불필요한 미래의 계산을 방지하기 위해 저장해놓은 계산된 값.

전역 변수global variable

함수 바깥에서 정의된 변수. 전역 변수는 어떤 함수에서나 접근 가능하다.

플래그flag

어떤 조건이 참인지를 나타내는 불리언 변수.

선언declaration

global과 같은 문장으로 해석기에 변수에 대한 정보를 제공한다.

global 문

변수 이름이 전역임을 선언하는 문장.

전역 상수constant global variable

재할당할 수 없는 전역 변수.

11.10 연습 문제

연습 11-2

words.txt 파일에서 단어들을 읽고, 이것을 키로 하여 딕셔너리에 저장하는 함수를 작성하세요. 딕셔너리의 값은 어떤 것이든 상관없습니다. 그렇게 하면 어떤 문자열이 딕셔너리에 있는지 확인하는 빠른 방법으로 ∈ 연산자를 사용할 수 있습니다.

[연습 10-10]을 풀어보았다면, 이렇게 딕셔너리를 이용한 구현, 배열에 대해 ∈ 연산을 이용한 구현, 2분할 탐색을 사용하는 구현 세 가지의 실행 속도를 비교해보세요.

연습 11-3

딕셔너리에 대한 함수 get!에 대한 문서를 읽고, 이 함수를 이용해 invertdict 함수를 더 간결하게 구현해보세요.

연습 11-4

[연습 6-5]의 아커만 함수를 메모이제이션을 활용해 구현해보세요. 이렇게 메모이제이션을 활용하면 큰 인수에 대한 결과를 구하는 것이 가능할까요?

연습 11-5

[연습 10-7]을 풀어보았다면, 배열을 받아 배열에 어떤 원소가 한 번 이상 나오면 참을 반환하는 hasduplicates 함수를 만들었을 것입니다.

딕셔너리를 이용해 더 빠르고 간결하게 구현해보세요.

연습 11-6

어떤 단어를 회전시켜 다른 단어를 만들 수 있다면, 그 두 단어를 '회전 쌍'이라고 합니다([연습

8-11]의 rotateword 참고).

단어 배열을 읽어서, 모든 회전 쌍을 찾는 프로그램을 작성해보세요.

연습 11-7

〈Car Talk〉 Puzzler 코너에서 하나 더 해봅시다(*https://www.cartalk.com/radio/puzzler*).

> (한 참여자가) 우연히 매우 독특한 성질을 가지고 있는, 한 음절이고, 5개의 글자로 이루어진 단어를 알게 되었습니다. 이 단어에서 첫 번째 글자를 제거하면 나머지 4글자 단어가 원래 단어의 동음이의어가 됩니다. 그러니까 발음이 원래 단어랑 똑같은 거죠. 그런데 첫 번째 글자를 다시 원래대로 놓고, 두 번째 글자를 빼면, 이것도 동음이의어가 됩니다. 이 단어가 뭘까요?

> 정답이 아닌 예를 들어보겠습니다. 5글자 단어 'wrack'을 봅시다. W-R-A-C-K. 고통을 준다는 뜻입니다. 이제 첫 번째 글자를 빼버리면 R-A-C-K이 됩니다. "와, 저 사슴뿔(rack) 봤어? 가지가 9개는 되겠는데?"라고 말할 때 쓰는 rack입니다. 완벽한 동음이의어죠. 그런데 w를 되돌려놓고 대신 r를 빼버리면 'wack'이 됩니다. 존재하는 단어지만, 발음이 같지 않아서 동음이의어가 아닙니다.

> 그렇지만, 이렇게 맨 앞 글자나 혹은 두 번째 글자를 빼서 만든 4글자 단어가 모두 동음이의어가 되는 5글자 단어는 분명히 존재합니다. 자, 이 단어는 뭘까요?

문자열이 존재하는 단어인지 여부는 [연습 11-2]에서 만들었던 딕셔너리를 이용해서 확인할 수 있습니다.

TIP 두 단어가 동음이의어인지 확인하려면, 카네기 멜런 대학교의 발음 딕셔너리를 활용할 수 있습니다(*http://www.speech.cs.cmu.edu/cgi-bin/cmudict*).

이 문제의 조건을 만족하는 모든 단어를 나열하는 프로그램을 작성하세요.

CHAPTER 12

튜플

이 장에서는 튜플이 뭔지, 그리고 배열과 딕셔너리에서 어떻게 쓰는지를 살펴봅니다. 또한 가변 길이 배열에 유용하게 써먹을 수 있는 분리, 합체 연산자도 살펴봅니다.

12.1 튜플은 불변

튜플tuple은 값의 순열입니다. 값이란 어떤 자료형도 될 수 있고, 정수로 참조됩니다. 그런 점에서는 배열과 매우 비슷합니다. 중요한 차이점은 튜플은 불변이고, 각 원소의 자료형이 제각각일 수 있다는 것입니다.[1]

구문 규칙을 보면, 튜플은 쉼표로 분리된 값의 나열입니다.

```
julia> t = 'a', 'b', 'c', 'd', 'e'
('a', 'b', 'c', 'd', 'e')
```

꼭 필요한 건 아니지만, 튜플은 괄호로 감싸는 것이 보통입니다.

----

1 역자주_ 한 배열에 자료형이 다른 원소를 사용해도 엄밀히 말하면 배열의 자료형은 한 가지입니다. 예를 들어 배열 [1, "a"]의 자료형은 Array{Any,1}입니다. Any가 Int64와 String 자료형의 공통 조상이기 때문입니다. 즉 자료형이 제각각인 것이 아니고, 동일하게 Any 인 것이죠. 반면 튜플 (1,"a")의 자료형은 Tuple{Int64,String}입니다. 자료형이 원소별로 다르게 유지됩니다.

```
julia> t = ('a', 'b', 'c', 'd', 'e')
('a', 'b', 'c', 'd', 'e')
```

원소가 한 개짜리 튜플을 만들려면, 쉼표 하나를 뒤에 붙이면 됩니다.

```
julia> t1 = ('a',)
('a',)
julia> typeof(t1)
Tuple{Char}
```

튜플을 만드는 또 다른 방법은 내장 함수 tuple을 쓰는 겁니다. 인수가 없다면 빈 튜플을 만들어줍니다.

```
julia> tuple()
()
```

여러 개의 인수가 주어진다면, 그 인수들로 만들어진 튜플이 결과가 됩니다.

```
julia> t3 = tuple(1, 'a', pi)
(1, 'a', π = 3.1415926535897...)
```

tuple은 내장 함수 이름이니까, 변수명으로 쓰는 것은 피해야 합니다.

대부분의 배열 연산자는 튜플에도 적용됩니다. 배열처럼 원소를 참조하려면 대괄호 연산자를 씁니다.

```
julia> t = ('a', 'b', 'c', 'd', 'e');
```

```
julia> t[1]
'a': ASCII/Unicode U+0061 (category Ll: Letter, lowercase)
```

어떤 범위만 잘라내려면 조각 연산자를 씁니다.

```
julia> t[2:4]
('b', 'c', 'd')
```

하지만 원소를 수정하려고 하면 오류가 납니다.

```
julia> t[1] = 'A'
ERROR: MethodError: no method matching setindex!(::NTuple{5,Char}, ::Char, ::Int64)
```

튜플은 불변이기 때문에 수정할 수가 없습니다.

관계 연산자는 튜플과 다른 순열에도 적용됩니다. 줄리아는 각 순열의 첫 번째 원소부터 비교합니다. 첫 원소가 같다면 다음 원소로 넘어가며, 그런 식으로 서로 다른 원소를 찾을 때까지 비교합니다. 다른 원소를 찾으면 그 뒤에 남은 것은 아무리 차이가 크더라도 고려하지 않습니다.

```
julia> (0, 1, 2) < (0, 3, 4)
true
julia> (0, 1, 2000000) < (0, 3, 4)
true
```

12.2 튜플 할당

두 변수의 값을 서로 바꿀 일이 종종 있을 겁니다. 전통적인 할당 방식으로는 임시 변수를 써야 합니다. 예를 들어 변수 a와 b의 값을 서로 바꾸려면 다음과 같이 하는 식입니다.

```
temp = a
a = b
b = temp
```

이 방법은 좀 귀찮습니다. 좀 더 우아하게 **튜플 할당**tuple assignment을 쓸 수 있습니다.

```
a, b = b, a
```

왼쪽은 변수의 튜플이고, 오른쪽은 표현식의 튜플입니다. 각각의 값이 그에 맞는 변수에 할당되는 겁니다. 이때 오른쪽의 표현식은 할당이 일어나기 전에 먼저 모두 평가됩니다.

왼쪽의 변수 개수는 오른쪽에 있는 값들의 개수보다 작아야 합니다.

```
julia> (a, b) = (1, 2, 3)
(1, 2, 3)
julia> a, b, c = 1, 2
ERROR: BoundsError: attempt to access (1, 2)
 at index [3]
```

일반화하자면, 오른쪽이 어떤 순열이든 튜플 할당이 됩니다(문자열, 배열, 튜플). 예를 들어 이메일 주소를 분리해서 유저명과 도메인으로 나눌 때 다음과 같이 할 수 있습니다.

```
julia> addr = "julius.caesar@rome"
"julius.caesar@rome"
julia> uname, domain = split(addr, '@');
```

split 함수의 호출 결과는 두 개의 원소를 가진 배열입니다. 첫 번째 원소가 uname에 할당되고, 두 번째 원소가 domain에 할당됩니다.

```
julia> uname
"julius.caesar"
julia> domain
"rome"
```

12.3 반환값으로서의 튜플

엄격하게 말해서 함수는 하나의 값만 반환합니다. 하지만 그 하나의 값이 튜플이라면 여러 변수를 반환하는 거나 마찬가지입니다. 예를 들어 두 개의 정수를 나눗셈해서 몫과 나머지를 구할 때 x ÷ y를 하고 또 x % y를 하는 건 비효율적입니다. 동시에 두 개 다 계산하는 것이 좋습니다.

내장 함수인 divrem은 두 개의 인수를 받아서 두 개의 값을 가진 튜플을 반환하는데, 바로 두 인수를 나눗셈한 몫과 나머지입니다. 결과는 튜플로 저장할 수 있습니다.

```
julia> t = divrem(7, 3)
(2, 1)
```

아예 튜플 할당을 통해 두 변수에 분리해서 집어넣을 수도 있습니다.

```
julia> q, r = divrem(7, 3);

julia> @show q r;
q = 2
r = 1
```

다음은 튜플을 반환하는 함수입니다.

```
function minmax(t)
    minimum(t), maximum(t)
end
```

maximum과 minimum은 순열에서 가장 큰 원소와 가장 작은 원소를 반환하는 내장 함수입니다. 여기 있는 minmax 함수는 둘 다 계산해서 두 값을 튜플로 반환합니다. 내장 함수 extrema가 동일한 기능을 하며 좀 더 효율적입니다.

12.4 가변 길이 인수 튜플

함수는 다양한 개수의 인수를 받을 수 있습니다. ...으로 끝나는 이름을 가지는 매개변수는 여러 인수들을 튜플로 **모으기**gather합니다. 예를 들어 다음 printall 함수는 아무 개수의 인수들을 받아서 출력합니다.

```
function printall(args...)
    println(args)
end
```

모음 매개변수에는 어떤 이름이든 붙일 수 있지만, 관습적으로 args를 씁니다. printall 함수를 실행해보면 다음과 같습니다.

```
julia> printall(1, 2.0, '3')
(1, 2.0, '3')
```

모으기의 반대는 **흩뿌리기**scatter입니다. 어떤 순열이 있는데, 이것을 어떤 함수의 여러 인수로 넘기고 싶을 때 ... 연산자를 쓸 수 있습니다. 예를 들어 다음 divrem 함수는 정확히 두 개의 인수를 받기 때문에, 튜플은 받지 못합니다.

```
julia> t = (7, 3);
julia> divrem(t)
ERROR: MethodError: no method matching divrem(::Tuple{Int64,Int64})
```

그렇지만 튜플을 흩뿌리면 가능합니다.

```
julia> divrem(t...)
(2, 1)
```

많은 내장 함수는 가변 길이 인수 튜플을 사용합니다. 예를 들어 max 함수와 min 함수는 아무 개수의 인수를 받을 수 있습니다.

```
julia> max(1, 2, 3)
3
```

하지만 sum 함수는 그렇지 않군요.

```
julia> sum(1, 2, 3)
ERROR: MethodError: no method matching sum(::Int64, ::Int64, ::Int64)
```

연습 12-1

아무 개수의 인수를 받아서 합계를 구해 반환하는 함수 sumall을 작성하세요.

줄리아 세계에서 모으기는 종종 slurp(후루룩 마시다)라고 하고, 흩뿌리기는 splat(후드득 떨어지다)이라고도 표현합니다.

12.5 배열과 튜플

내장 함수 zip은 둘 이상의 순열을 받아서, 각 순열로부터 원소를 하나씩 뽑아서 만든 튜플의 모음을 반환합니다. zip이라는 함수 이름은 지퍼^{zipper}에서 가져왔습니다. 두 줄의 이가 서로 맞물리게 해서 결합하는 지퍼와 같다는 것이죠.

다음은 문자열과 배열을 zip하는 예입니다.

```
julia> s = "abc";

julia> t = [1, 2, 3];

julia> zip(s, t)
Base.Iterators.Zip{Tuple{String,Array{Int64,1}}}(("abc", [1, 2, 3]))
```

zip 함수를 실행한 결과는 **zip 객체**^{zip object}로서, 이 객체는 묶음쌍을 순회할 수 있습니다. 가장 흔한 사용 패턴은 for 루프에서 쓰는 것입니다.

```
julia> for pair in zip(s, t)
           println(pair)
       end
('a', 1)
```

```
('b', 2)
('c', 3)
```

zip 객체는 일종의 **반복자**iterator입니다. 반복자는 어떤 순열을 가로지르며 구성 원소에 하나씩 접근할 수 있는 객체입니다. 반복자는 배열과 비슷한 점이 있긴 하지만, 배열과 다르게 인덱스를 이용해 특정 원소에 접근하는 것이 불가능합니다.

반복자에 배열 연산자나 함수를 쓰고 싶으면, zip 객체를 배열로 변환하면 됩니다.

```
julia> collect(zip(s, t))
3-element Array{Tuple{Char,Int64},1}:
 ('a', 1)
 ('b', 2)
 ('c', 3)
```

실행 결과는 튜플의 배열입니다. 위 예제에서는 각 튜플이 문자열에서 한 글자, 배열에서 원소 하나를 순서에 맞게 가져왔습니다.

zip 함수에 전달되는 순열의 길이가 다르면, 짧은 쪽에 맞춰집니다.

```
julia> collect(zip("Anne", "Elk"))
3-element Array{Tuple{Char,Char},1}:
 ('A', 'E')
 ('n', 'l')
 ('n', 'k')
```

for 루프에서 튜플의 배열을 순회할 때 튜플 할당을 사용할 수 있습니다.

```
julia> t = [('a', 1), ('b', 2), ('c', 3)];

julia> for (letter, number) in t
           println(number, " ", letter)
       end
1 a
2 b
3 c
```

루프를 돌 때마다, 배열에서 다음 튜플이 선택되고, 튜플의 원소들이 letter와 number에 할당됩니다. (letter, number)에 있는 괄호는 생략할 수 없습니다.

zip, for, 튜플 할당을 조합하면, 둘 이상의 순열을 동시에 순회하는, 아주 유용한 패턴이 나옵니다. 예를 들어 다음 hasmatch 함수는 두 순열 t1, t2를 받아서, t1[i] == t2[i]를 만족하는 인덱스 i가 있으면 true를 반환합니다.

```
function hasmatch(t1, t2)
    for (x, y) in zip(t1, t2)
        if x == y
            return true
        end
    end
    false
end
```

어떤 순열에서 원소와 해당 인덱스를 순회하고 싶으면, 내장 함수 enumerate를 쓸 수 있습니다.

```
julia> for (index, element) in enumerate("abc")
           println(index, " ", element)
       end
1 a
2 b
3 c
```

enumerate 함수의 반환값은 열거 객체*enumerate object*인데, 열거 객체는 주어진 순열에 대해 (1부터 시작하는) 인덱스와 원소의 순서쌍을 순회하는 반복자입니다.

12.6 딕셔너리와 튜플

딕셔너리는 키-값 쌍을 순회하는 반복자로 사용될 수 있습니다. 다음과 같이 딕셔너리를 for 루프에서 사용하는 것을 보세요.

```
julia> d = Dict('a'=>1, 'b'=>2, 'c'=>3);
```

```
julia> for (key, value) in d
           println(key, " ", value)
       end
a 1
c 3
b 2
```

딕셔너리이니까 예상했다시피 정해진 순서 없이 나열되었습니다.

다르게 접근해본다면, 튜플의 배열을 이용해서 새로운 딕셔너리를 생성할 수 있습니다.

```
julia> t = [('a', 1), ('c', 3), ('b', 2)];

julia> d = Dict(t)
Dict{Char,Int64} with 3 entries:
  'a' => 1
  'c' => 3
  'b' => 2
```

Dict와 zip을 결합하면, 간결하게 딕셔너리를 생성할 수 있습니다.

```
julia> d = Dict(zip("abc", 1:3))
Dict{Char,Int64} with 3 entries:
  'a' => 1
  'c' => 3
  'b' => 2
```

튜플을 딕셔너리의 키로 사용하는 것은 흔한 일입니다. 예를 들어 전화번호부는 성과 이름의 쌍을 전화번호에 대응시킨 것입니다. 성과 이름과 전화번호를 가리키는 변수 last, first, number가 있다고 가정하면, 다음과 같이 할 수 있습니다.

```
directory[last, first] = number
```

대괄호 안의 표현식은 튜플입니다. 이 딕셔너리를 순회하기 위해 튜플 할당을 쓸 수 있습니다.

```
for ((last, first), number) in directory
    println(first, " ", last, " ", number)
```

```
end
```

이 루프를 보면 딕셔너리의 키-값 쌍을 순회하고 있는데, 키-값 쌍 자체가 튜플입니다. 키도 튜플인데, 각 원소를 last, first에 할당했고, 값은 number에 할당했습니다. 그런 다음 이름과 전화번호를 출력했습니다.

튜플을 상태 도식에 그리는 방법은 두 가지입니다. 자세하게는 배열처럼 인덱스와 원소를 표시하는 것입니다. 예를 들어 튜플 ("Cleese", "John")는 [그림 12-1]처럼 나타낼 수 있습니다.

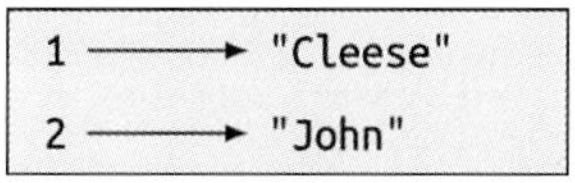

```
1 ───────▶ "Cleese"
2 ───────▶ "John"
```

그림 12-1 상태 도식

큰 도식에서는 세부 사항을 생략할 수 있습니다. 예를 들어 전화번호부에 대한 상태 도식은 [그림 12-2]처럼 그릴 수 있습니다.

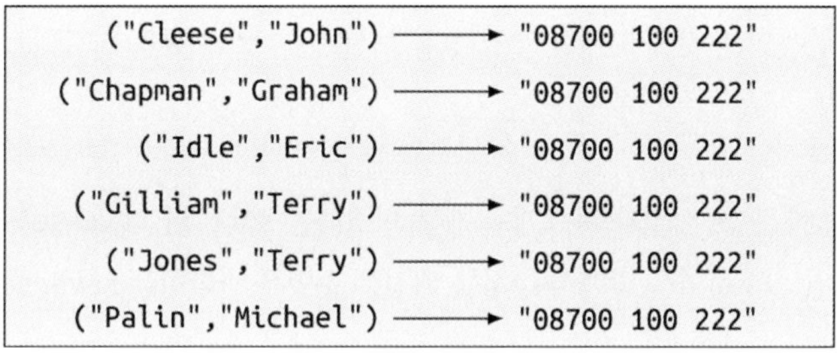

```
      ("Cleese","John") ───────▶ "08700 100 222"
   ("Chapman","Graham") ───────▶ "08700 100 222"
        ("Idle","Eric") ───────▶ "08700 100 222"
    ("Gilliam","Terry") ───────▶ "08700 100 222"
      ("Jones","Terry") ───────▶ "08700 100 222"
    ("Palin","Michael") ───────▶ "08700 100 222"
```

그림 12-2 상태 도식

여기서 튜플은 그림을 쓰지 않고, 줄리아 구문 규칙으로 짧게 표현했습니다. 이 도식에 나온 전화번호는 BBC 방송국의 고객센터 전화번호이므로 전화를 걸지는 마세요.

12.7 순열의 순열

지금까지는 튜플의 배열에 대해서만 얘기했지만, 이 장의 모든 예제는 배열의 배열, 튜플의 튜플, 배열의 튜플 등에 적용됩니다. 이런 조합을 일일이 다 나열하지 않고, 순열의 순열이라고 일반화해서 얘기하는 것이 편리할 것 같습니다.

많은 경우, 다른 종류의 순열(문자열, 배열, 튜플)들은 서로 대체해서 사용할 수 있습니다. 그렇다면 어떤 기준으로 선택해야 될까요?

당연한 것부터 말하자면, 문자열은 원소가 문자이기 때문에 다른 순열보다 제한적입니다. 또 불변이기도 합니다. (새로운 문자열을 생성하는 대신) 문자열에 있는 문자를 바꿀 일이 있다면, 문자의 배열을 사용할 수 있을 것입니다.

배열은 가변이기 때문에 튜플보다 흔하게 사용됩니다. 그렇지만 튜플을 쓰는 것이 좋은 경우가 있는데 다음과 같습니다.

- return 문 같은 상황에서는 튜플을 생성하는 것이 배열보다 구문이 훨씬 간단합니다.

- 어떤 순열을 함수의 인수로 전달할 때 튜플을 사용하면, 의도치 않게 별칭이 생성되어 발생하는 문제를 피할 수 있습니다. 튜플은 불변이기 때문에 별칭이 생성되더라도 문제가 발생하지 않습니다. 이에 대해서는 10.11절에서 다룬 바 있습니다.

- 실행 성능을 높이는 것을 고려할 때입니다. 해석기^{compiler}는 튜플 자료형을 특수하게 다룰 수 있습니다.

튜플은 불변이기 때문에, 배열과 다르게 객체를 변경하는 sort!나 reverse! 같은 함수가 없습니다. 하지만 임의의 순열을 받아서 순서를 뒤집은 순열을 반환하는 reverse 함수는 사용할 수 있습니다.

12.8 디버깅

배열, 딕셔너리, 튜플은 모두 **자료구조**^{data structure}의 예입니다. 이 장에서 우리는 튜플의 배열이나, 튜플을 키나 값으로 쓰는 딕셔너리 같은 복합 자료구조에 대해서 살펴보기 시작했습니다.

복합 자료구조는 유용하긴 하지만, **모양 오류**shape error라고 (제가) 부르는 문제가 발생하기 쉽습니다. 모양 오류는 자료구조가 잘못된 자료형이나 크기, 구조를 가질 때 발생하는 오류를 말합니다. 예를 들어 숫자 하나가 들어 있는 배열을 받아야 할 때, 배열이 아닌 그냥 숫자 값 하나를 전달한다면 제대로 동작하지 않을 것입니다.

줄리아에서는 순열의 원소가 어떤 자료형이어야 하는지 지정할 수 있습니다. 자세한 방법은 17 장에서 알아볼 텐데요, 자료형을 명시하면 많은 모양 오류를 제거할 수 있습니다.

12.9 용어집

튜플tuple

자료형이 제각각인 원소들로 이루어진 불변 순열.

튜플 할당tuple assignment

우변에는 순열이 있고, 좌변에는 변수의 튜플이 있는 할당. 먼저 우변의 표현식이 모두 평가된 후, 좌변의 변수에 각각 할당된다.

모으기gather

인수들의 나열을 가변 길이 인수 튜플로 조립하는 동작.

흩뿌리기scatter

순열을 인수들의 나열로 취급하는 동작.

zip 객체zip object

내장 함수 zip을 호출한 결과로, 튜플의 순열을 순회할 수 있게 하는 객체.

반복자iterator

순열을 순회할 수 있게 하는 객체. 배열에 대한 연산이나 함수를 반복자에 사용할 수는 없다.

자료구조data structure

연관된 값의 모음으로 흔히 배열, 딕셔너리, 튜플 등으로 체계화된다.

모양 오류shape error

값이 잘못된 모양을 가지고 있기 때문에 발생하는 오류. 잘못된 모양이란 잘못된 자료형이나 크기를 가졌다는 것을 의미한다.

12.10 연습 문제

연습 12-2

문자열을 받아, 구성 문자들의 빈도를 내림차순으로 출력하는 함수 mostfrequent를 작성하세요. 다양한 언어로 작성된 글들을 찾아서, 언어마다 문자의 사용 빈도가 어떻게 다른지 확인해보세요. 그 결과를 영문 위키백과의 '문자 빈도' 항목(*https://en.wikipedia.org/wiki/Letter_frequency*)에 있는 표와 비교해보세요.

연습 12-3

애너그램 문제를 더 풀어봅시다.

1. 9장에 나오는 words.txt 파일에서 단어 목록을 읽어들인 후, 애너그램을 이루는 단어 집합을 모두 출력하는 프로그램을 작성하세요.

   출력 예는 다음과 같습니다.

   ```
   ["deltas", "desalt", "lasted", "salted", "slated", "staled"]
   ["retainers", "ternaries"]
   ["generating", "greatening"]
   ["resmelts", "smelters", "termless"]
   ```

   TIP 문자들의 모임을 그 문자들로 만들수 있는 단어의 배열로 대응시키는 딕셔너리를 생성하면 될 것 같습니다. 문제는 문자들의 모임을 어떻게 표현해야 딕셔너리의 키로 사용할 수 있느냐입니다.

2. 앞에서 작성한 프로그램을 수정해서 애너그램이 되는 단어 집합의 원소 개수가 많은 순으로 출력하게 해보세요.

3. 보드게임 〈스크래블〉에서 플레이어가 가지고 있는 타일 7개를 한 번에 써서 보드 위에 있는 한 글자와 함께 8글자 단어를 이루게 하는 것을 '빙고'라고 합니다. 가장 빙고를 만들 가능성이 높은 8개의 글자는 뭘까요?

연습 12-4

한 단어의 두 글자를 서로 뒤바꿔서 다른 단어를 만들 수 있으면, 그 두 단어를 치환쌍이라고 합니다. 예를 들면 'converse'와 'conserve'는 치환쌍입니다. words.txt에서 모든 치환쌍을 찾는 프로그램을 작성하세요.

TIP 모든 단어쌍에 대해서 시험해보려고 하지 마세요. 또 모든 가능한 치환에 대해서 해보는 것도 하지 마세요.

참고로 이 문제는 *http://puzzlers.org* 사이트를 참고했습니다.

연습 12-5

〈Car Talk〉 Puzzler 코너에서 하나 더 해봅시다(*https://www.cartalk.com/radio/puzzler*).

한 번에 한 글자씩 빼나가도 여전히 영어 단어가 되는 단어 중 가장 긴 것은 무엇일까요?

글자는 아무 위치에서나 뺄 수 있지만, 글자들의 순서를 바꿀 수는 없습니다. 한 글자를 뺄 때마다 새로운 영어 단어가 되어야 합니다. 이런 식으로 하면 결국에는 한 글자만 남게 될 텐데, 그 한 글자 역시 사전에서 찾을 수 있는 영어 단어여야 합니다. 이렇게 할 수 있는 가장 긴 단어를 알고 싶습니다. 그 단어는 무엇이고, 얼마나 많은 글자가 있습니까?

대단하지 않은 예를 하나 들어드리겠습니다. sprite. 맞나요? sprite에서 r를 빼면, spite가 됩니다. e를 빼면 spit이죠. 다시 s를 빼면 pit이고, 그다음 it, 마지막은 i가 됩니다.

이런 식으로 줄여나갈 수 있는 모든 단어를 찾는 프로그램을 작성하고, 가장 긴 단어도 찾아보세요.

TIP 이 연습 문제는 상당히 어렵습니다. 몇 가지 힌트를 드리겠습니다.

1. 어떤 단어를 받은 후, 한 글자를 빼서 만들 수 있는 모든 단어 목록을 배열로 반환하는 함수를 작성할 수 있을 것입니다. 말하자면 그 단어의 '자식'들이죠.

2. 재귀적으로 어떤 단어는 자식 중 아무것이라도 축소 가능하면 축소 가능합니다. 기저 상태인 빈 문자열은 축소 가능하다고 할 수 있습니다.

3. 단어 목록 파일 words.txt에는 한 글자 단어가 없습니다. 그러므로 'I', 'a', 그리고 빈 문자열을 추가해두는 것도 좋을 겁니다.[2]

4. 프로그램의 성능을 향상하기 위해서는, 메모이제이션 기법을 써서 축소 가능한 것으로 판명된 단어들을 메모해두면 좋을 겁니다.

---

2 역자주_ 영어에서 한 글자로 된 단어는 I와 a뿐입니다.

CHAPTER **13**

사례 연구: 자료구조 선택하기

지금까지 줄리아의 핵심 자료구조와 자료구조를 사용하는 몇 가지 알고리즘을 살펴보았습니다.

이 장에서는 사례 연구로 자료구조 선택 시 고려할 사항들을 알아보고, 그것들을 실습해보도록 하겠습니다.

13.1 단어 빈도 분석

언제나처럼 연습 문제는 제 풀이를 보기 전에 직접 풀어보기 바랍니다. 어렵더라도 최소한 시도는 해보세요.

연습 13-1

파일을 읽어서 각 줄을 단어들로 나누고, 공백문자와 문장부호를 제거한 후 소문자로 변환하는 프로그램을 작성하세요.

TIP 내장 함수 isletter는 문자가 알파벳 문자인지 판별합니다.

연습 13-2

프로젝트 구텐베르크(*https://gutenberg.org*)에 가서 마음에 드는 저작권이 만료된 책 한

권을 일반 텍스트 형식으로 내려받으세요.

앞에서 작성한 프로그램을 수정해서 내려받은 책을 읽도록 수정해보세요. 파일의 앞부분에 있는 헤더 정보는 건너뛰고, 나머지 단어들에 대해서 처리하면 됩니다.

그런 다음, 프로그램을 수정해서 책에 나오는 단어의 개수와 각 단어가 얼마나 자주 쓰이는지 그 숫자를 세도록 해보세요.

책에 나오는 단어의 개수를 중복을 제외하고 출력해보세요. 다른 작가가 쓴 책과 비교해보세요. 어떤 작가가 가장 풍부한 어휘를 구사했습니까?

연습 13-3

앞에서 작성한 프로그램을 수정해서 책에서 가장 많이 사용하는 단어 20개를 출력해보세요.

연습 13-4

앞에서 작성한 프로그램을 수정해서 단어 목록을 읽어들인 후, 책에 나온 단어 중 그 단어 목록에 없는 것을 모두 출력하도록 해보세요. 그중에서 오타는 얼마나 됩니까? 흔하게 쓰이지만 단어 목록에 없는, 그래서 마땅히 목록에 추가해야 하는 단어는 몇 개입니까? 희귀하게 쓰이는 단어는 몇 개나 됩니까?

13.2 난수

대부분의 컴퓨터 프로그램은 같은 입력을 주면, 매번 같은 출력을 합니다. 이런 성질을 **결정론적**deterministic이라고 합니다. 일반적으로 동일한 계산을 하면 동일한 결과가 나오길 기대하기 때문에 결정론적인 것은 좋다고 할 수 있습니다. 그렇지만 어떤 경우에는 예측 불가능한 결과가 필요하기도 합니다. 게임이 대표적인 예라고 할 수 있고, 그런 경우는 많이 있습니다.

프로그램을 정말로 비결정론적으로 만들기는 어렵습니다. 그렇지만 비결정론적인 것처럼 동작하게 만드는 방법은 있습니다. 그중 하나가 **의사난수**pseudorandom number를 생성하는 알고리즘을 사용하는 것입니다. 의사난수는 결정론적인 연산에 의해 생성되기 때문에 진짜 난수가 아닙니다. 그러나 생성되는 수만 봤을 때 진짜 난수와 구분하기가 거의 불가능합니다.

rand 함수는 0.0 이상 1.0 미만의 무작위 부동소수점 수를 반환합니다. rand를 호출할 때마다 소수점 아래로 긴 새로운 난수를 얻을 수 있습니다. 사용예를 보려면, 다음 루프를 돌려보세요.

```
for i in 1:10
    x = rand()
    println(x)
end
```

또 rand 함수에 반복자나 배열을 인수로 주면 무작위로 고른 원소를 반환합니다.

```
for i in 1:10
    x = rand(1:6)
    print(x, " ")
end
```

연습 13-5

choosefromhist 함수를 작성하세요. 이 함수는 11.2절에 나왔던 히스토그램을 받아서, 무작위로 고른 히스토그램의 값을 반환하되, 빈도에 비례한 확률로 골라야 합니다. 예를 들어 다음 히스토그램에 대해서 작성한 함수는 $\frac{2}{3}$의 확률로 'a'를 반환하고, $\frac{1}{3}$의 확률로 'b'를 반환해야 합니다.

```
julia> t = ['a', 'a', 'b'];

julia> histogram(t)
Dict{Any,Any} with 2 entries:
  'a' => 2
  'b' => 1
```

13.3 단어 히스토그램

더 진행하기 전에 앞 절의 문제를 꼭 직접 풀어보시기 바랍니다. 그리고 이 책의 깃허브 저장소에 있는 emma.txt 파일이 필요하니 내려받아주세요(*http://bit.ly/2TWQkpQ*).

다음은 파일을 읽어서, 파일 안에 있는 단어에 대한 히스토그램을 만드는 프로그램입니다.

```
function processfile(filename)
    hist = Dict()
    for line in eachline(filename)
        processline(line, hist)
    end
    hist
end;

function processline(line, hist)
    line = replace(line, '-' => ' ')
    for word in split(line)
        word = string(filter(isletter, [word...])...)
        word = lowercase(word)
        hist[word] = get!(hist, word, 0) + 1
    end
end;

hist = processfile("emma.txt");
```

이 프로그램은 제인 오스틴의 소설 『엠마Emma』가 담겨 있는 파일 emma.txt를 읽습니다.

processfile 함수는 루프를 돌며 파일에서 한 줄씩 읽어 processline 함수에 전달합니다. 히스토그램 hist는 누산기로 쓰이고 있습니다.

processline은 replace 함수를 사용해 하이픈을 공백으로 치환하고, split 함수를 이용해 line을 문자열의 배열로 조각냅니다. 단어의 배열을 순회하며 filter, isletter, lowercase를 이용해 문장부호를 제거하고 소문자로 변환합니다. (문자열을 변환한다고 표현하는 것은 좀 생략해서 말한 것입니다. 문자열은 불변이기 때문에 lowercase 같은 함수는 새로운 문자열을 반환합니다.)

최종적으로 processline에서 새로운 항목이나 기존 항목 값을 증가시킴으로써 히스토그램을 갱신합니다.

파일에 있는 전체 단어 숫자를 알려면, 히스토그램의 모든 빈도를 더하면 됩니다.

```
function totalwords(hist)
    sum(values(hist))
end
```

중복을 제거한 단어의 숫자는 단순히 히스토그램의 항목 수입니다.

```
function differentwords(hist)
    length(hist)
end
```

다음은 결과를 출력한 모습입니다.

```
julia> println("Total number of words: ", totalwords(hist))
Total number of words: 162742
julia> println("Number of different words: ", differentwords(hist))
Number of different words: 7380
```

13.4 가장 흔한 단어들

가장 흔하게 사용된 단어를 찾기 위해서는 단어와 빈도를 원소로 하는 튜플의 배열을 만든 후, 배열을 정렬하면 됩니다. 다음 mostcommon 함수는 히스토그램을 받아서 단어-빈도 튜플의 배열을 반환합니다.

```
function mostcommon(hist)
    t = []
    for (key, value) in hist
        push!(t, (value, key))
    end
    reverse(sort(t))
end
```

여기서 각 튜플은 빈도가 먼저 나옵니다. 그러니까 반환되는 배열은 빈도로 정렬됩니다. 다음 루프는 가장 흔하게 나오는 10개의 단어를 출력합니다.

```
t = mostcommon(hist)
println("The most common words are:")
for (freq, word) in t[1:10]
    println(word, "\t", freq)
end
```

여기서는 두 번째 열이 잘 정렬되어 출력되도록 구분자로 공백문자가 아닌 탭 문자(\t)를 사용했습니다. 다음은 『엠마』에 대한 결과입니다.

```
The most common words are:
to   5295
the  5266
and  4931
of   4339
i    3191
a    3155
it   2546
her  2483
was  2400
she  2364
```

TIP 이 코드는 sort 함수를 호출할 때 이름 있는 인수 rev를 사용하면 더 간단하게 바꿀 수 있습니다. 줄리아 문서에서 Base.sort 항목을 읽어보세요(*http://bit.ly/2CXCxdc*).

13.5 선택적 매개변수

앞에서 선택적 매개변수를 받는 내장 함수를 본 적이 있는데, 우리가 작성한 함수도 선택적 매개변수를 갖게 할 수 있습니다. 예를 들어 히스토그램에서 가장 많이 나오는 단어를 출력하는 다음 함수를 봅시다.

```julia
function printmostcommon(hist, num=10)
    t = mostcommon(hist)
    println("The most common words are: ")
    for (freq, word) in t[1:num]
        println(word, "\t", freq)
    end
end
```

첫 번째 매개변수는 필수이고, 두 번째는 선택 사항입니다. num의 **디폴트 값**default value은 10입니다.

다음과 같이 인수를 한 개만 준다면, num에는 디폴트 값이 할당됩니다.

```
printmostcommon(hist)
```

다음과 같이 두 개의 인수를 준다면, num에는 인수로 전달한 값이 할당됩니다. 그러니까 선택적 인수는 디폴트 값에 **우선합니다**override.

```
printmostcommon(hist, 20)
```

만일 함수에 필수 매개변수와 선택적 매개변수가 다 있다면, 필수 매개변수가 앞에 있고 선택적 매개변수는 뒤에 있어야 합니다.

13.6 딕셔너리에 대한 차집합

어떤 책에 나오는 단어 중에서 words.txt에 안 나오는 단어를 찾는 것은 집합에서 뺄셈subtraction을 하는 것으로(차집합을 구하는 것으로) 이해할 수 있습니다. 그러니까 어떤 집합(책에 나오는 단어들)에는 있지만, 다른 집합(목록에 있는 단어들)에는 없는 원소를 찾는 것입니다.

다음 substract 함수는 딕셔너리 d1과 d2를 받아, d1에는 있고 d2에는 없는 모든 키를 원소로 하는 새로운 딕셔너리를 반환합니다. 값에 대해서는 신경 쓸 필요 없기 때문에, nothing으로 지정했습니다.

```
function subtract(d1, d2)
    res = Dict()
    for key in keys(d1)
        if key ∉ keys(d2)
            res[key] = nothing
        end
    end
res
end
```

내려받은 책에는 나오지만, words.txt에는 없는 단어를 찾으려면, 다음과 같이 processfile 함수로 words.txt의 히스토그램을 만든 후, 차집합을 구하면 됩니다.

```
words = processfile("words.txt")
diff = subtract(hist, words)

println("Words in the book that aren't in the word list:")
for word in keys(diff)
    print(word, " ")
end
```

다음은『엠마』에 대한 결과 중 일부입니다.

```
Words in the book that aren't in the word list:
outree quicksighted outwardly adelaide rencontre jeffereys unreserved dixons betweens ...
```

단어 중에 고유명사나 소유격 형태가 여럿 보입니다. 다른 것은 'rencontre'처럼 요즘에는 잘 안 쓰는 단어입니다. 하지만 몇 개는 흔한 단어라서 마땅히 단어 목록에 있어야 할 것 같습니다!

연습 13-6

줄리아에는 자료구조 Set이 있는데, 일반적인 집합 연산을 지원합니다. 이에 대해서는 이 책 20.2절이나 공식 문서를 읽어보세요(*http://bit.ly/2UgInAV*).

이러한 차집합 연산을 이용해서 책에는 나오지만 단어 목록에는 없는 단어를 찾는 프로그램을 작성해보세요.

13.7 무작위 단어

히스토그램에서 무작위로 단어를 고르는 가장 간단한 알고리즘은 다음과 같습니다. 빈도만큼 중복해서 단어가 들어 있는 배열을 만든 후, 그 배열에서 단어를 고르는 것입니다.

```
function randomword(h)
    t = []
    for (word, freq) in h
        for i in 1:freq
            push!(t, word)
        end
    end
    rand(t)
end
```

이 알고리즘은 잘 동작하기는 하지만, 아주 효율적이지는 않습니다. 함수가 동작할 때마다 배열을 생성해야 하는데, 그 배열이 원래 책만큼이나 크기 때문입니다. 당연히 해볼 수 있는 개선은 배열을 한 번만 생성한 후, 계속 재활용하는 방법입니다. 그렇지만 여전히 배열 크기는 문제입니다.

대안은 다음과 같습니다.

1. keys 함수를 사용해 책에 나오는 단어의 배열을 얻습니다.

2. 단어 빈도에 대한 누적 합계가 들어 있는 배열을 생성합니다(연습 10-2). 이 배열의 마지막 원소는 이 책에 나오는 전체 단어 숫자인 n이 됩니다.

3. 1에서 n 사이의 무작위 수를 고르고 2진 탐색 알고리즘을 사용해(연습 10-10) 그 무작위 수가 누적 합계 사이에 들어가는 위치(인덱스)를 찾습니다.

4. 찾은 인덱스를 이용해 단어 배열에서 대응하는 단어를 찾습니다.

연습 13-7

위 알고리즘을 사용해 책에서 무작위로 단어를 고르는 프로그램을 작성하세요.

13.8 마르코프 분석

어떤 책에 있는 단어를 무작위로 계속 고르다 보면 사용된 어휘에 대해서 감은 좀 잡히겠지만, 문장을 얻을 수는 없을 겁니다.

```
this the small regard harriet which knightley's it most things
```

이렇게 무작위로 뽑은 단어를 나열해보면 보통 말이 되질 않습니다. 이어지는 단어들이 서로 아무런 관계가 없기 때문입니다. 예를 들어 실제 사용하는 문장이라면 정관사 'the' 뒤에는 형용사나 명사가 나올 것이고 동사나 부사는 나오지 않을 것으로 기대할 수 있습니다.

이런 종류의 관계를 측정하는 방법 중 하나가 마르코프 분석^{Markov analysis}으로, 주어진 단어의 순열에 대해서 다음에 나올 수 있는 단어들의 확률에 관심을 가진다는 특징이 있습니다. 예를 들어 코미디 그룹 '몬티 파이튼'이 부른 노래 「Eric, the Half a Bee」는 이렇게 시작합니다.

> Half a bee, philosophically,
> Must, ipso facto, half not be.
> But half the bee has got to be
> Vis a vis, its entity. D'you see?
>
> But can a bee be said to be
> Or not to be an entire bee
> When half the bee is not a bee
> Due to some ancient injury

이 가사를 보면 'half the' 뒤에는 항상 'bee'가 나옵니다. 그렇지만 'the bee' 뒤에는 'has' 아니면 'is'가 나옵니다.

마르코프 분석 결과는 ('half the'나 'bee'와 같은) 각각의 선행 어구와 ('has' 나 'is'처럼) 그에 따라 나올 수 있는 (중복을 포함한) 모든 후행 어구의 사상^{mapping}입니다.

이 사상이 주어지면, 임의의 선행 어구에서 가능한 후행 어구를 무작위로 뽑아 글을 생성할 수가 있습니다. 그런 다음에 선행 어구의 뒷부분과 후행 어구를 결합해 새로운 선행 어구로 삼고, 앞의 과정을 다시 반복합니다.

예를 들어 'Half a'를 선행 어구로 시작한다면, 그것의 후행 어구는 'bee'여야 합니다. 왜냐하면 원래 글에서 그 선행 어구는 딱 한 번 나오기 때문입니다. 그다음 선행 어구는 'a bee'가 되고, 이에 대한 후행 어구는 'philosophically', 'be', 'due' 중 하나가 됩니다.

여기서는 선행 어구의 길이를 항상 2로 했습니다만, 그 길이를 어떻게 하든 마르코프 분석을 할 수 있습니다.

연습 13-8

마르코프 분석을 해봅시다.

1. 어떤 파일에서 글을 읽어 마르코프 분석을 하는 프로그램을 작성하세요. 분석 결과는 선행 어구에 가능한 후행 어구의 모음을 대응시키는 딕셔너리이어야 합니다. 후행 어구 모음은 배열, 튜플, 딕셔너리 중 하나로 할 수 있는데, 적당한 것을 골라서 하면 됩니다. 선행 어구의 길이를 2로 해서 프로그램을 시험해볼 수 있겠지만, 다른 길이도 쉽게 사용할 수 있도록 해야 합니다.

2. 앞에서 작성한 프로그램에 마르코프 분석에 기반해 무작위 글을 생성하는 함수를 추가하세요. 다음은 『엠마』에 대해 선행 어구 길이를 2로 해서 생성한 예입니다.

> "He was very clever, be it sweetness or be angry, ashamed or only amused, at such a stroke. She had never thought of Hannah till you were never meant for me?" "I cannot make speeches, Emma:" he soon cut it all himself."

이 예제에서는 문장부호를 원래 단어에 붙인 채로 남겨두었습니다. 생성 결과를 문법적으로 볼 때, 다는 아니지만 상당 수준 옳게 되어 있습니다. 의미로 봤을 때도 역시 전부는 아니지만 꽤 말이 됩니다.

선행 어구 길이를 늘리면 어떻게 되는지 알아보세요. 길이를 늘려 생성하면, 더 말이 되는 결과가 나오나요?

3. 프로그램이 잘 동작하면, 매시업mash-up을 시도해볼 수도 있습니다. 책을 두 권이나 세 권 정도 사용한다면, 어휘나 어구가 여러 출처에서 나와 흥미로운 방식으로 섞여 나올 것입니다.

이 사례 연구는 브라이언 커니핸과 롭 파이크가 쓴 『프로그래밍 수련법』(2008, 인사이트)에 바탕을 둡니다.

TIP 더 읽기 전에 이 연습 문제를 꼭 직접 풀어보시기 바랍니다.

13.9 자료구조

마르코프 분석을 이용해 무작위 글을 생성하는 것이 재미있기는 합니다만, 연습을 통해 알 수 있는 다른 요소도 있습니다. 바로 자료구조 선택입니다. 연습 문제를 풀다 보면, 다음 사항에 대해서 선택이 필요했을 것입니다.

- 선행 어구에 대한 표현 방법

- 가능한 후행 어구 모음에 대한 표현 방법

- 각 선행 어구에 대한 가능한 후행 어구 모음의 사상을 표현하는 방법

마지막 항목은 쉽습니다. 키에 대한 대응 값들의 사상을 표현하는 것은 당연히 딕셔너리입니다.

선행 어구에 대해서는 제일 확실한 방법이 문자열이나 문자열의 배열, 문자열의 튜플을 쓰는 것일 것입니다.

후행 어구 모음에 대해서는 배열이나 히스토그램(딕셔너리)을 쓸 수 있습니다.

어떤 기준으로 선택해야 할까요. 첫 번째 단계는 각 자료구조를 구현하기 위해서 필요한 연산에 대해 생각해보는 것입니다. 선행 어구에 대해 생각해보면, 어구의 앞쪽 단어를 삭제하고 뒤쪽에 단어를 붙일 수 있어야 합니다. 예를 들어 현재 선행 어구가 'Half a'이고, 후행 어구가 'bee'라면, 다음 선행 어구 'a bee'를 생성할 수 있어야 합니다.

이렇게 보면 배열이 제일 좋을 것 같습니다. 원소를 추가하거나 삭제하는 것이 쉽기 때문입니다.

후행 어구 모음에 대해서는 어구를 하나 추가하는 연산(혹은 기존 어구의 빈도를 증가시키는 연산)이 필요하겠고, 무작위로 원소를 고르는 연산도 필요할 것입니다.

새로운 후행 어구를 추가하는 것은 배열이나 히스토그램이나 쉽게 할 수 있습니다. 반면 무작위로 원소를 고르는 것은 배열이 쉽고, 히스토그램은 효율적으로 하기 좀 어렵습니다(연습 13-7).

지금까지는 구현의 편의성 관점에서 주로 얘기했는데, 자료구조 선택에는 다른 고려 요소도 있습니다. 하나는 실행 시간입니다. 어떤 경우에는 한 자료구조가 다른 것보다 빠를 것이라고 예상할 수 있는 이론적 근거가 있습니다. 예를 들어 in 연산자의 경우, 적어도 원소의 개수가 큰 상황에서는 배열보다 딕셔너리에서 빠르게 동작한다는 것을 언급한 적이 있습니다.

그렇지만 상당히 많은 경우 어떤 구현이 더 **빠를지** 미리 알기는 어렵습니다. 한 가지 방법은 두 자료구조를 모두 구현해서 어떤 것이 좋은지 알아보는 것입니다. 이런 접근 방법을 **벤치마킹** benchmarking이라고 합니다. 혹은 좀 더 실용적인 대안은 구현하기 쉬운 자료구조를 선택하는 것입니다. 그런 다음 프로그램의 목적에 비추어 충분히 **빠른지** 검토해보고, 그렇다면 거기서 끝내는 것입니다. 그렇지 않은 경우라면, 프로그램에서 가장 시간을 많이 잡아먹는 부분이 어딘지 찾아낼 수 있는, `Profile` 모듈 같은 도구들을 활용할 수 있습니다.

다른 고려 요소는 저장 공간입니다. 예를 들어 후행 어구의 모음을 위해 히스토그램을 사용한다면, 원문에 같은 단어가 몇 번 나오든지 한 번만 저장하면 되기 때문에 (배열에 비해) 저장 공간을 더 적게 쓸 것입니다. 어떤 경우에는 저장 공간을 줄이는 것이 프로그램을 더 빠르게 만드는 방법이기도 합니다. 극단적인 경우에는 메모리 부족으로 프로그램이 아예 동작하지 못할 수도 있습니다. 하지만 대부분의 프로그램에서 메모리 사용량은 실행 시간보다 부차적인 요소입니다.

이 논의에서 마지막으로 생각해볼 점은 이겁니다. 지금까지 분석과 생성에 동일한 자료구조를 쓰는 것으로 가정하고 있었습니다. 그런데 이 두 과정은 별개이기 때문에, 분석 과정에서는 어떤 자료구조를 쓰고, 생성 과정에서는 다른 자료구조로 변환한 것을 사용할 수도 있습니다. 만일 변환하는 데 소요되는 시간보다 생성 과정에서 절약되는 시간이 더 크다면, 전체적으로 이익이 될 것입니다.

> **TIP** 줄리아의 DataStructures 패키지에는, 순회 시 나열되는 원소의 순서가 결정론적으로 정해져 있는 정렬된 딕셔너리ordered dictionary처럼 특정 문제에 맞게 변형되어 있는 여러 가지 자료구조가 있습니다.

13.10 디버깅

프로그램을 디버깅할 때, 특히 어려운 버그를 디버깅할 때는 다음과 같은 다섯 가지 방법을 시도해보세요.

읽기 | reading

코드를 검토하고, 소리 내 읽어보세요. 그리고 원래 의도한 대로 들리는지 확인해보세요.

실행해보기|running

프로그램을 여러 가지 버전으로 수정하고 실행해보세요. 올바른 지점에서 올바른 항목을 출력한다면, 문제점이 명백하게 드러날 것입니다. 그렇지만 어떤 때는 스캐폴딩을 작성해야 할 수도 있습니다.

심사숙고하기|ruminating

시간을 가지고 생각해보세요. 어떤 종류의 오류입니까? 구문, 실행, 의미? 오류 메시지나 프로그램의 출력을 통해서 어떤 정보를 얻을 수 있습니까? 어떤 종류의 오류가 현재 나타나는 문제의 원인이 될 수 있습니까? 문제가 발생하기 직전에 무엇을 수정했나요?

러버덕질|rubberducking

문제를 다른 사람에게 설명하다 보면, 설명이 다 끝나기도 전에 답을 찾을 때가 있습니다. 대개 다른 사람이 실제로 필요하진 않죠. 고무 오리(러버덕)rubber duck 같은 인형이어도 괜찮습니다. 이게 바로 **러버덕 디버깅**rubber duck debugging이라는 잘 알려진 전략의 기원입니다. 제가 지어낸 게 아닙니다(*https://en.wikipedia.org/wiki/Rubber_duck_debugging*)!

후퇴하기|retreating

어떤 상황에서는 뒤로 물러나는 것이 최선일 수도 있습니다. 프로그램이 잘 동작하고, 이해가 되는 지점까지 최근의 변경사항을 되돌리는 것입니다. 그런 다음 다시 개발하는 것입니다.

초보 개발자들은 종종 이런 방법 중 하나에서 막히고, 다른 방법도 있다는 것을 잊어버립니다. 각 방법들은 모두 고유의 실패 방식이 있습니다.

예를 들어 코드 읽기는 오탈자로 인한 오류를 잡는 데에는 도움이 되지만, 문제가 개념적인 오해에서 비롯된 것이라면 별 도움이 안 될 것입니다. 프로그램이 무엇을 하는지 이해하지 못한다면, 백번 읽어도 문제를 발견하지 못할 텐데, 그것은 오류가 코드가 아니라 여러분의 머릿속에 있기 때문입니다.

여러 가지로 실행해보기는, 작고 간단한 테스트를 할 때는 특히 도움이 됩니다. 그렇지만 제대로 생각해보지 않거나 코드를 읽지 않은 상태에서 실험을 계속하다 보면, **마구잡이 프로그래밍**

random walk programming이라고 부르는 패턴에 빠지게 됩니다. 이는 작동할 때까지 막연하게 프로그램을 수정하는 것을 말하는데, 당연하게도 마구잡이 프로그래밍은 무척 오랜 시간이 소요됩니다.

심사숙고에는 시간이 필요합니다. 앞서 언급한 바와 같이, 디버깅은 실험과학과 비슷합니다. 문제에 대해서 최소한 한 개의 가설을 가지고 있어야 합니다. 가설이 두 개 이상이라면, 그중 하나를 소거할 수 있는 실험을 생각해보세요.

그렇지만 가장 좋은 디버깅 기법도 너무 많은 오류가 있거나, 해결해야 할 코드가 너무 크고 복잡하다면 성공하기 어렵습니다. 그러므로 가끔은 뒤로 물러나서, 프로그램을 이해할 수 있는 수준까지 간소화하는 것이 최선의 방법이 됩니다.

초보 개발자들은 대개 후퇴를 주저하는데, (틀렸을지라도) 이미 작성한 코드를 삭제하기 힘들어하기 때문입니다. 이런 경우라면 코드를 삭제하기 전에 다른 파일에 복사해두는 것이 도움이 됩니다. 나중에 한 조각씩 복사해서 되돌릴 수 있지요.

어려운 버그를 잡으려면 잘 읽고, 실험해보고, 심사숙고해야 합니다. 가끔은 후퇴도 필요합니다. 한 가지 방법에서 막히면, 다른 방법을 시도해보세요.

13.11 용어집

결정론적deterministic
어떤 프로그램이 동일한 입력에 대해, 항상 동일한 동작을 수행함을 일컬음.

의사 무작위pseudorandom
사실은 결정론적으로 생성되나, 겉으로는 무작위처럼 보이는 것을 일컬음.

디폴트 값default value
인수가 주어지지 않을 때, 선택적 매개변수에 할당되는 기본값.

우선하기to override

디폴트 값을 주어진 인수로 덮어 쓰는 행위.

벤치마킹benchmarking

자료구조를 선택하는 과정으로, 여러 대안을 구현해서 샘플 입력으로 테스트하고 비교하는 것을 말함.

러버덕질rubberducking

러버덕(고무 오리) 같은 무생물에게 문제를 설명함으로써 디버깅하는 방법. 줄리아를 모르는 러버덕에게라도 정확히 설명하려고 하다 보면 문제 해결에 도움이 됨.

13.12 연습 문제

연습 13-9

단어의 순위는 빈도의 내림차순으로 정렬된 단어 배열에서의 위치를 말합니다. 가장 흔한 단어의 순위는 1이고, 두 번째로 흔한 단어의 순위는 2입니다.

지프의 법칙Zipf's law(*https://ko.wikipedia.org/wiki/지프의_법칙*)은 자연 언어에서 단어의 순위와 빈도에 대한 관계를 기술합니다. 구체적으로 이 법칙은 순위가 (r)인 단어의 빈도 (f)를 다음과 같이 예측합니다.

$$f = cr^{-s}$$

이때 (s)와 (c)는 언어와 문서에 따라 달라지는 매개변수입니다. 이 방정식의 양변에 로그를 취해보면 다음 식을 얻습니다.

$$\log f = \log c - s \log r$$

그러므로 만일 $\log r$에 대한 $\log f$의 그래프를 그려본다면, 기울기가 $-s$이고 절편이 $\log c$인 직선을 얻게 됩니다.

파일에서 텍스트를 읽어들인 후, 단어의 빈도를 세고, 빈도의 내림차순으로 한 줄에 한 단어씩 $\log f$와 $\log r$를 출력하는 프로그램을 작성해보세요.

그래프를 그리기 위한 패키지는 다음처럼 설치할 수 있습니다.

```
(v1.0) pkg> add Plots
```

사용법은 무척 쉽습니다.

```
using Plots
x = 1:10
y = x.^2
plot(x, y)
```

Plots 패키지를 이용해 결과를 그래프로 그려보고, 직선으로 나오는지 확인해보세요.

CHAPTER 14

파일

이 장에서는 자료를 영구 저장소에 보관하는 지속적 프로그램에 대한 아이디어를 소개합니다. 그리고 파일과 데이터베이스 같은 여러 가지 영구 저장소를 사용하는 방법을 살펴봅니다.

14.1 지속성

지금까지 살펴본 대부분의 프로그램은 짧은 시간 수행되어 어떤 출력을 내놓고, 종료된 다음에는 자료가 사라진다는 의미에서 '일시적'입니다. 프로그램을 다시 실행한다면, 깨끗한 상태에서 시작할 것입니다.

다른 종류의 프로그램은 **지속적**persistent입니다. 오랜 시간(혹은 항상) 실행되고, 자료 중 최소한 일부를 (하드디스크 같은) 영구 저장소에 보관합니다. 종료했다가 다시 시작해도, 종료 지점부터 시작합니다.

지속적 프로그램의 예로는 컴퓨터가 켜져 있는 동안 계속 실행되는 운영체제가 있고, 항상 실행되면서 네트워크에서 요청이 들어오기를 기다리는 웹 서버가 있습니다.

프로그램의 자료를 유지하는 가장 간단한 방법 중 하나는 텍스트 파일을 읽고 쓰는 것입니다. 텍스트 파일을 읽는 프로그램은 이미 다뤄봤기 때문에 이 장에서는 텍스트 파일을 쓰는 프로그램을 알아보겠습니다.

프로그램의 상태를 저장하는 또 다른 방법은 데이터베이스입니다. 이 장에서는 간단한 데이터 베이스를 사용하는 방법도 알아보겠습니다.

14.2 읽기와 쓰기

텍스트 파일text file은 하드디스크나 플래시 메모리 같은 영구 저장소에 저장되어 있는 문자의 순 열입니다. 9.1절에서 이미 파일을 열어서 읽는 방법을 살펴보았습니다.

파일에 쓰기를 하려면, 파일을 열 때 두 번째 매개변수를 쓰기 모드 "w"로 지정해야 합니다.

```
julia> fout = open("output.txt", "w")
IOStream(<file output.txt>)
```

쓰기 모드로 파일을 열었을 때 파일이 이미 존재하고 있다면 기존 데이터가 모두 삭제되고 빈 파일로 시작하게 되니 주의해야 합니다! 파일이 존재하지 않는다면, 새로운 파일이 생성됩니다. open 함수는 파일 객체를 반환하고, write 함수는 파일에 데이터를 집어 넣습니다.

```
julia> line1 = "This here's the wattle,\n";

julia> write(fout, line1)
24
```

반환값은 파일에 기록된 문자의 개수입니다. 파일 객체는 마지막으로 기록된 위치를 추적하기 때문에 write 함수를 또 호출하면 새로운 데이터를 파일의 뒤에 덧붙입니다.

```
julia> line2 = "the emblem of our land.\n";

julia> write(fout, line2)
24
```

쓰기를 마치면, 파일을 닫아야 합니다.

```
julia> close(fout)
```

파일을 닫지 않으면, 프로그램이 끝날 때 자동적으로 닫힙니다.

14.3 쓰기 서식

write 함수의 인수는 문자열이어야 하기 때문에 다른 자료형의 값을 파일에 쓰려면 문자열로 변환해야 합니다. 가장 쉬운 방법은 string 함수나 문자열 보간법을 쓰는 것입니다.

```
julia> fout = open("output.txt", "w")
IOStream(<file output.txt>)
julia> write(fout, string(150))
3
```

다른 방법은 print나 println 함수를 쓰는 것입니다.

```
julia> camels = 42
42
julia> println(fout, "I have spotted $camels camels.")
```

> **TIP** 좀 더 강력한 방법은 C 언어 스타일의 형식 지정 문자열을 사용하는 @printf 매크로[1]입니다(*https://docs.julialang.org/en/v1/stdlib/Printf/*).

14.4 파일명과 경로

파일은 **디렉터리**directory (**폴더**folder라고도 합니다)로 조직화되어 있습니다. 모든 실행 중인 프로그램은 '**현재 디렉터리**'를 갖고 있는데, 대부분의 연산이 일어나는 디폴트 디렉터리를 뜻합니다. 예를 들어 파일을 읽기 위해 열면, 줄리아는 그 파일을 현재 디렉터리에서 찾습니다.

pwd 함수는 현재 디렉터리의 이름을 반환합니다.

---

1 역자주_ @printf 매크로는 [연습 16-1] 등 이 책 뒤에서 다시 등장합니다.

```
julia> cwd = pwd()
"/home/ben"
```

변수명 cwd는 'current working directory'(현재 작업 디렉터리)에서 따왔습니다. 여기서 결과는 /home/ben인데, 이름이 ben인 사용자의 홈 디렉터리를 가리킵니다.

"/home/ben"과 같이 파일이나 디렉터리를 식별하는 문자열을 **경로**path라고 부릅니다.

memo.txt처럼 단순한 파일명도 경로입니다만, 이런 경로는 현재 디렉터리에서만 의미가 있기 때문에 **상대 경로**relative path라고 합니다. 현재 디렉터리가 /home/ben이면 파일명 memo.txt는 실제로는 /home/ben/memo.txt를 가리킬 것입니다.

/로 시작하는 경로는 현재 디렉터리에 의존적이지 않습니다. 그래서 **절대 경로**absolute path라고 합니다. 어떤 파일의 절대 경로를 알아내려면 abspath 함수를 사용합니다.

```
julia> abspath("memo.txt")
"/home/ben/memo.txt"
```

줄리아에는 파일명과 경로를 다룰 수 있는 다른 함수들도 있습니다. 예를 들어 ispath 함수는 특정 파일이나 디렉터리가 존재하는지를 알려줍니다.

```
julia> ispath("memo.txt")
true
```

만일 존재한다면, isdir 함수로 디렉터리인지 확인할 수 있습니다.

```
julia> isdir("memo.txt")
false
julia> isdir("/home/ben")
true
```

마찬가지로 isfile 함수는 파일인지를 확인해줍니다.

readdir 함수는 주어진 디렉터리에 있는 파일 및 디렉터리를 배열로 반환합니다.

```
julia> readdir(cwd)
3-element Array{String,1}:
 "memo.txt"
 "music"
 "photos"
```

다음 예제의 함수 walk는 지금까지 나온 함수들의 사용법을 보여주고 있습니다. 이 함수는 주어진 디렉터리 안에 있는 모든 경로에 대해 파일은 이름을 출력하고, 디렉터리는 재귀적으로 자기 자신을 호출할 때 인수로 전달합니다.

```
function walk(dirname)
    for name in readdir(dirname)
        path = joinpath(dirname, name)
        if isfile(path)
            println(path)
        else
            walk(path)
        end
    end
end
```

여기서 joinpath 함수는 디렉터리와 파일명을 받아, 둘을 결합한 완전한 경로를 만들어 반환하는 역할을 합니다.

TIP 줄리아에는 이 예시와 비슷하지만 좀 더 자세한 정보를 제공하는 내장 함수 walkdir가 있습니다(*https://docs.julialang.org/en/v1/base/file/#Base.Filesystem.walkdir*). 줄리아 문서를 읽어보고, 연습 삼아 주어진 디렉터리에 대해 하위 디렉터리까지 포함해서 모든 파일의 이름을 출력하는 프로그램을 walkdir를 사용해 작성해보세요.

14.5 예외 처리

파일을 읽고 쓰려고 할 때, 많은 것이 잘못될 수 있습니다. 만일 존재하지 않는 파일을 열려고 한다면, SystemError를 만나게 됩니다.

```
julia> fin = open("bad_file")
ERROR: SystemError: opening file "bad_file": No such file or directory
```

접근하려는 파일에 권한이 없을 때도 같은 일이 벌어집니다.

```
julia> fout = open("/etc/passwd", "w")
ERROR: SystemError: opening file "/etc/passwd": Permission denied
```

ispath나 isfile 같은 함수를 사용해서 이런 오류를 원천적으로 피할 수 있습니다만, 이렇게 하려면 모든 가능성을 확인해야 하니 코드가 길어지고, 시간도 많이 소요됩니다.

그냥 진행하고 시도^{try}해본 후, 문제가 발생하면 그걸 해결하는 쪽이 좀 더 쉽습니다. 이것이 바로 try 문의 정확한 작동 방식입니다. 구문은 if 문과 유사합니다.

```
try
    fin = open("bad_file.txt")
catch exc
    println("Something went wrong: $exc")
end
```

이 코드는 try 절부터 실행을 시작합니다. 문제없이 진행될 경우, catch 절을 건너뛰고 계속 진행합니다. 만일 예외가 발생하면, try 절을 즉시 빠져나와 catch 절을 실행합니다.[2]

try 문으로 예외를 처리하는 것을 예외를 잡는다^{catch}고 표현합니다. 이 예제의 catch 절에서는 오류를 해결하는 데 큰 도움은 되지 않겠지만 오류 메시지를 출력합니다. 일반적으로 예외를 잡으면 문제를 해결하거나 다시 시도하도록 하거나, 최소한 프로그램을 깔끔하게 종료하게 만듭니다.

상태를 변경하거나 파일 같은 자원을 사용하는 코드에서는 코드 실행이 끝난 후 (파일을 닫는 것과 같은) 해야 하는 뒷정리 작업이 있기 마련입니다. 예외는 이런 작업을 복잡하게 만들 가능성이 있는데, 정상적으로 코드 끝까지 가기 전에 코드 블록에서 나갈 수 있기 때문입니다. finally 예약어는 이렇게 코드 블록을 어떤 식으로든 빠져나온 후에도 특정 코드가 실행되도록 하는 방법을 제공합니다.

---

2 역자주_ 이때 발생한 예외 객체는 catch 절의 인수가 되는데, 여기서는 exc입니다.

```
f = open("output.txt")
try
    line = readline(f)
    println(line)
finally
    close(f)
end
```

이렇게 쓰면 close 함수는 오류가 나든 안 나든 항상 실행될 것입니다.[3]

14.6 데이터베이스

데이터베이스^{database}는 자료를 저장하도록 조직화된 파일을 가리킵니다. 키에서 값으로 대응시킨다는 점에서 많은 데이터베이스는 사전처럼 조직화되어 있다고 할 수 있습니다. 데이터베이스와 사전의 가장 큰 차이점은, 데이터베이스는 프로그램이 종료한 이후에도 자료가 지워지지 않도록 디스크 또는 다른 영구 저장소를 이용한다는 점입니다.

4장에서 설치한 ThinkJulia 모듈은 데이터베이스 파일을 만들고 수정하는 기능이 있는 **GDBM**^{GNU dbm} 라이브러리에 대한 인터페이스를 제공합니다. 예제 삼아, 이미지 파일의 캡션을 저장하는 데이터베이스를 만들어보겠습니다.

데이터베이스를 여는 것은 파일을 여는 것과 비슷합니다.

```
julia> using ThinkJulia

julia> db = DBM("captions", "c")
DBM(<captions>)
```

여기서 모드 "c"는 열어야 할 데이터베이스가 존재하지 않는다면 새로 생성하라는 뜻입니다. 호출 결과는 (대부분의 연산에 대해) 사전처럼 사용할 수 있는 데이터베이스 객체입니다.

새로운 항목을 만들면 **GDBM**은 데이터베이스 파일을 갱신합니다.

---

3 역자주_ 여기까지의 예제에서 볼 수 있듯, 상황에 따라 try와 catch만 쓰거나 try와 finally만 쓸 수도 있고, try, catch, finally를 모두 쓸 수도 있습니다.

```
julia> db["cleese.png"] = "Photo of John Cleese."
"Photo of John Cleese."
```

어떤 항목에 접근하면 GDBM은 파일에서 해당 값을 읽습니다.

```
julia> db["cleese.png"]
"Photo of John Cleese."
```

이미 존재하는 키에 새로운 할당을 하면, 기존값을 대체합니다.

```
julia> db["cleese.png"] = "Photo of John Cleese doing a silly walk."
"Photo of John Cleese doing a silly walk."
julia> db["cleese.png"]
"Photo of John Cleese doing a silly walk."
```

사전을 인수로 받는 함수 중에는 데이터베이스 객체에는 동작하지 않는 것들이 있습니다. keys와 values 함수 같은 것이 그렇습니다. 하지만 for 루프를 사용하는 반복은 잘 동작합니다.

```
for (key, value) in db
    println(key, ": ", value)
end
```

다른 파일과 마찬가지로 작업이 끝나면 데이터베이스를 닫아주어야 합니다.

```
julia> close(db)
```

14.7 직렬화

GDBM은 키와 값이 문자열이거나 바이트 배열이어야 한다는 제한점이 있습니다. 다른 자료형을 쓰려고 하면 오류가 발생합니다.

이때는 serialize(직렬화)와 deserialize(역직렬화) 함수가 도움이 됩니다. serialize

함수는 거의 모든 자료형을 데이터베이스에 넣을 수 있는 바이트 배열(IOBuffer)로 변환합니다.

```julia
julia> using Serialization

julia> io = IOBuffer();

julia> t = [1, 2, 3];

julia> serialize(io, t)
24

julia> print(take!(io))
UInt8[0x37, 0x4a, 0x4c, 0x07, 0x04, 0x00, 0x00, 0x00, 0x15, 0x00, 0x08, 0xe2,
0x01, 0x00, 0x00, 0x00, 0x00, 0x00, 0x00, 0x00, 0x02, 0x00, 0x00, 0x00, 0x00,
0x00, 0x00, 0x00, 0x03, 0x00, 0x00, 0x00, 0x00, 0x00, 0x00, 0x00]
```

여기서 출력되는 형식은 사람이 편하게 보라고 만든 것이 아니고, 줄리아가 쉽게 해석하라고 만든 것입니다. deserialize 함수는 객체를 재구성합니다.

```julia
julia> io = IOBuffer();

julia> t1 = [1, 2, 3];

julia> serialize(io, t1)
24
julia> s = take!(io);

julia> t2 = deserialize(IOBuffer(s));

julia> print(t2)
[1, 2, 3]
```

serialize와 deserialize 함수는 메모리에 대한 입출력 흐름을 표상represent하는 IOBuffer 객체를 읽거나 쓰는 식으로 동작합니다. take! 함수는 IOBuffer의 내용을 바이트 배열로 뽑아낸 후, IOBuffer를 초기화합니다.

새로운 객체는 기존 객체와 같은 값을 가진다 해도, (일반적으로) 같은 객체가 아닙니다.

```
julia> t1 == t2
truejulia> t1 ≡ t2
false
```

다르게 표현하자면, 직렬화한 후 역직렬화하는 것은 객체를 복사하는 것과 동일한 효과를 냅니다.

비문자열 객체는 직렬화를 이용해 데이터베이스에 저장할 수 있습니다.

TIP 사실 비문자열 객체를 데이터베이스에 저장하는 일은 매우 빈번하게 일어납니다. 그래서 이 기능은 JLD2 패키지 형태로 제공되고 있습니다(*https://github.com/JuliaIO/JLD2.jl*).

14.8 명령 객체

대부분의 운영체제는 **셸**shell이라고도 하는 명령행 인터페이스를 제공합니다. 셸에는 일반적으로 파일 시스템을 돌아다니거나 응용프로그램을 실행하는 명령어가 들어 있습니다. 예를 들어 유닉스에서는 cd 명령을 사용해 디렉터리를 바꾸고, ls 명령을 사용해 디렉터리 내용을 표시하며, (예를 들자면) firefox 같은 명령을 입력해 넣음으로써 웹 브라우저를 실행합니다.

셸에서 실행할 수 있는 프로그램은 **명령 객체**command object를 통해 줄리아에서도 실행할 수 있습니다.

```
julia> cmd = `echo hello`
`echo hello`
```

여기서 명령 객체는 역따옴표(`)를 이용해 생성합니다.

run 함수는 명령 객체를 실행합니다.

```
julia> run(cmd);
hello
```

hello는 echo 명령의 출력인데, STDOUT으로 보내졌습니다. run 함수 자체는 **프로세스 객체**

process object를 반환하며, 외부 명령이 성공적으로 실행되지 않으면 **ErrorExecption** 예외를 던집니다.

만일 외부 명령의 출력을 읽어들이고 싶다면, 대신 **read** 함수를 사용할 수 있습니다.

```
julia> a = read(cmd, String)
"hello\n"
```

예를 들어 대부분의 유닉스 시스템은 파일을 읽어서 MD5 체크섬(*https://en.wikipedia.org/wiki/MD5*)을 계산하는 **md5sum** 또는 **md5** 명령을 제공합니다. MD5 체크섬은 두 파일이 같은 내용인지를 판단할 수 있는 효율적인 수단입니다. 다른 내용을 가진 파일이 같은 체크섬 값을 가질 확률은 극히 낮습니다(우주가 멸망하기 전에는 그럴 일이 없을 정도입니다).[4]

줄리아에서 체크섬을 구하려면 명령 객체를 이용해 md5를 실행한 결과를 가져올 수 있습니다.

```
julia> filename = "output.txt"
"output.txt"
julia> cmd = `md5 $filename`
`md5 output.txt`
julia> res = read(cmd, String)
"MD5 (output.txt) = d41d8cd98f00b204e9800998ecf8427e\n"
```

14.9 모듈

이름이 **wc.jl**인 파일 안에 다음과 같은 코드가 있다고 해봅시다.

```
function linecount(filename)
    count = 0
    for line in eachline(filename)
        count += 1
    end
```

---

[4] 역자주_ 의도적인 수정이 없는 경우에만 그렇다고 할 수 있습니다. 오늘날 MD5 중복 체크섬은 쉽게 만들어낼 수 있습니다. 안전한 대안은 SHA-2 또는 SHA-3입니다.

```
        count
    end

    print(linecount("wc.jl"))
```

이 프로그램을 실행하면, 자기 자신을 읽은 후 파일의 전체 줄 수인 9를 출력합니다. 다음과 같이 REPL에서 가져올 수도 있습니다.

```
julia> include("wc.jl")
9
```

이때 `linecount` 함수를 Main에서 직접 사용하는 대신 다른 코드에서 사용하고 싶다면 어떻게 해야 할까요? 분리된 변수 작업 공간은 **모듈**을 이용해 생성할 수 있습니다.

모듈은 예약어 `module`로 시작해서 `end`로 끝납니다. 모듈을 사용하면 파일 최상위에서 정의된 이름이 중복될 때 발생하는, 이름 충돌 문제를 회피할 수 있습니다. `import` 문으로 다른 모듈에서 가시화할 이름을 정할 수 있습니다. `export` 문은 모듈에서 특정 이름을 **공개**public로 지정합니다. 공개로 지정한 이름은 모듈 외부에서 접근할 때, 해당 모듈명을 접두어로 붙일 필요가 없습니다. 앞의 파일을 다음과 같이 11행으로 수정해봅시다.

```
module LineCount
    export linecount

    function linecount(filename)
        count = 0
        for line in eachline(filename)
            count += 1
        end
        count
    end
end
```

이제 REPL에서 이 파일을 `include("wc.jl")`로 읽어들이면, Main 모듈 아래에 로드되기 때문에 `using Main.LineCount`로 해당 모듈을 사용할 수 있습니다.

`using` 문을 사용하면 모듈이 공개로 지정한 이름을 다른 곳에서 사용할 수 있습니다. 따라서

다음과 같이 LineCount 모듈에 있는 linecount 함수를 사용할 수 있습니다.[5]

```
julia> include("wc.jl")

julia> using Main.LineCount

julia> linecount("wc.jl")
11
```

연습 14-1

위 예제를 실제로 실행해보세요. 즉 모듈을 **wc.jl** 파일로 저장한 후 REPL에서 읽어들이고 using 문으로 사용해보세요.

> **CAUTION_** 이미 읽어들인 모듈을 다시 읽으면, 아무 일도 일어나지 않습니다. 파일에 변경이 있다 해도 다시 읽지 않지요.
>
> 모듈을 다시 읽어들이려면 REPL을 재시작해야 합니다. 이것을 피하고 싶다면 **Revise** 패키지를 사용해 한 세션이 더 오랫동안 실행되도록 할 수 있습니다(*https://github.com/timholy/Revise.jl*).

14.10 디버깅

파일을 읽고 쓸 때, **화이트스페이스**whitespace로 인한 문제를 겪을 수 있습니다. 이는 공백문자, 탭, 개행문자 등이 일반적으로 화면에 보이지 않기 때문에 생기는 문제로, 디버그하기가 어렵습니다.

```
julia> s = "1 2\t 3\n 4";
julia> println(s)
1 2    3
 4
```

------

5 역자주_ 모듈명을 따라 파일명을 LineCount.jl로 지정하면 push!(LOAD_PATH, pwd()) 같은 명령으로 패키지 로더가 LineCount 모듈이 있는 LineCount.jl 파일을 찾을 수 있게 할 수도 있습니다. 이렇게 하면 include는 필요 없고 바로 using LineCount로 모듈을 읽어들일 수 있습니다.

이럴 때는 내장함수 repr와 dump가 도움이 됩니다. 이들은 어떤 객체를 인수로 받은 후, 그 객체의 문자열 표현을 돌려줍니다.

```
julia> repr(s)
"\"1 2\\t 3\\n 4\""
julia> dump(s)
String "1 2\t 3\n 4"
```

이렇게 디버그할 때 유용하게 사용할 수 있습니다.

또 다른 문제는 운영체제에 따라 개행문자가 다를 수 있다는 점입니다. 어떤 시스템에서는 \n 으로 표현되는 개행문자를 쓰고, 어떤 시스템에서는 \r로 표현되는 리턴[return] 문자를 씁니다. 둘을 합쳐 쓰는 시스템도 있습니다. 파일을 여러 시스템으로 이동하다 보면, 이런 비일관성이 문제를 발생시키게 됩니다.

대부분의 시스템에는 이렇게 개행문자 표현을 변환해주는 애플리케이션이 있습니다. 위키백과에서 개행문자와 변환 애플리케이션에 대해서 좀 더 자세히 알아볼 수 있습니다(*https:// ko.wikipedia.org/wiki/새줄_문자*). 물론 여러분이 직접 코드를 작성해도 됩니다.

14.11 용어집

지속적persistent

어떤 프로그램이 무기한으로 실행되면서 일부 데이터를 영구 저장소에 보관하는 특성.

텍스트 파일text file

하드디스크와 같은 영구 저장소에 저장되어 있는 문자의 순열.

디렉터리directory

이름이 붙은 파일의 모음. 폴더라고도 함.

경로path

파일을 식별하는 문자열.

상대 경로relative path

현재 디렉터리에서 출발하는 경로.

절대 경로absolute path

파일 시스템의 최상위 디렉터리에서 출발하는 경로.

예외 잡기catch

예외로 인해 프로그램이 종료되는 것을 try … catch … finally 구문으로 막는 것.

데이터베이스database

키와 값을 가진 딕셔너리처럼, 조직화된 자료를 내용으로 하는 파일.

셸shell

사용자가 명령어를 입력하고 다른 프로그램을 시작함으로써 명령어를 실행하도록 하는 프로그램.

명령 객체command object

셸 명령어를 표현하는 객체. 줄리아 프로그램이 명령을 실행하고, 그 결과를 읽을 수 있게 해줌.

모듈module

이름 충돌 문제를 피하기 위해 사용하는 분리된 전역 변수 작업 공간.

14.12 연습 문제

연습 14-2

패턴 문자열, 대체 문자열, 두 개의 파일명을 인수로 받은 다음, 첫 번째 파일을 읽고 (필요시 새로 생성한) 두 번째 파일에 그 내용을 기록하는 함수 sed를 작성하세요. 이때, 읽어들인 파일 내용에 패턴 문자열이 있으면, 모조리 대체 문자열로 바꿔줘야 합니다.

만약 파일을 열거나 읽거나 쓰거나 닫을 때 오류가 나면, 발생한 예외를 잡아서 오류 메시지를 출력한 후 종료해야 합니다.

연습 14-3

[연습 12-3]을 풀었다면, 정렬된 문자열들을 그 문자열의 각 문자로 만들 수 있는 단어의 배열로 대응시키는 딕셔너리를 만들었을 것입니다. 예를 들면 "opst"에 대응하는 배열은 ["opts", "post", "pots", "spot", "stop", "tops"]입니다.

애너그램을 다루는 모듈을 작성해보세요. 이 모듈은 [연습 12-3]을 풀면서 만들었던 함수를 포함하고, 두 개의 새로운 함수 storeanagrams와 readanagrams를 제공해야 합니다. storeanagram은 JLD2를 이용해 애너그램 딕셔너리를 저장하고, readanagrams는 단어를 인수로 받아, 그 단어의 애너그램 배열을 반환합니다.

연습 14-4

대량의 MP3 파일 모음에는 같은 곡이 다른 이름이나 다른 디렉터리 아래에 여러 개 저장되어 있을 가능성이 있습니다. 이 연습의 목표는 그런 중복을 찾아내는 것입니다.

1. 어떤 디렉터리를 탐색하여 특정 확장자(예를 들면 .mp3)를 가진 파일들을 찾아, 전체 경로의 배열로 반환하는 프로그램을 작성하세요. 이때 그 디렉터리의 모든 하위 디렉터리도 재귀적으로 탐색해야 합니다.

2. 중복을 찾아내기 위해서, md5sum 또는 md5 명령을 사용해 각 파일의 체크섬을 계산하세요. 만약 체크섬이 동일하다면, 파일의 내용도 동일한 것으로 간주할 수 있습니다.

3. 정말 같은지 확인하려면, 유닉스 명령어 diff를 사용할 수도 있습니다.

CHAPTER 15

구조체와 객체

지금까지 함수를 이용해 코드를 조직화하고, 내장 자료형을 이용해 데이터를 조직화하는 방법을 배웠습니다. 다음 단계는 코드와 데이터를 모두 조직화하기 위해 새로운 자료형을 만드는 법을 배우는 것입니다. 큰 주제이기 때문에, 앞으로 몇 개 장 동안 이를 다룰 예정입니다.

15.1 복합 자료형

지금까지 줄리아의 다양한 내장 자료형을 보았는데, 이제 새로운 자료형을 만들려고 합니다. 예제로 2차원 평면에서 점을 나타내는 자료형 Point를 만들어보겠습니다.

수학에서는 보통 점을 괄호 안에 쉼표로 구분된 두 개의 좌표로 표현합니다. 예를 들어 (0, 0)은 원점이고, (x, y)는 원점에서 가로축으로 x만큼, 세로축으로 y만큼 올라간 점입니다.

줄리아에서 점을 표현하는 방식은 여러 가지가 있습니다.

- 두 개의 변수 x, y에 각각 좌표를 저장합니다.

- 배열이나 튜플을 이용해 두 개의 좌표를 저장합니다.

- 점을 객체로 표현할 수 있도록 새로운 자료형을 만듭니다.

새로운 자료형을 만드는 것은 다른 방법들보다 복잡하지만, 곧 나오게 될 여러 가지 장점을 가지고 있습니다.

사용자가 정의하는 **복합 자료형**composite type은 **구조체**struct라고도 합니다. 점을 나타내는 구조체의 정의는 다음과 같습니다.

```
struct Point
    x
    y
end
```

헤더에 구조체 이름 Point가 있습니다. 본문은 이 구조체의 **속성**attribute, 다른 말로 **필드**field를 정의합니다. 여기 Point 구조체는 두 개의 필드 x, y를 갖고 있네요.

구조체는 객체를 생성하기 위한 공장과 같습니다. 새로운 점을 생성하려면, 구조체 Point를 마치 필드 값을 인수로 받는 함수로 취급하여 호출합니다. 이렇게 Point가 함수로 쓰일 경우, 그 함수를 **생성자**constructor라고 합니다.

```
julia> p = Point(3.0, 4.0)
Point(3.0, 4.0)
```

이 호출의 반환값은 Point 객체의 참조이며 이를 p에 할당했습니다.

새로운 객체를 만드는 것을 **인스턴스 생성**instantiation이라고 하고, 생성된 객체를 그 자료형의 **인스턴스**instance라고 합니다.

어떤 인스턴스를 출력하면, 줄리아는 인스턴스의 자료형과 속성값이 무엇인지를 보여줍니다.

모든 객체는 어떤 자료형의 인스턴스입니다. 그러므로 '객체'와 '인스턴스'는 바꿔 쓸 수 있는 말입니다. 그렇지만 이 장에서는 인스턴스를 사용자 정의 자료형으로부터 만든 것으로 한정해서 쓰겠습니다.

[그림 15-1]처럼 어떤 객체와 객체의 필드 값을 보여주는 상태 도식을 **객체 도식**object diagram이라고 합니다.

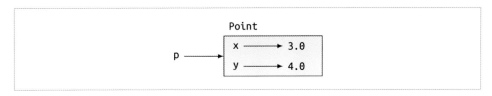

그림 15-1 객체 도식

15.2 구조체는 불변

필드 값을 얻으려면 도트(.) 표기법을 사용합니다.

```
julia> x = p.x
3.0
julia> p.y
4.0
```

표현식 p.x는 'p가 가리키는 객체로 가서 x의 값을 가져오시오'라는 뜻입니다. 이 예에서는 그 값을 변수 x에 할당했습니다. x와 p.x는 서로 다른 것이라 이름 충돌이 나지 않습니다.

도트 표기는 표현식의 어디에서나 쓸 수 있습니다.

```
julia> distance = sqrt(p.x^2 + p.y^2)
5.0
```

그런데 구조체는 기본적으로 불변이라 생성한 이후에는 필드 값을 바꿀 수 없습니다.

```
julia> p.y = 1.0
ERROR: setfield! immutable struct of type Point cannot be changed
```

처음에는 좀 이상하게 느껴질 수 있지만, 구조체가 불변인 것에는 여러 가지 장점이 있습니다.

- 실행 효율이 더 좋습니다.

- 생성자에서 제공하는 불변식을 절대 위반할 수 없습니다(17.4절을 보세요).

- 불변 객체를 사용하는 코드가 가독성이 더 좋습니다.

15.3 가변 구조체

필요하다면, `mutable struct` 키워드를 사용해 가변 복합 자료형을 만들 수 있습니다. 다음은 좌표가 가변인 점을 생성하는 예입니다.

```
mutable struct MPoint
    x
    y
end
```

도트 표기법을 이용하면 가변 구조체 인스턴스의 값을 변경할 수 있습니다.

```
julia> blank = MPoint(0.0, 0.0)
MPoint(0.0, 0.0)
julia> blank.x = 3.0
3.0
julia> blank.y = 4.0
4.0
```

15.4 직사각형

어떤 객체의 필드가 무엇을 의미하는지가 명확할 때도 있지만, 이따금은 결단을 내려야 할 때가 있습니다. 예를 들어 직사각형을 표현하는 자료형을 설계한다고 상상해봅시다. 직사각형의 위치와 크기를 지정하기 위해서 어떤 필드가 필요할까요? 좀 더 단순한 예를 위해서 각 변이 축에 평행인 직사각형만 고려해봅시다.

최소한 두 가지 가능성이 있습니다.

- 사각형의 한 꼭짓점(또는 중심)을 지정하고, 폭과 높이를 지정합니다.
- 대각으로 위치한 두 개의 꼭짓점을 지정합니다.

현재 시점에서는 어떤 방식이 더 좋은지 잘 모르겠습니다. 그러므로 일단 첫 번째 방법으로 구현해보겠습니다.

```
"""
Represents a rectangle.

fields: width, height, corner
"""
struct Rectangle
    width
    height
    corner
end
```

문서화 문자열을 이용해 필드를 나열했습니다. width와 height는 숫자이고, corner는 좌하단 꼭짓점을 나타내는 Point 객체입니다.

어떤 직사각형을 표현하려면, Rectangle 객체의 인스턴스를 생성해야 합니다.

```
julia> origin = MPoint(0.0, 0.0)
MPoint(0.0, 0.0)
julia> box = Rectangle(100.0, 200.0, origin)
Rectangle(100.0, 200.0, MPoint(0.0, 0.0))
```

[그림 15-2]는 이 객체의 상태입니다. 어떤 객체가 다른 객체의 필드로 쓰이면, 이 객체는 **내포** embedded되었다고 표현합니다. corner 속성이 가변 객체를 참조하고 있으므로, 그 가변 객체를 Rectangle 객체 바깥에 그려서 표현했습니다.

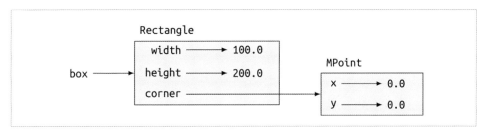

그림 15-2 객체 도식

15.5 인수로 쓰이는 인스턴스

인스턴스는 변수와 마찬가지 방식으로 함수의 인수로 전달할 수 있습니다. 예를 들면 다음과 같습니다.

```
function printpoint(p)
    println("($(p.x), $(p.y))")
end
```

printpoint 함수는 Point 객체를 인수로 받아서, 수학에서 표기하는 방식으로 출력합니다. 앞에서 만든 blank를 인수로 전달해 실행해보겠습니다.

```
julia> printpoint(blank)
(3.0, 4.0)
```

연습 15-1

두 점을 인수로 받아, 두 점 사이의 거리를 알려주는 distancebetweenpoints 함수를 작성해보세요.

가변 구조체 객체가 함수의 인수로 전달되면, 그 함수는 그 객체의 필드를 수정할 수 있습니다. 예를 들어 다음 movepoint! 함수는 가변인 Point 객체와 두 개의 숫자 dx, dy를 받은 후, Point의 두 필드 x, y에 각각 더해줍니다.

```
function movepoint!(p, dx, dy)
    p.x += dx
    p.y += dy
    nothing
end
```

다음은 이 함수를 사용한 예입니다.

```
julia> origin = MPoint(0.0, 0.0)
MPoint(0.0, 0.0)
```

```
julia> movepoint!(origin, 1.0, 2.0)

julia> origin
MPoint(1.0, 2.0)
```

함수 안에서 p는 origin의 별명입니다. 그래서 함수에서 p를 수정하면, origin이 바뀝니다.

불변인 Point 객체를 movepoint!에 넘기면 오류가 발생합니다.

```
julia> movepoint!(p, 1.0, 2.0)
ERROR: setfield! immutable struct of type Point cannot be changed
```

그럼에도, 불변 객체의 가변 특성값은 수정하는 것이 가능합니다. 예를 들어 다음 moverectangle! 함수는 Rectangle 객체 및 두 숫자 dx, dy를 인수로 받아, movepoint! 함수로 그 객체의 좌하단 꼭짓점을 이동시킵니다.

```
function moverectangle!(rect, dx, dy)
    movepoint!(rect.corner, dx, dy)
end
```

여기서 movepoint! 함수 안에 있는 p는 rect.corner의 별명입니다. 그러므로 p가 수정되면 rect.corner의 값도 바뀝니다.

```
julia> box
Rectangle(100.0, 200.0, MPoint(0.0, 0.0))
julia> moverectangle!(box, 1.0, 2.0)

julia> box
Rectangle(100.0, 200.0, MPoint(1.0, 2.0))
```

CAUTION_ 불변 객체의 가변 속성에 재할당을 할 수는 없습니다.

```
julia> box.corner = MPoint(1.0, 2.0)
ERROR: setfield! immutable struct of type Rectangle cannot be changed
```

15.6 반환값으로서의 인스턴스

함수는 인스턴스를 반환할 수 있습니다. 예를 들어 다음 findcenter 함수는 Rectangle 객체를 인수로 받아, 그 직사각형의 중심 좌표를 담고 있는 Point 객체를 반환합니다.

```
function findcenter(rect)
    Point(rect.corner.x + rect.width / 2, rect.corner.y + rect.height / 2)
end
```

표현식 rect.corner.x는 '객체 rect로 가서, corner라는 필드를 선택한 후, 필드 값 객체로 다시 가서 x라는 필드를 찾으시오'라는 뜻입니다.

다음 예제는 box 객체를 인수로 전달한 후, 결과로 반환되는 Point 객체를 center에 할당합니다.

```
julia> center = findcenter(box)
Point(51.0, 102.0)
```

15.7 복사

별칭을 만드는 것은, 한쪽에서의 변경이 다른 부분에 예상치 못한 효과를 가할 수 있기 때문에 프로그램을 읽기 어렵게 만드는 요소입니다. 주어진 객체를 참조하는 모든 변수를 추적하는 것은 어려운 일이니까요.

그래서 객체를 복사해서 쓰는 것이 별칭보다 나을 때가 있습니다. 줄리아에는 deepcopy 함수가 있는데, 어떤 객체라도 내포된 객체의 내용까지 포함해 **깊은 복사**^{deep copy}를 수행합니다.

```
julia> p1 = MPoint(3.0, 4.0)
MPoint(3.0, 4.0)
julia> p2 = deepcopy(p1)
MPoint(3.0, 4.0)
julia> p1 ≡ p2
false
```

```
julia> p1 == p2
false
```

≡ 연산의 결과는 p1, p2가 같은 객체가 아니라는 것을 말해줍니다. 예상대로지요. 그런데, 이 두 점이 결국 같은 좌표를 갖고 있으니까 == 연산의 결과는 **true**라면 좋을 것 같습니다. 안타깝게도 가변 객체의 경우 == 연산자의 기본 동작은 === 연산자와 동일합니다. 즉 객체의 동일성만 확인하고, 동등성을 보지 않습니다(10.10절을 보세요). 가변 복합 자료형의 경우, 동등성을 판단할 수 있는 기준이 (적어도 아직은) 없기 때문입니다.

연습 15-2

Point의 인스턴스를 하나 만들고, 그것의 사본을 만든 후, 이 두 객체의 동일성과 동등성을 확인해보세요. 결과가 좀 놀라울 수 있는데, 이것이 바로 불변 객체의 경우 별칭을 만드는 것이 아무런 문제가 안 되는 이유입니다.

15.8 디버깅

객체를 다루다 보면, 몇 가지 새로운 예외를 만나게 됩니다. 존재하지 않는 필드에 접근하려고 하면, 다음과 같은 오류가 납니다.

```
julia> p = Point(3.0, 4.0)
Point(3.0, 4.0)
julia> p.z = 1.0
ERROR: type Point has no field z
Stacktrace:
 [1] setproperty!(::Point, ::Symbol, ::Float64) at ./sysimg.jl:19
 [2] top-level scope at none:0
```

객체의 자료형이 확실하지 않다면, 이렇게 확인해볼 수 있습니다.

```
julia> typeof(p)
Point
```

또한 객체가 특정 자료형이 맞는지 확인해볼 수도 있습니다.

```
julia> p isa Point
true
```

객체가 어떤 속성들을 가지고 있는지를 확인하려면 내장 함수 `fieldnames`를 쓸 수 있습니다.

```
julia> fieldnames(Point)
(:x, :y)
```

아니면 특정 속성이 있는지 확인하는 `isdefined` 함수도 있습니다.

```
julia> isdefined(p, :x)
true
julia> isdefined(p, :z)
false
```

`isdefined` 함수의 첫 번째 인수는 임의의 객체이고, 두 번째 인수는 심벌입니다. `:` 문자를 앞에 붙인 것은 필드명을 뜻합니다.

15.9 용어집

구조체struct

이름 있는 필드의 모음을 갖고 있는 사용자 정의 자료형. 복합 자료형이라고도 함.

속성attribute

객체와 관련된 이름 있는 값. 필드라고도 함.

생성자constructor

어떤 자료형과 이름이 같고, 그 자료형의 인스턴스를 생성하는 기능을 하는 함수.

인스턴스^{instance}

특정 자료형에 속하는 객체.

인스턴스 생성^{instantiate}

새로운 객체(인스턴스)를 만드는 행위.

객체 도식^{object diagram}

객체와 필드, 필드의 값을 표시한 도식.

내포된 객체^{embedded object}

다른 객체의 필드로 저장되어 있는 객체.

깊은 복사^{deep copy}

어떤 객체를 내포된 객체 모두를 포함해 복사하는 것. deepcopy 함수로 구현되어 있음.

15.10 연습 문제

연습 15-3

1. 필드로 center와 radius를 가지는 자료형 Circle을 작성하세요. center는 Point 객체이고, radius는 숫자입니다.

2. 중심이 (150, 100)이고, 반지름^{radius}이 75인 원^{circle}을 표현하는 Circle 객체를 생성하세요.

3. Circle 객체와 Point 객체를 받은 후, 그 점이 원 위에 있거나 원 내부에 있을 경우 true를 반환하는 함수 pointincircle을 작성하세요.

4. Circle 객체와 Rectangle 객체를 받아서, 직사각형 전체가 원 위나 원 내부에 있을 경우 true를 반환하는 함수 rectincircle을 작성하세요.

5. Circle 객체와 Rectangle 객체를 받아서, 직사각형의 어느 한 꼭짓점이라도 원 안에 있을 경우 true를 반환하는 함수 rectcircleoverlap을 작성하세요. 좀 더 심화해서 직사각형의 어느 한 일부만이라도 원 안에 들어갈 경우에 참이 되도록 해보세요.

연습 15-4

1. Turtle 객체와 Rectangle 객체를 받아, 거북이로 하여금 그 직사각형을 그리게 하는 함수 drawrect를 작성할세요. 거북이 사용법은 4장을 보세요.

2. Turtle 객체와 Circle 객체를 받아, 원을 그리는 함수 drawcircle을 작성하세요.

CHAPTER 16

구조체와 함수

이제 새로운 복합 자료형을 만들 수 있게 되었습니다. 다음 차례로 사용자 정의 객체를 인수로 받아 반환값으로 내놓는 함수를 작성해보겠습니다. 또한 이번 장에서는 '함수형 프로그래밍'을 비롯해 두 가지 새로운 개발 계획을 알려드리도록 하겠습니다.

16.1 시간

복합 자료형의 새로운 예제로 어떤 시점의 시각을 기록하는 구조체 MyTime을 작성해보겠습니다.

```
"""
Represents the time of day.

fields: hour, minute, second
"""
struct MyTime
    hour
    minute
    second
end
```

Time이라는 이름은 이미 줄리아에서 사용되고 있으므로, 이름 충돌을 피하고자 MyTime이라고

했습니다. MyTime 객체를 다음과 같이 생성해보겠습니다.

```
julia> time = MyTime(11, 59, 30)
MyTime(11, 59, 30)
```

새로 만든 객체의 객체 도식은 [그림 16-1]과 같습니다.

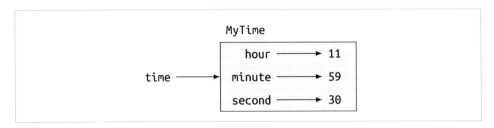

그림 16-1 객체 도식

연습 16-1

MyTime 객체를 받아 hour:minute:second 형식으로 출력하는 함수 printtime을 작성하세요. 이때 표준 라이브러리 Printf 패키지의 @printf 매크로를 사용해보세요. "%20d" 형식을 지정하면, 필요시 앞에 0을 붙여서 딱 두 자리로 정수를 출력해줍니다.

연습 16-2

두 개의 MyTime 객체 t1, t2를 받아서, 시간상 t1이 t2 뒤이면 true, 아니면 false를 반환하는 함수 isafter를 작성하세요. 도전: if 문을 쓰지 말고 작성해보세요.

16.2 순수 함수

이어지는 절에서는, 시간값을 더하는 두 개의 함수를 작성할 것입니다. 두 가지 종류의 함수를 보여주는 것이 목적인데, 하나는 순수 함수pure function이고 다른 하나는 변경자modifier입니다. 또한 이 함수들을 작성하는 과정을 통해 프로토타이핑prototype and patch이라는 개발 계획을 보일 예정입니다. 이 개발 계획은 복잡한 문제를 단순한 시제품(프로토타입)에서 시작해 점진적으로 복잡한 문제에 대응하는 방식으로 해결하는 방법입니다.

여기 **addtime**의 간단한 프로토타입이 있습니다.

```
function addtime(t1, t2)
    MyTime(t1.hour + t2.hour, t1.minute + t2.minute, t1.second + t2.second)
end
```

이 함수는 새로운 **MyTme** 객체에 필드 값을 넣어주면서 만들어 반환하고 있습니다. 이 함수는 인수로 전달된 객체를 전혀 수정하지 않고, 값을 표시한다거나 사용자 입력을 받는다거나 하는 작용 없이 값만 반환하고 있습니다. 이런 함수를 **순수 함수**^{pure function}라고 합니다.

이 함수를 테스트하기 위해, 두 개의 **MyTime** 객체를 만들겠습니다. 예를 들어 **start**는 영화를 보기 시작한 시간으로 하고, 영화는 〈몬티 파이튼과 성배〉를 본다고 해봅시다. **duration**은 영화의 상영 시간으로, 이 영화의 경우에는 1시간 35분입니다.

addtime 함수를 이용해 언제 영화가 끝나는지 알 수 있습니다.

```
julia> start = MyTime(9, 45, 0);

julia> duration = MyTime(1, 35, 0);

julia> done = addtime(start, duration);

julia> printtime(done)
10:80:00
```

결과가 **10:80:00**인데, 좀 이상한 결과죠. 이 함수는 초나 분을 더할 때 60이 넘을 경우를 고려하지 못한다는 게 문제입니다. 이런 경우에는 남는 초나 분을 위로 넘겨서 더해야 합니다. 좀 더 개선된 버전은 다음과 같습니다.

```
function addtime(t1, t2)
    second = t1.second + t2.second
    minute = t1.minute + t2.minute
    hour = t1.hour + t2.hour
    if second >= 60
```

```
            second -= 60
            minute += 1
        end
        if minute >= 60
            minute -= 60
            hour += 1
        end
        MyTime(hour, minute, second)
    end
```

제대로 작성되긴 했지만, 코드가 길어지고 있습니다. 나중에 좀 더 짧은 대안을 알아보겠습니다.

16.3 변경자

가끔은 함수가 인수로 받는 객체를 수정하는 것이 유용할 때가 있습니다. 이렇게 되면 호출자 쪽에도 변화가 반영됩니다. 이렇게 동작하는 함수를 **변경자**modifier라고 합니다.

가변인 MyTime 객체에 주어진 만큼의 초를 더하는 함수 increment!는 자연스럽게 변경자로 작성할 수 있습니다. 다음은 그 초안입니다.

```
function increment!(time, seconds)
    time.second += seconds
    if time.second >= 60
        time.second -= 60
        time.minute += 1
    end
    if time.minute >= 60
        time.minute -= 60
        time.hour += 1
    end
end
```

본문 첫 번째 줄은 기본적인 연산이고, 나머지 코드는 앞에서 살펴봤던 특이 케이스에 대응하고 있네요.

이 함수는 올바르게 작동할까요? 만일 seconds가 60보다 한참 크다면 어떻게 될까요?

그런 경우에는 자리 올림을 한 번만 해서는 충분하지 않습니다. time.second가 60 미만이 될 때까지 반복해야죠. 한 가지 해결법은 if 문을 while 문으로 변경하는 것입니다. 이렇게 하면 제대로 처리는 되겠지만, 효율적이지는 않습니다.

연습 16-3
루프를 사용하지 않는 버전으로 increment! 함수를 다시 작성하세요.

변경자로 할 수 있는 모든 일은 순수 함수로도 할 수 있습니다. 사실 어떤 프로그래밍 언어는 순수 함수만을 허용하기도 합니다. 변경자를 쓰는 것보다 순수 함수로 개발하는 것이 개발 속도도 빠르고 에러도 덜 발생합니다. 하지만 어떤 경우는 변경자가 간편할 때가 있고, 함수형으로 개발된 프로그램은 덜 효율적인 경향이 있기도 합니다.

일반적으로 말하자면, 가능하다면 순수 함수를 이용해 프로그램을 작성하고, 특별한 이점이 있는 경우에만 변경자로 하기를 추천합니다. 이런 접근은 **함수형 프로그래밍**functional programming이라고 합니다.

연습 16-4
increment!를 순수 함수 버전인 increment로 작성해보세요. 인수를 수정하지 않고, 새로운 MyTime 객체를 생성해서 반환해야 합니다.

16.4 시제품 만들기 vs 계획하기

지금까지 살펴본 개발 계획은 **프로토타이핑**prototype and patch입니다. 각각의 함수들 작성할 때, 먼저 단순하게 계산하는 버전을 만든 후, 테스트해보면서 에러를 수정하는 방식입니다.

이러한 접근 방법은 특히 문제에 대해서 깊은 이해를 하고 있지 못할 때 효과적입니다. 하지만 점진적인 수정은 불필요하게 복합한 코드를 만들 수 있습니다. 일반적이지 않은 여러 경우를 대응하기 위한 코드들 때문에 그렇습니다. 또한 모든 오류를 다 찾아냈는지 확신하기 어렵기 때문에 신뢰성이 좀 떨어지는 문제도 있습니다.

대안으로 **계획된 개발**designed development이 있습니다. 문제에 대한 수준 높은 통찰을 바탕으로 프로그래밍을 더 쉽게 만드는 방법입니다. Time 객체의 경우, 이 객체가 사실은 60진법인 세 자리 수로 이뤄졌다는 점을 아는 것이 바로 높은 수준의 통찰이라고 할 수 있습니다(*https://ko.wikipedia.org/wiki/육십진법*). second 속성은 1자리column, minute 속성은 60자리, hour 속성은 3600자리입니다.

앞에서 addtime과 increment! 함수를 작성할 때, 60 이상이면 자리 올림을 했었는데, 이는 사실상 60진법 더하기를 한 셈이었습니다.

이런한 관찰을 토대로 전체 문제를 다른 방법으로 접근해보겠습니다. MyTime 객체를 정수로 변환한 후, 컴퓨터의 정수 덧셈 기능을 활용하는 것입니다.

다음은 MyTime을 정수로 변환하는 함수입니다.

```
function timetoint(time)
    minutes = time.hour * 60 + time.minute
    seconds = minutes * 60 + time.second
end
```

그리고 다음은 정수를 MyTime으로 변환하는 함수입니다(기억하겠지만 divrem 함수는 주어진 두 수를 나눈 후, 몫과 나머지를 튜플로 반환하는 함수입니다).

```
function inttotime(seconds)
    (minutes, second) = divrem(seconds, 60)
    hour, minute = divrem(minutes, 60)
    MyTime(hour, minute, second)
end
```

이렇게 하는 것이 맞는지 확신하려면, 생각도 필요하고 테스트도 필요할 것 같습니다. 테스트하는 방법 중 하나는 여러 x값에 대해서 timetoint(inttotime(x)) == x인지 보는 것입니다. 이것은 일관성 검사의 한 가지 예입니다(11.8절을 보세요).

맞는다는 확신이 든다면, 이제 addtime을 재작성할 수 있습니다.

```
function addtime(t1, t2)
    seconds = timetoint(t1) + timetoint(t2)
    inttotime(seconds)
end
```

이 버전은 원래보다 짧을 뿐만 아니라, 검사하기도 쉽습니다.

연습 16-5

timetoint와 inttotime 함수를 이용해 increment! 함수를 재작성해보세요.

어떤 면에서는 60진법과 10진법을 서로 변환하는 것이 시간을 직접 다루는 것보다 더 어렵습니다. 진법 변환은 더 추상적이기 때문에, 직관적으로는 시간을 직접 다루는 것이 좋아 보입니다.

하지만 시간을 60진법인 수로 생각하고 timetoint와 inttotime 같은 변환 함수를 작성하는데 투자하고 나면, 코드가 더 짧아지고 읽거나 디버깅하기 편해지며 신뢰성이 높아집니다.

나중에 기능을 추가하는 것도 쉽습니다. 예를 들어 두 개의 MyTime 객체를 빼서, 시간 간격을 구하는 경우를 생각해봅시다. 생각 없이 구현한다면, 자리 내림을 하면서 필드끼리 빼는 식으로 하게 될 겁니다. 그보다는 변환 함수를 이용하는 편이 더 쉽고 더 정확하게 구현할 수 있겠죠.

아이러니하게도 문제를 (일반화해서) 더 어렵게 만드는 것이 더 쉽게 푸는 방법인 경우가 많습니다(특히 케이스가 거의 없어서 오류가 발생할 기회도 거의 없기 때문입니다).

16.5 디버깅

MyTime 객체는 minute와 second가 0 이상 60 미만이고, hour가 0보다 크거나 같다면 잘 정의되었다고 말할 수 있습니다. hour와 minute는 정수여야 하지만, second는 소수점 아래를 허용해야 될 것 같고요.

이런 요구 사항을 나타내는 조건식을 보통 **불변식**invariant이라고 부릅니다. 항상 참이어야 되기 때문입니다. 다르게 표현하자면, 참이 아닐 경우 뭔가 잘못되었다는 것입니다.

불변식을 체크하는 코드를 작성하면 오류를 발견하고, 원인을 발견하는 데 도움이 됩니다. 예를 들어 MyTime 객체를 받아서 불변식 위반 여부를 체크하는 함수 isvalidtime을 만들어보겠습니다.

```
function isvalidtime(time)
    if time.hour < 0 || time.minute < 0 || time.second < 0
        return false
    end
    if time.minute >= 60 || time.second >= 60
        return false
    end
    true
end
```

다음과 같이 각 함수의 앞쪽에 인수가 정상적인지 체크하는 코드를 넣을 수 있습니다.

```
function addtime(t1, t2)
    if !isvalidtime(t1) || !isvalidtime(t2)
        error("invalid MyTime object in add_time")
    end
    seconds = timetoint(t1) + timetoint(t2)
    inttotime(seconds)
end
```

다른 방법으로는 @assert 매크로를 쓸 수 있습니다. 이 매크로는 조건식이 false인 경우에 예외를 던집니다.

```
function addtime(t1, t2)
    @assert(isvalidtime(t1) && isvalidtime(t2), "invalid MyTime object in add_time")
    seconds = timetoint(t1) + timetoint(t2)
    inttotime(seconds)
end
```

@assert 매크로를 사용하면 오류 체크를 위한 코드와 일반 코드를 쉽게 구분할 수 있습니다.

16.6 용어집

프로토타이핑prototype and patch

프로그램의 대강의 초안을 먼저 작성한 후, 테스트하면서 오류를 수정해나가는 개발 계획.

순수 함수pure function

인수로 받는 객체를 수정하지 않는 함수. 대부분의 순수 함수는 반환값이 있는 유익fruitful 함수임.

변경자modifier

인수로 받는 객체 일부 또는 전체를 수정하는 함수. 대부분의 변경자는 반환값이 없는 (nothing인) 빈void 함수임.

함수형 프로그래밍functional programming

대부분의 함수를 순수 함수로 구현하는 프로그래밍 스타일.

계획된 개발designed development

문제에 대한 높은 수준의 이해를 바탕으로, 점진적 개발이나 프로토타이핑에 비해 더 많은 계획을 하는 개발 계획.

불변식invariant

프로그램 실행 중에 절대 변하지 않아야 하는 조건식.

16.7 연습 문제

연습 16-6

MyTime 객체와 숫자를 받아서, 그 숫자를 곱한 결과를 새로운 MyTime 객체로 반환하는 함수 multime을 작성하세요.

그런 다음 multime을 이용해, 기록을 나타내는 MyTime 객체와 거리를 나타내는 숫자를 받아, 평균 페이스pace를 반환하는 함수를 작성해보세요. 페이스는 단위 거리당 소요 시간으로 나타냅니다.

연습 16-7

줄리아에는 이 장에서 만든 MyTime 객체와 유사하지만, 더 다양한 함수와 연산자를 제공하는 내장 객체 Time이 있습니다(*https://docs.julialang.org/en/v1/stdlib/Dates/#Dates-and-Time-Types-1*).

1. 현재 날짜를 알아낸 후, 요일을 출력하는 프로그램을 작성하세요.

2. 생일을 입력받아, 나이와 다음 생일까지 남은 시간을 일, 시, 분, 초로 출력하는 프로그램을 작성하세요.

3. 생일이 다른 두 사람에 대해서, 한 사람이 다른 사람보다 딱 두 배를 살고 있는 시점이 있는데, 이런 날을 더블 데이Double Day라고 합니다. 두 개의 생일을 입력받아 더블 데이를 계산하는 프로그램을 작성하세요.

4. 조금 더 도전해봅시다. 다른 사람보다 n배 더 살게 되는 날을 계산하는 프로그램을 작성해보세요.

CHAPTER 17

다중 디스패치

줄리아에서는 여러 가지 자료형에 대응하도록 코드를 작성할 수 있습니다. **제네릭 프로그래밍** generic programming이라고 부르는 개념입니다.

이 장에서는 줄리아에서 사용하는 자료형 선언에 대해서 알아보고, 인수의 자료형에 따라 다르게 동작하도록 하는 방법을 소개할 예정입니다. 이를 다중 디스패치multiple dispatch라고 부릅니다.

17.1 자료형 선언

:: 연산자는 표현식이나 값이 어떤 자료형이어야 하는지를 알려주는 **자료형 주석**type annotation을 붙여줍니다.[1]

```
julia> (1 + 2) :: Float64
ERROR: TypeError: in typeassert, expected Float64, got Int64
julia> (1 + 2) :: Int64
3
```

이는 프로그램이 예상대로 동작하는지 확인하는 데 도움이 됩니다.

---

1 역자주_ 여기서 주석(annotation)은 코드에 영향을 주지 않는 설명을 뜻하는 주석(comment)과는 다른 의미로 부연 설명이라는 뜻입니다.

또 :: 연산자는 할당문의 왼쪽에 붙을 수 있습니다. 즉 선언의 일부가 될 수 있습니다.

```
julia> function returnfloat()
           x::Float64 = 100
           x
       end
returnfloat (generic function with 1 method)
julia> x = returnfloat()
100.0
julia> typeof(x)
Float64
```

변수 x는 항상 Float64 형이어야 하기 때문에, 필요하다면 값이 부동소수점으로 변환됩니다.

자료형 주석은 함수 정의 헤더에 붙을 수도 있습니다.

```
function sinc(x)::Float64
    if x == 0
        return 1
    end
    sin(x)/(x)
end
```

이렇게 하면 sinc 함수의 반환값은 항상 Float64 형으로 변환됩니다.

줄리아에서 자료형이 생략되었을 때 기본 동작은 아무 자료형이나 허용하는 것입니다. 정확히는 Any 형인데, 똑같은 말입니다.

17.2 메서드

우리는 16.1절에서 MyTime 구조체를 정의하고, 연습으로 printtime 함수를 작성했습니다.

```
using Printf

struct MyTime
    hour :: Int64
    minute :: Int64
```

```
        second :: Int64
    end

    function printtime(time)
        @printf("%02d:%02d:%02d", time.hour, time.minute, time.second)
    end
```

여기서 알 수 있듯이, 자료형 선언은 구조체 정의에 있는 필드에도 붙일 수 있습니다(성능상 반드시 붙이는 것이 좋습니다).

이 함수를 호출하려면 MyTime 객체를 인수로 넘겨야 합니다.

```
julia> start = MyTime(9, 45, 0)
MyTime(9, 45, 0)
julia> printtime(start)
09:45:00
```

printtime 함수에 MyTime 객체만 받아들이는 동작, 즉 **메서드**method를 추가하려면, 함수 정의에 있는 매개변수 time에 ::와 MyTime을 붙이면 됩니다.

```
function printtime(time::MyTime)
    @printf("%02d:%02d:%02d", time.hour, time.minute, time.second)
end
```

메서드는 특정한 **시그너처**signature를 가진 함수 정의입니다. printtime의 시그너처는 MyTime 형인 매개변수가 하나 있다는 것입니다.

MyTime 객체를 인수로 printtime을 호출하면 같은 결과가 나옵니다.

```
julia> printtime(start)
09:45:00
```

이제 :: 자료형 주석이 없는, 즉 아무 자료형이나 받을 수 있는 첫 번째 메서드를 재정의해보 겠습니다.

```
function printtime(time)
    println("I don't know how to print the argument time.")
end
```

MyTime 객체가 아닌 인수를 넘겨서 printtime을 호출하면 다음 결과가 나올 것입니다.

```
julia> printtime(150)
I don't know how to print the argument time.
```

연습 17-1

16.4절에 나오는 timetoint, inttotime 함수를 인수의 자료형이 명시되도록 재작성해보세요.

17.3 추가 예시

다음은 16.3절에 나오는 increment 함수에 자료형을 명시해 재작성한 것입니다.

```
function increment(time::MyTime, seconds::Int64)
    seconds += timetoint(time)
    inttotime(seconds)
end
```

이 함수는 변경자가 아니라 순수 함수라는 점에 유의하세요.

increment 함수는 다음과 같이 호출해서 사용하겠죠.

```
julia> start = MyTime(9, 45, 0)
MyTime(9, 45, 0)
julia> increment(start, 1337)
MyTime(10, 7, 17)
```

인수를 잘못된 순서로 넘기면 오류가 발생합니다.

```
julia> increment(1337, start)
ERROR: MethodError: no method matching increment(::Int64, ::MyTime)
```

increment 메서드의 시그너처는 increment(time::MyTime, seconds::Int64)이기 때문

입니다. increment(seconds::Int64, time::MyTime)가 아니고요.

MyTime 객체만 받는 isafter를 재작성하는 것은 쉽습니다.

```
function isafter(t1::MyTime, t2::MyTime)
    (t1.hour, t1.minute, t1.second) > (t2.hour, t2.minute, t2.second)
end
```

덧붙여 말하자면, 줄리아에서 선택적 인수는 다중 메서드 정의 문법으로 구현되어 있습니다. 예를 들어 다음 함수 정의를 봅시다.

```
function f(a=1, b=2)
a + 2b
end
```

이는 다음 세 개의 메서드로 해석되어 실행됩니다.

```
f(a, b) = a + 2b
f(a) = f(a, 2)
f() = f(1, 2)
```

이 표현식들은 모두 정상적인 메서드 정의입니다. 함수나 메서드를 빠르게 정의할 수 있는 표기법입니다.

17.4 생성자

생성자는 객체를 생성하기 위해 호출하는 특별한 함수입니다. 구조체 MyTime의 기본 생성자는 모든 필드를 인수로 받는데, 시그너처는 다음과 같습니다.

```
MyTime(hour, minute, second)
MyTime(hour::Int64, minute::Int64, second::Int64)
```

필요하다면 직접 **외부 생성자**outer constructor 메서드를 추가할 수도 있습니다.

```
function MyTime(time::MyTime)
    MyTime(time.hour, time.minute, time.second)
end
```

이런 메서드를 **사본 생성자**copy constructor라고 부릅니다. 반환되는 **MyTime** 객체가 인수의 복사본이기 때문입니다.

불변식을 강제하려면, **내부 생성자**inner constructor가 필요합니다.

```
struct MyTime
    hour :: Int64
    minute :: Int64
    second :: Int64
    function MyTime(hour::Int64=0, minute::Int64=0, second::Int64=0)
        @assert(0 ≤ minute < 60, "Minute is not between 0 and 60.")
        @assert(0 ≤ second < 60, "Second is not between 0 and 60.")
        new(hour, minute, second)
    end
end
```

구조체 **MyTime**은 이제 4개의 내부 생성자를 갖게 되었습니다.

```
MyTime()
MyTime(hour::Int64)
MyTime(hour::Int64, minute::Int64)
MyTime(hour::Int64, minute::Int64, second::Int64)
```

내부 생성자는 항상 자료형이 선언되고 있는 블록 안에서 정의되고, 그 자료형의 객체를 만드는 특별한 함수 new에 접근할 수 있습니다.

> **CAUTION_** 만일 내부 생성자가 하나라도 정의되면, 기본 생성자를 사용할 수 없게 됩니다. 그러니 필요한 내부 생성자를 명시적으로 모두 작성해주어야 합니다.

new 함수를 인수 없이 호출하는 메서드도 있습니다.

```
struct MyTime
    hour :: Int
```

```
    minute :: Int
    second :: Int
    function MyTime(hour::Int64=0, minute::Int64=0, second::Int64=0)
        @assert(0 ≤ minute < 60, "Minute is between 0 and 60.")
        @assert(0 ≤ second < 60, "Second is between 0 and 60.")
        time = new()
        time.hour = hour
        time.minute = minute
        time.second = second
        time
    end
end
```

이렇게 하면, 재귀적 자료구조를 생성할 수 있습니다. 재귀적이라 함은 필드 중 어떤 것이 구조체 자신인 것을 뜻합니다. 이런 방식으로 생성자를 구현한다면, 구조체는 반드시 가변이어야 합니다. new 함수로 객체를 생성한 후, 객체의 필드를 수정하기 때문입니다.

17.5 show 함수

함수 show는 객체의 문자열 표현을 돌려주는 특별한 함수입니다. 다음은 MyTime 객체에 대한 show 함수의 결과입니다.

```
using Printf

function Base.show(io::IO, time::MyTime)
    @printf(io, "%02d:%02d:%02d", time.hour, time.minute, time.second)
end
```

함수 정의에 Base가 앞에 붙은 것은, 우리가 Base.show 함수에 메서드를 추가하고 싶기 때문입니다.

객체를 그대로 출력하면, 줄리아는 자동적으로 show 함수를 불러줍니다.

```
julia> time = MyTime(9, 45)
09:45:00
```

저는 새로운 복합 자료형을 작성할 때면, 객체 생성을 편하게 할 수 있기 때문에 항상 외부 생성자를 작성하는 것부터 시작합니다. 그리고 디버깅에 매우 유용한 show 메서드도 작성합니다.

연습 17-2

Point 구조체의 외부 생성자를 하나 작성하세요. 선택적 인수로 x, y를 받아서 그에 대응하는 필드에 할당해주어야 합니다.

17.6 연산자 오버로딩

연산자 메서드를 정의하면, 사용자 정의 자료형에 대한 연산자의 동작을 지정할 수 있습니다. 예를 들어 두 개의 MyTime 인수를 받는 +라는 이름의 메서드를 정의하면, MyTime 객체에 대해 + 연산자를 쓸 수 있습니다.

연산자 메서드 정의는 이런 식으로 합니다.

```
import Base.+

function +(t1::MyTime, t2::MyTime)
    seconds = timetoint(t1) + timetoint(t2)
    inttotime(seconds)
end
```

여기서 import 문은 연산자에 대한 메서드를 추가할 수 있게, + 연산자를 지역 범위에 추가하는 기능을 하고 있습니다.

이제 + 연산자를 다음과 같이 사용할 수 있습니다.

```
julia> start = MyTime(9, 45)
09:45:00
julia> duration = MyTime(1, 35, 0)
01:35:00
julia> start + duration
11:20:00
```

MyTime 객체에 + 연산자를 적용하면, 줄리아는 새로 추가된 메서드를 호출합니다. 그리고 REPL에서 그 결과를 출력하기 위해 show 함수를 이용합니다. 뒤에서 꽤 많은 일이 일어나고 있는 거죠.

이와 같이 어떤 연산자가 사용자 정의 자료형에 대해 동작하도록 메서드를 추가하는 것을 **연산자 오버로딩**operator overloading이라고 합니다.

17.7 다중 디스패치

우리는 앞 절에서 두 개의 MyTime 객체를 더해봤습니다. 그런데 MyTime 객체에 정수를 더하고 싶을 수도 있습니다.

```
function +(time::MyTime, seconds::Int64)
    increment(time, seconds)
end
```

다음은 MyTime 객체와 정수를 더하는 예제입니다.

```
julia> start = MyTime(9, 45)
09:45:00
julia> start + 1337
10:07:17
```

덧셈은 교환법칙이 성립하는 연산이기 때문에, 메서드를 하나 더 만들어줘야 합니다.

```
function +(seconds::Int64, time::MyTime)
    time + seconds
end
```

그러면 이제 같은 결과를 얻을 수 있습니다.

```
julia> 1337 + start
10:07:17
```

디스패치dispatch는 함수가 호출될 때 어떤 메서드를 사용해야 하는지를 정하는 매커니즘입니다. 줄리아는 주어진 인수의 개수와 자료형에 따라 함수의 메서드가 선택되도록 합니다. 함수의 모든 인수를 이용해, 호출될 메서드를 정하는 방법을 **다중 디스패치**multiple dispatch라고 합니다.

연습 17–3

Point 객체에 대해 + 메서드를 작성하세요.

- 두 개의 피연산자가 Point 객체라면, 메서드는 피연산자들의 x 좌표끼리 더한 값을 x 좌표로 삼고 y 좌표도 마찬가지로 계산하여 새로운 Point 객체를 반환해야 합니다.

- 첫 번째, 두 번째 피연산자가 튜플이라면, 메서드는 튜플의 첫 번째 원소를 피연산자의 x 좌표에 더한 값을 x 좌표로 하고, 두 번째 원소를 피연산자의 y 좌표에 더한 값을 y 좌표로 하는 새로운 Point 객체를 반환해야 합니다.

17.8 제네릭 프로그래밍

꼭 필요한 경우 다중 디스패치는 매우 유용한 수단입니다만, (다행스럽게도) 쓸 일이 많지는 않습니다. 여러 자료형의 인수에 대해서도 잘 동작하는 함수를 작성하는 것으로 이런 상황을 피할 수 있습니다.

문자열을 다루기 위해서 작성했던 많은 함수는 다른 순열 자료형에 대해서도 잘 동작합니다. 예를 들어 11.2절에서 우리는 주어진 단어에 각 글자가 몇 번 나오는지를 세기 위해 histogram 함수를 사용했습니다.

```
function histogram(s)
    d = Dict()
    for c in s
        if c ∉ keys(d)
            d[c] = 1
        else
            d[c] += 1
        end
    end
    d
end
```

s의 원소가 d의 키로 사용될 수 있도록 해시 가능하다면, 이 함수는 배열이나 튜플, 심지어는 딕셔너리에 대해서도 잘 동작할 겁니다.

```
julia> t = ("spam", "egg", "spam", "spam", "bacon", "spam")
("spam", "egg", "spam", "spam", "bacon", "spam")
julia> histogram(t)
Dict{Any,Any} with 3 entries:
  "bacon" => 1
  "spam" => 4
  "egg" => 1
```

이렇게 여러 가지 자료형에 대해서 동작하는 함수를 **다형**polymorphic 함수라고 합니다. 다형성 polymorphism은 코드 재사용을 용이하게 해줍니다.

MyTime 객체에 대해 + 메서드를 만들었으므로 sum 함수를 사용할 수 있습니다.

```
julia> t1 = MyTime(1, 7, 2)
01:07:02
julia> t2 = MyTime(1, 5, 8)
01:05:08
julia> t3 = MyTime(1, 5, 0)
01:05:00
julia> sum((t1, t2, t3))
03:17:10
```

일반적으로, 함수 내부에 있는 모든 연산이 주어진 자료형에 대해 잘 동작한다면, 그 함수는 그 자료형에 대해 잘 동작한다고 말합니다.

다형성 중에서 가장 좋은 종류는 의도하지 않은 다형성입니다. 함수를 작성할 때는 전혀 고려하지 않았는데, 의외의 자료형에 대해 그 함수가 잘 동작하는 것을 발견한 경우 같은 상황을 말합니다.

17.9 인터페이스와 구현

다중 디스패치의 목표는 소프트웨어에 대한 쉬운 유지 보수입니다. 다른 부분의 변경이 있더라도 프로그램이 잘 동작하도록 하고, 또 새로운 요구 사항에 맞춰 쉽게 수정할 수 있도록 하는 것 말입니다.

그러한 목표를 달성하기 위한 디자인 철학은 인터페이스와 구현을 분리하는 것입니다. 자료형이 주어진 인수를 가진 메서드는 그 자료형의 필드가 어떻게 표현되는지에 의존하지 않아야 한다는 뜻입니다.

예를 들어 이 장에서 우리는 시간을 표현하기 위한 구조체를 개발했습니다. 이 자료형으로 주어진 인수를 가지는 메서드는 `timetoint`, `isafter`, `+` 등이 있습니다.

이러한 메서드는 여러 가지 방법으로 구현할 수가 있는데, 세부적인 구현 방법은 `MyTime`을 어떻게 표현했는지에 의존적이었습니다. 이 장의 예에서 `MyTime` 객체의 필드는 `hour`, `minute`, `second`였습니다.

다른 방법으로는, 이들 필드를 자정에서 얼마나 지났는지 초로 나타내는 하나의 정수로 대체할 수도 있을 것입니다. 이렇게 하면 `isafter` 같은 함수를 구현하기는 더 쉬워지겠지만, 다른 함수의 구현은 어려워질 것입니다.

새로운 자료형을 배포한 후에 더 좋은 구현 방법을 발견할 수도 있습니다. 프로그램의 다른 부분에서 이 자료형을 사용하고 있다면, 인터페이스를 변경하는 것은 시간도 들고 오류 발생 가능성을 높이는 일이 될 것입니다.

하지만 인터페이스를 디자인할 때 주의를 기울인다면, 인터페이스의 변경 없이 구현만 바꿀 수 있습니다. 이런 경우라면 프로그램의 다른 부분은 바꿀 필요가 없어집니다.

17.10 디버깅

함수에 메서드가 여러 개 있다면, 정확하게 인수를 지정해서 함수를 호출하기 어려울 수 있습니다. 이런 문제가 있을 때는, 함수에 있는 메서드들의 시그너처를 확인해볼 수 있습니다.

어떤 함수의 메서드를 알고 싶을 때는 `methods` 함수를 사용합니다.

```
julia> methods(printtime)
# 2 methods for generic function "printtime":
[1] printtime(time::MyTime) in Main at REPL[3]:2
[2] printtime(time) in Main at REPL[4]:2
```

이 예에서는 함수 printtime의 메서드가 두 개입니다. 하나는 MyTime을 인수로 갖는 것이고,
다른 하나는 Any를 인수로 갖는 것입니다.

17.11 용어집

자료형 주석type annotation

자료형이 뒤에 붙는 :: 연산자는 어떤 표현식이나 변수가 그 자료형임을 나타냄.

메서드method

어떤 함수에 대해 가능한 동작을 정의한 것.

시그너처signature

메서드의 인수 개수와 그것들의 자료형. 디스패치는 이 시그너처를 이용해 호출된 함수에 대해
선택 가능한 메서드들 중에서 인수가 가장 구체적인 것을 선택함.

생성자constructor

객체를 생성하기 위해 호출하는 특별 함수.

기본 생성자default constructor

개발자가 정의한 내부 생성자가 없을 경우에 사용 가능한 내부 생성자.

외부 생성자outer constructor

자료형의 정의 바깥에서 정의되는 생성자로 객체 생성을 편하게 하기 위한 메서드.

사본 생성자^{copy constructor}

어떤 자료형의 외부 생성자로서, 그 자료형의 객체가 유일한 인수인 것. 인수의 복사본을 생성한다.

내부 생성자^{inner constructor}

자료형의 정의 내부에서 정의되는 생성자로 불변식을 강제하거나, 자가 참조 객체를 만들기 위해 사용.

연산자 오버로딩^{operator overloading}

+ 같은 연산자가 사용자 정의 자료형에 대해서도 잘 동작하도록 메서드를 추가하는 것.

디스패치^{dispatch}

함수가 호출되었을 때, 어떤 메서드를 실행해야 할지 선택하는 것.

다중 디스패치^{multiple dispatch}

함수의 모든 인수에 기반해 디스패치하는 것.

제네릭 프로그래밍^{generic programming}

두 종류 이상의 자료형에 대해 잘 동작하는 코드를 작성하는 것.

다형 함수^{polymorphic function}

인수가 여러 자료형일 수 있는 함수.

17.12 연습 문제

연습 17-4

MyTime 구조체의 필드를 자정부터 경과한 초를 나타내는 정수로 바꾸세요. 그런 다음 이 장에서 정의한 메서드들이 새로운 구현에 대해 잘 동작하도록 수정하세요.

연습 17-5

배열인 pouchcontents(주머니 내용물)를 필드로 갖는 구조체 Kangaroo와 다음 메서드들을 작성하세요.

- pouchcontents를 빈 배열로 초기화하는 생성자

- Kangaroo 객체와 아무 자료형인 객체를 받아 pouchcontents에 그 객체를 추가하는 putinpouch 메서드

- Kangaroo 객체와 주머니의 내용물들을 문자열로 반환하는 show 메서드

두 개의 Kangaroo 객체를 만들어서, 변수 kanga와 roo에 할당하고, roo를 kanga의 주머니에 넣어보는 것으로 작성된 코드를 테스트해보세요.

CHAPTER 18

하위 유형화

이전 장에서 다중 디스패치와 다형 메서드를 소개했습니다. 어떤 메서드에서 인수의 자료형을 특별히 지정하지 않으면, 아무 자료형으로나 호출할 수 있다는 것도 봤습니다. 논리적으로 봤을 때, 다음 단계는 메서드의 시그너처에 허용되는 자료형이 무엇인지를 명시하는 것입니다.

이 장에서는 플레잉 카드(트럼프 카드)와 카드의 덱, 카드 조합(패)을 나타내는 자료형을 이용해 하위 자료형 정의를 살펴볼 예정입니다.

포커를 할 줄 모른다면, 위키백과에서 '포커' 항목을 읽어봐도 좋습니다만, 굳이 보지 않더라도 연습 문제를 풀 수 있을 정도는 설명할 예정입니다.

18.1 카드

한 개의 덱에는 52장의 카드가 있습니다. 각 카드는 4종류의 무늬와 13개의 끗수 중 하나를 가집니다. 무늬의 종류는 스페이드(♠), 하트(♥), 다이아몬드(♦), 클럽(♣)입니다. 끗수는 A(에이스), 2, 3, 4, 5, 6, 7, 8, 9, 10, J(신하), Q(여왕), K(왕)으로 13개입니다. 게임의 종류에 따라서 A는 K보다 높을 수도 있고 2보다 낮을 수도 있습니다.

카드를 나타내는 객체를 정의하려면, 그 속성은 당연히 rank(끗수)와 suit(무늬)가 될 것입니다. 하지만 그 속성의 자료형이 무엇인지는 좀 애매합니다. 한 가지 방안은 무늬는

"Spade"(스페이드), 끗수는 "Queen"(여왕) 식으로 문자열을 이용하는 것입니다. 이렇게 구현했을 때 발생하는 문제는 어떤 카드가 높은 카드인지 비교하기가 어렵다는 점입니다.

대안은 무늬와 끗수를 **부호화**encode한 숫자를 사용하는 것입니다. 여기서 부호화라는 것은 숫자와 무늬를 대응시키거나, 숫자를 끗수에 대응시킨다는 말입니다. 부호화한다고 해서 뭔가 숨겨지는 것은 아닙니다(그런 경우라면 암호화encryption라고 했겠죠).

예를 들어 무늬와 숫자를 이렇게 대응시킬 수 있습니다.

- ♠ ⟼ 4

- ♥ ⟼ 3

- ♦ ⟼ 2

- ♣ ⟼ 1

이렇게 하면, 높은 무늬가 높은 숫자로 대응되기 때문에, 카드를 비교할 때 부호 숫자만 비교할수 있어서 간편해집니다.

여기서 ⟼ 기호는 줄리아 프로그램에서의 사상이 아니라는 뜻으로 사용했습니다. 프로그램 설계의 한 부분이지만, 코드에 명시적으로 나오지는 않습니다.

카드의 구조체 정의는 다음과 같습니다.

```
struct Card
    suit :: Int64
    rank :: Int64
    function Card(suit::Int64, rank::Int64)
        @assert(1 ≤ suit ≤ 4, "suit is not between 1 and 4")
        @assert(1 ≤ rank ≤ 13, "rank is not between 1 and 13")
        new(suit, rank)
    end
end
```

카드를 한 장 만들려면, 원하는 무늬와 끗수를 인수로 생성자 Card를 호출합니다.

```
julia> queen_of_diamonds = Card(2, 12)
Card(2, 12)
```

18.2 전역 변수

Card 객체를 알아보기 쉽게 출력하려면, 숫자 부호로 끗수와 무늬를 가져올 수 있는 사상이 필요합니다. 자연스러운 방법은 문자열 배열입니다.

```
const suit_names = ["♣", "♦", "♥", "♠"]
const rank_names = ["A", "2", "3", "4", "5", "6", "7", "8", "9", "10", "J",
"Q", "K"]
```

여기서 변수 suit_names와 rank_names는 전역 변수입니다. 앞에 붙은 const는 이 변수가 딱 한 번만 할당될 수 있다는 뜻입니다. 이렇게 하면 전역 변수의 성능 문제를 해결할 수 있습니다.

이제 show 메서드를 구현해봅시다.

```
function Base.show(io::IO, card::Card)
    print(io, rank_names[card.rank], suit_names[card.suit])
end
```

표현식 rank_names[card.rank]는 "객체 card의 속성 rank를 배열 rank_names의 인덱스로 써서, 대응되는 문자열을 골라오라"는 뜻입니다.

지금까지 만든 메서드를 이용해서, Card를 만들고 출력할 수 있습니다.

```
julia> Card(3, 11)
J♥
```


18.3 카드 비교

내장 자료형의 경우, 값을 비교해서 어떤 것이 크고 작은지, 또는 같은지를 알 수 있는 <, >, == 등의 관계 연산자가 제공됩니다. 사용자 정의 자료형의 경우에는 < 메서드를 정의함으로써, 내장된 연산자들이 제대로 동작하도록 만들 수 있습니다.

카드의 순서가 명백하게 정해져 있는 것은 아닙니다. 예를 들어 클럽 3과 다이아몬드 2 중에서 어떤 것이 좋은 건가요? 한쪽은 무늬가 높고, 다른 쪽은 끗수가 높습니다. 카드를 비교하려면, 무늬와 끗수 중에서 어떤 것이 더 중요한지를 결정해야 합니다.

그 답은 어떤 종류의 게임을 하느냐에 따라 다르겠습니다만, 여기서는 단순하게 무늬가 더 중요하다고 임의로 정하겠습니다. 즉 모든 스페이드 카드가 다이아몬드 카드보다 높고, 다른 무늬도 마찬가지입니다.

이렇게 결정하고 나면 < 메서드를 작성할 수 있습니다.

```
import Base.isless

function isless(c1::Card, c2::Card)
    (c1.suit, c1.rank) < (c2.suit, c2.rank)
end
```

연습 18-1

16장부터 만든 MyTime 객체에 대해서 < 메서드를 작성하세요. 튜플 비교를 사용해도 되지만, 정수 비교를 하는 것도 고려해보세요.

18.4 유닛 테스트

유닛 테스트unit test는 작성한 코드의 실행 결과를 예상 결과와 비교하는 것으로, 코드의 정확성을 검증하는 한 방법입니다. 코드를 수정한 뒤에도 유닛 테스트 결과가 제대로 나왔다면 문제없이 수정되었다는 것을 확신할 수 있습니다. 또, 유닛 테스트는 개발 과정에서 코드의 올바른 동작이 무엇인지 사전에 정의하는 방법이기도 합니다.

간단한 유닛 테스트는 @test 매크로를 이용해서 할 수 있습니다.

```
julia> using Test
julia> @test Card(1, 4) < Card(2, 4)
Test Passed
julia> @test Card(1, 3) < Card(1, 4)
```

@test는 뒤에 나오는 표현식이 참일 경우 "Test Passed"를 반환하고, 거짓이면 "Test Failed"를 반환하며, 표현식을 평가할 수 없는 경우에는 "Error Result"를 반환합니다.

18.5 덱

카드를 표현하는 구조체 Card를 정의했으니, 이제 덱을 표현하는 구조체 Deck을 정의할 차례입니다. 덱은 카드의 모음이기 때문에, 각각의 덱이 카드의 배열을 속성으로 가지고 있는 것이 자연스럽습니다.

다음은 구조체 Deck의 정의입니다. 생성자는 cards 속성을 만든 후, 52장으로 이루어진 표준적인 카드 한 벌을 생성하여, cards에 넣습니다.

```
struct Deck
    cards :: Array{Card, 1}
end

function Deck()
    deck = Deck(Card[])
    for suit in 1:4
        for rank in 1:13
            push!(deck.cards, Card(suit, rank))
        end
    end
    deck
end
```

이렇게 카드 덱을 만드는 가장 쉬운 방법은 중첩 루프입니다. 바깥쪽 루프는 무늬 부호를 1에서 4까지 열거하고, 안쪽 루프는 끗수 부호를 1에서 13까지 열거합니다. 각각의 반복에서 현재의 무늬와 끗수로 새로운 객체 Card를 만들고, deck.cards에 집어넣습니다.

Deck의 show 메서드는 다음과 같습니다.

```
function Base.show(io::IO, deck::Deck)
```

```
    for card in deck.cards
        print(io, card, " ")
    end
    println()
end
```

결과는 이렇게 나올 것입니다.

```
julia> Deck()
A♣ 2♣ 3♣ 4♣ 5♣ 6♣ 7♣ 8♣ 9♣ 10♣ J♣ Q♣ K♣ A♦ 2♦ 3♦ 4♦ 5♦ 6♦ 7♦ 8♦ 9♦ 10♦ J♦ Q♦ K♦ A♥ 2♥
3♥ 4♥ 5♥ 6♥ 7♥ 8♥ 9♥ 10♥ J♥ Q♥ K♥ A♠ 2♠ 3♠ 4♠ 5♠ 6♠ 7♠ 8♠ 9♠ 10♠ J♠ Q♠ K♠
```

18.6 더하기, 빼기, 섞기, 정렬하기

카드를 다루려면 Deck에서 Card를 빼서 반환하는 함수 같은 것들이 필요할 것입니다. 함수
pop!을 이용하면 편하게 할 수 있습니다.

```
function Base.pop!(deck::Deck)
    pop!(deck.cards)
end
```

pop!은 배열의 마지막 원소를 제거하기 때문에, 덱의 맨 아래에 있는 카드를 제거하는 것으로
생각할 수 있습니다.

카드를 추가하려면 push! 함수를 사용합니다.

```
function Base.push!(deck::Deck, card::Card)
    push!(deck.cards, card)
    deck
end
```

이런 식으로 큰 노력 없이 다른 메서드를 활용해서 처리하는 메서드를 **겉판(베니어)**veneer이라고
부르기도 합니다. 합판을 제작할 때, 미관을 개선하기 위해서 좋은 품질의 나무로 만든 겉판을
붙이는 것에서 유래한 말입니다.

우리의 경우에는 push! 함수가 deck에 대해 배열 연산을 표현하는 얇은 겉판입니다. 이렇게 하면 구현의 미관, 즉 인터페이스가 개선됩니다.

또 다른 예로 Random.shuffle! 함수를 사용하는 shuffle! 메서드를 작성해보겠습니다.

```
using Random

function Random.shuffle!(deck::Deck)
    shuffle!(deck.cards)
    deck
end
```

연습 18-2

덱의 카드를 정렬하는 함수 sort!를 sort! 함수를 이용해 작성하세요. 이 sort! 함수는 정렬할 때 크고 작음의 비교를 위해 앞에서 우리가 정의했던 < 메서드를 이용합니다.

18.7 추상 자료형과 하위 유형화

카드의 패hand, 즉 플레이어가 손에 들고 있는 카드를 나타내는 자료형을 만들고 싶다고 해보죠. hand는 deck과 유사하게 card의 모음으로 이루어져 있고, 마찬가지로 card를 더하고 빼는 메서드가 필요합니다.

hand는 deck과 다른 점도 있습니다. deck에는 해당되지 않지만, hand에 대해서는 필요한 연산들이 있는 겁니다. 예를 들어 포커라면 어떤 쪽이 이겼는지를 알기 위해 두 개의 패를 비교할 수 있어야 합니다. 콘트랙트 브리지 같은 게임이라면 입찰을 위해서 패의 점수를 계산할 수 있어야 할 것입니다.

이 말은 관련성이 있는 **구체 자료형**concrete type들을 묶어서 처리할 방법이 필요하다는 뜻입니다. 줄리아에서는 Deck과 Hand의 공통 속성을 가지는 상위 **추상 자료형**abstract type을 정의함으로써 그렇게 할 수 있습니다. 이러한 과정을 **하위 유형화(서브타이핑)**subtyping라고 합니다.

Deck과 Hand의 공통 속성을 가지는 추상 자료형을 CardSet라고 해봅시다.

```
abstract type CardSet end
```

새로운 추상 자료형은 **abstract type** 예약어로 만듭니다. 자료형을 만들 때 상위 자료형을 지정하고 싶으면, 자료형 이름 뒤에 <:을 쓰고, 상위 자료형으로 지정할 기존 자료형의 이름을 붙입니다.

상위 자료형supertype이 주어지지 않으면, 기본적으로 Any가 상위 자료형이 됩니다. 모든 객체는 사실 Any의 인스턴스이고, 모든 자료형은 Any의 하위 자료형입니다.

이제 Deck은 CardSet의 하위 자료형으로 표현할 수 있습니다.

```
struct Deck <: CardSet
    cards :: Array{Card, 1}
end

function Deck()
    deck = Deck(Card[])
    for suit in 1:4
        for rank in 1:13
            push!(deck.cards, Card(suit, rank))
        end
    end
    deck
end
```

연산자 isa는 어떤 객체가 어떤 자료형이 맞는지 검사합니다.

```
julia> deck = Deck();

julia> deck isa CardSet
true
```

hand 역시 CardSet의 한 종류입니다.

```
struct Hand <: CardSet
    cards :: Array{Card, 1}
    label :: String
end
```

```
function Hand(label::String="")
    Hand(Card[], label)
end
```

Hand의 생성자는 cards에 52장의 새로운 카드를 채우는 것이 아니라, 빈 배열을 할당하여 초기화합니다. 새 Hand에 이름을 붙이기 위해, 생성자에 선택적 인수를 전달할 수 있습니다.

```
julia> hand = Hand("new hand")
Hand(Card[], "new hand")
```

18.8 추상 자료형과 함수

이제 Deck과 Hand에 공통적으로 적용되는 연산들은 CardSet를 인수로 받는 함수로 정의할 수 있습니다.

```
function Base.show(io::IO, cs::CardSet)
    for card in cs.cards
        print(io, card, " ")
    end
end

function Base.pop!(cs::CardSet)
    pop!(cs.cards)
end

function Base.push!(cs::CardSet, card::Card)
    push!(cs.cards, card)
    nothing
end
```

이제 pop!과 push!를 사용해 카드를 다룰 수 있습니다 .

```
julia> deck = Deck()
A♣ 2♣ 3♣ 4♣ 5♣ 6♣ 7♣ 8♣ 9♣ 10♣ J♣ Q♣ K♣ A♦ 2♦ 3♦ 4♦ 5♦ 6♦ 7♦ 8♦ 9♦ 10♦ J♦ Q♦ K♦ A♥ 2♥
3♥ 4♥ 5♥ 6♥ 7♥ 8♥ 9♥ 10♥ J♥ Q♥ K♥ A♠ 2♠ 3♠ 4♠ 5♠ 6♠ 7♠ 8♠ 9♠ 10♠ J♠ Q♠ K♠
```

```
julia> shuffle!(deck)
4♠ Q♦ A♣ 9♦ Q♣ 6♣ 10♣ Q♥ A♦ 8♥ 9♥ Q♠ 4♦ 5♥ 9♣ 10♥ A♠ 7♣ 2♠ 5♣ 2♦ K♣ J♠ 10♠ 7♦ 2♥ 3♦
7♠ 8♣ A♥ K♥ 7♥ J♥ 6♦ J♣ 6♥ K♦ 8♠ 5♦ 4♥ 8♣ J♣ 9♠ 3♠ 2♣ K♠ 3♥ 5♣ 6♠ 10♦ 4♣ 3♠
julia> card = pop!(deck)
3♣
julia> push!(hand, card)
```

이제 자연스럽게 카드 이동을 move!라는 함수로 감쌀 수도 있습니다.

```
function move!(cs1::CardSet, cs2::CardSet, n::Int)
    @assert 1 ≤ n ≤ length(cs1.cards)
    for i in 1:n
        card = pop!(cs1)
        push!(cs2, card)
    end
    nothing
end
```

---

move! 함수는 두 개의 CardSet 객체와 이동시킬 카드의 수를 인수로 받습니다. 함수는 CardSet 양쪽을 모두 수정하고, nothing을 반환합니다.

어떤 게임에서는 카드가 이 패에서 다른 패로 넘어가거나, 패에서 덱으로 돌아가게 됩니다. 이런 경우에도 cs1과 cs2가 Deck이나 Hand가 될 수 있어서, move! 함수를 그냥 사용할 수 있습니다.

18.9 자료형 도식

우리는 지금까지 프로그램의 상태를 보여주는 스택 도식, 객체의 속성과 값을 보여주는 객체 도식을 살펴봤습니다. 이런 도식은 프로그램 실행 중의 어떤 순간을 표현하는 것이기 때문에, 프로그램이 실행되면 변화하게 됩니다.

이는 매우 자세한 도식으로서 어떤 경우에는 지나칠 정도로 자세합니다. **자료형 도식**type diagram 은 좀 더 프로그램의 구조를 추상적으로 표현합니다. 각각의 객체를 보여주기보다는 자료형과 그들의 관계를 보여줍니다.

자료형들 사이에는 여러 종류의 관계가 있습니다.

- 구체 자료형의 객체는 다른 자료형 객체의 참조를 가지고 있을 수 있습니다. 예를 들어 각각의 Rectangle 객체는 Point의 참조를 가지고 있고, 각각의 Deck은 Card 배열의 참조를 가지고 있습니다. 이런 종류의 관계를 **has-a** 관계라고 합니다. 영어로 쓰면, "a Rectagle has a Point"라고 표현할 수 있습니다.

- 구체 자료형은 어떤 추상 자료형을 부모 자료형으로 가질 수 있습니다. 이런 관계를 **is-a** 관계라고 합니다. "a Hand is a kind of a CardSet"라는 영어 표현을 보면 쉽게 이해할 수 있습니다.

- 어떤 자료형은 다른 자료형에 대해 의존적일 수 있습니다. 이 말은, 다른 자료형을 인수로 받거나 연산 과정에서 사용한다는 뜻입니다. 이러한 관계를 **의존성**dependency이라고 합니다.

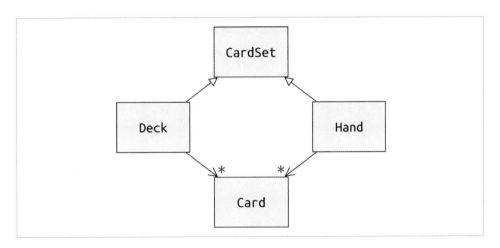

그림 18-1 자료형 도식

빈 삼각형 머리를 가지는 화살표는 is-a 관계를 표현합니다. 여기서는 Hand의 부모 자료형이 CardSet임을 나타냅니다.

일반 화살표는 has-a 관계를 표현합니다. 여기서 Deck은 Card 객체의 참조를 가지고 있음을 나타냅니다.

화살표 머리 옆에 있는 별표(*)는 **다중도**multiplicity입니다. 하나의 Deck이 얼마나 많은 Card를 가지고 있는지를 나타냅니다. 다중도는 52와 같은 단순 숫자일 수 있고, 5:7과 같은 범위일 수 있으며, 진짜 별표일 수도 있습니다. 별표는 Deck이 Card를 아무 개수나 가질 수 있다는 것을 나타냅니다.

이 도식에서는 의존성이 없습니다. 의존성은 보통 점선 화살표로 그립니다. 의존성이 매우 많을 때는 생략되기도 합니다.

더 자세한 도식이라면 Deck은 사실 Card의 배열을 가진다고 표시할 수 있을 것입니다. 그러나 배열이나 딕셔너리 같은 내장 자료형은 일반적으로 자료형 도식에 넣지 않습니다.

18.10 디버깅

하위 유형화는 디버깅을 더 어렵게 만들 수 있습니다. 왜냐하면 어떤 객체를 인수로 함수를 호출했을 때, 정확히 어떤 메서드가 실행되는 알기 어려울 때가 있기 때문입니다.

Hand 객체를 다루는 함수를 작성한다고 가정해봅시다. PokerHand나 BridgeHand 등과 같은 모든 종류의 Hand를 다루고 싶을 것입니다. sort!와 같은 메서드를 호출한다면, 추상 자료형 Hand에 대해 정의된 메서드가 실행될 것입니다. 그런데 만일 어떤 하위 자료형에 대해서 정의된 메서드가 있다면, 그것이 대신 실행될 것입니다. 이런 식의 동작은 일반적으로 좋은 것입니다만, 혼란스러울 수 있습니다.

```
function Base.sort!(hand::Hand)
    sort!(hand.cards)
end
```

프로그램의 실행 흐름에 대해서 애매한 점이 있을 경우, 가장 단순한 해결책은 관련 있는 메서드의 앞부분에 print 문을 추가하는 것입니다. 예를 들어 shuffle! 함수가 Running shuffle! Deck과 같은 메시지를 출력한다면, 프로그램이 실행될 때 그 흐름을 추적할 수 있습니다.

좀 더 나은 방법은 @which 매크로를 사용하는 것입니다.

```
julia> @which sort!(hand)
sort!(hand::Hand) in Main at REPL[5]:1
```

여기서는 실행할 sort! 메서드가 자료형 Hand의 객체를 인수로 받는 버전임을 알려주고 있습니다.

여기서 설계상의 조언이 있습니다. 어떤 메서드를 덮어 쓰는 메서드를 작성할 때, 새로운 메서드의 인터페이스는 기존의 것과 동일해야 합니다. 동일한 인수를 받고, 동일한 자료형을 반환하며, 동일한 사전조건 및 사후조건에 따라야 합니다. 이 규칙을 지킨다면, CardSet와 같이 상위 자료형에 대해서 동작하도록 만들어진 함수가 Deck과 Hand 같은 하위 자료형에도 잘 동작한다는 것을 알게 될 것입니다.

이 규칙을 '리스코프 치환 원칙Liskov substitution principle'이라고 합니다. 이를 어길 경우 여러분의 코드는 (미안하게도) 카드(종이)로 만든 집처럼 붕괴할 것입니다.

함수 supertype은 어떤 자료형의 바로 위 상위 자료형을 찾는 데 사용됩니다.

```
julia> supertype(Deck)
CardSet
```

18.11 자료 캡슐화

우리는 이전 장에서 **자료형 중심 설계**type-oriented design라고 부를 수 있는 개발 계획을 시도해보았습니다. Point, Rectangle, MyTime과 같이 필요한 객체를 생각해서, 그것을 표현할 수 있는 구조체를 정의하는 방식이었습니다. 각각의 경우에서 객체를 실세계의 어떤 실체(혹은 수학적 실체)와 쉽게 대응시킬 수 있었습니다.

그런데 종종 어떤 객체가 필요하고, 객체들이 어떻게 서로 작용해야 하는지 애매할 때도 있습니다. 그런 경우에는 다른 개발 계획이 필요합니다. 캡슐화와 일반화를 통해 함수의 인터페이스를 발견했던 방식으로 **자료 캡슐화**data encapsulation를 통해 자료형 인터페이스를 발견할 수 있습니다.

13.8절에 나왔던 마르코프 분석이 좋은 예입니다. [연습 13-8]을 풀기 위해 저는 여러 함수에서 읽고 쓰는 두 개의 전역 변수 suffixes와 prefix를 만들었습니다.

```
suffixes = Dict()
prefix = []
```

이 변수들이 전역이기 때문에, 우리는 분석을 한 번에 하나만 시행할 수 있습니다. 만일 두 개의 텍스트를 읽는다면, 두 텍스트의 선행 어구와 후행 어구가 섞이게 됩니다(물론 그렇게 되면 흥미로운 결과물이 나오기는 합니다).

여러 개의 분석을 분리해 시행하려면, 다음과 같이 각 분석의 상태를 객체 내부로 숨기면(캡슐화하면) 됩니다.

```
struct Markov
    order :: Int64
    suffixes :: Dict{Tuple{String,Vararg{String}}, Array{String, 1}}
    prefix :: Array{String, 1}
end

function Markov(order::Int64=2)
    new(order, Dict{Tuple{String,Vararg{String}}, Array{String, 1}}(),
    Array{String, 1}())
end
```

이제 함수를 메서드로 바꿔줍니다. 다음은 processword 함수를 바꾼 예입니다.

```
function processword(markov::Markov, word::String)
    if length(markov.prefix) < markov.order
        push!(markov.prefix, word)
        return
    end
    get!(markov.suffixes, (markov.prefix...,), Array{String, 1}())
    push!(markov.suffixes[(markov.prefix...,)], word)
    popfirst!(markov.prefix)
    push!(markov.prefix, word)
end
```

이런 식으로 동작 방식의 변화 없이 구조를 바꾸는 것도 리팩터링의 한 가지 방법입니다(4.7절을 보세요).

이 예제를 통해 자료형 설계 시 사용할 수 있는 개발 계획을 생각해볼 수 있습니다.

- (필요하다면) 전역 변수를 읽고 쓰는 함수를 작성해봅니다.

- 일단 프로그램이 동작하면, 전역 변수와 그 전역 변수에 접근하는 함수의 연관 관계를 살펴봅니다.

- 관련된 변수를 구조체의 필드로 캡슐화합니다.

- 관련된 함수를 새로운 자료형을 인수로 받는 메서드로 바꿔줍니다.

연습 18-3

[연습 13-8]에서 작성했던 코드를 여기 나온 개발 계획을 참고해, 전역 변수를 새로운 구조체 Markov의 속성으로 캡슐화해보세요.

18.12 용어집

부호화encode

어떤 값의 집합을 다른 값의 집합으로 대응시켜, 표현을 바꾸는 것.

유닛 테스트unit test

코드의 정확성을 시험해보는 표준적인 방법.

겉판veneer

어떤 연산 없이 어떤 함수에 대한 다른 인터페이스를 제공하는 메서드나 함수.

구체 자료형concrete type

객체를 만들 수 있는 자료형.

추상 자료형^{abstract type}

어떤 자료형들의 상위 자료형이 될 수 있는 자료형. 직접 객체 생성 안 됨.

하위 유형화^{subtyping}

관련 있는 자료형을 위계적으로 정의하는 것.

상위 자료형^{supertype}

여러 자료형들의 공통적인 성질을 가지는 추상 자료형.

하위 자료형^{subtype}

어떤 추상 자료형을 상위 자료형으로 가지는 자료형.

자료형 도식^{type diagram}

프로그램의 자료형과 그들의 관계를 표시한 도식.

has-a 관계^{has-a relationship}

한 자료형의 인스턴스가 다른 자료형의 인스턴스를 참조하는 관계.

Is-a 관계^{is-a relationship}

하위 자료형과 상위 자료형의 관계.

의존성^{dependency}

한 자료형의 인스턴스가 다른 자료형의 인스턴스를 사용하지만, 필드로 저장하지는 않는 관계.

다중도^{multiplicity}

자료형 도식에서 has-a 관계를 표현할 때, 다른 자료형의 인스턴스를 얼마나 많이 참조하는지를 표시하는 방법.

자료 캡슐화[data encapsulation]

전역 변수를 이용한 프로토타입을 만든 후, 이들 전역 변수를 필드로 캡슐화한 최종 버전으로
바꿔나가는 개발 계획.

18.13 연습 문제

연습 18-4

다음 프로그램을 보고, 자료형과 자료형 사이의 관계를 표시한 자료형 도식을 그려보세요.

```
abstract type PingPongParent end

struct Ping <: PingPongParent
    pong :: PingPongParent
end

struct Pong <: PingPongParent
    pings :: Array{Ping, 1}
    function Pong(pings=Array{Ping, 1}())
        new(pings)
    end
end

function addping(pong::Pong, ping::Ping)
    push!(pong.pings, ping)
    nothing
end

pong = Pong()
ping = Ping(pong)
addping(pong, ping)
```

연습 18-5

카드를 배분해주는 기능을 수행하는 **deal!** 메서드를 작성하세요. 이 메서드는 3개의 매개변수
를 받는데, 나눠줄 카드 덱(**Deck**), 게임 참가자 수, 참가자 1명당 카드 수입니다. 결과는 Hand

의 배열로 반환하면 됩니다.

연습 18-6

다음은 포커 게임의 카드 조합(족보)을 나열한 것입니다. 아래로 갈수록 확률은 낮아지지만, 강한 조합입니다.

페어pair

같은 끗수를 가진 두 장의 카드.

투 페어two pair

두 장이 서로 같은 끗수이고, 나머지 두 장도 서로 같은 끗수인 네 장의 카드.

트리플three of a kind

같은 끗수를 가지는 세 장의 카드.

스트레이트straight

끗수가 순열을 이루는 다섯 장의 카드(에이스(A) 카드가 가장 낮은 끗수 자리 또는 가장 높은 끗수 자리로 갈 수 있기 때문에, A-2-3-4-5와 10-J-Q-K-A는 가능하지만, Q-K-A-2-3과 같은 식으로는 안 됨).

플러시flush

같은 무늬를 가진 다섯 장의 카드.

풀하우스full house

세 장이 서로 같은 끗수이고, 나머지 두 장끼리 또 같은 끗수인 5장의 카드.

포카드four of a kind

끗수가 같은 네 장의 카드.

스트레이트 플러시[straight flush]

끗수가 순열을 이루고(스트레이트), 무늬가 같은(플러시) 5장의 카드.

이 연습 문제의 목표는 각각의 카드 조합 확률을 추정해보는 것입니다.

1. 어떤 패가 특정 종류의 카드 조합이 맞는지 확인해서 true 또는 false로 반환하는 메서드 haspair, hastwopair 등을 작성하세요. 매개변수로 전달되는 Hand에 포함된 카드의 숫자와 상관없이 옳게 동작해야 합니다(물론 5장이나 7장이 보통입니다).

2. 주어진 Hand에 대해서 가장 높은 가치를 가지는 카드 조합을 찾아서 label 필드에 값을 넣어주는 메서드 classify를 작성하세요. 예를 들어 7장의 카드가 플러시와 페어를 가지고 있다면, "flush"가 label 값이 되어야 합니다.

3. 앞에 작성한 classify가 잘 동작한다고 가정하면, 다음 단계는 여러 가지 패에 대한 확률을 추정할 차례입니다. 카드의 덱을 섞어서 패를 생성한 다음, 그 패 안에서 카드 조합을 찾고, 카드 조합별로 나온 횟수를 셉니다.

4. 카드 조합과 나올 확률을 표 형식으로 출력하세요. 결과가 어느 정도 정확한 값으로 수렴할 때까지, 패 생성 횟수를 늘려가면서 실행해보세요. 그 결과를 영문 위키백과의 Poker probability 항목(*https://en.wikipedia.org/wiki/Poker_probability*)에 나오는 카드 조합 확률과 비교해보세요.

CHAPTER 19

알아두면 좋은 것들: 구문 규칙

저자로서 이 책을 쓰면서 가졌던 목표 중 하나는 가능한 한 적게 가르치는 것이었습니다. 어떤 일을 하는 방법이 두 가지가 있다면, 하나를 고르고 다른 하나는 가급적 언급을 피했습니다. 어떨 때는 두 번째 방법을 연습 문제로 두기도 했고요.

이제 뒤로 돌아가서, 언급하지 않고 남겨두었던 좋은 것들을 살펴보려고 합니다. 줄리아에는 정말 꼭 필요하지는 않지만 알고 있으면 좋은 기능이 여럿 있습니다. 그런 것 없어도 좋은 코드를 작성할 수 있지만, 이용할 수 있다면 좀 더 간결하고 읽기 쉽고 효율적인 코드를 작성할 수 있습니다(종종 셋 다 가능하죠).

이 장과 다음 장에서는 앞에서 그냥 넘어갔던 다음 주제들을 다루겠습니다.

- 도우미 구문 규칙

- **Base** 패키지에서 바로 이용 가능한 함수, 자료형, 매크로

- 표준 라이브러리에 있는 함수, 자료형, 매크로

19.1 명명된 튜플

튜플의 원소에 이름을 붙여서 **명명된 튜플**named tuple을 만들 수 있습니다.

```
julia> x = (a=1, b=1+1)
(a = 1, b = 2)
julia> x.a
1
```

명명된 튜플에서는 원소를 도트 구문 규칙을 이용해 이름으로 접근할 수 있습니다(x.a).

19.2 함수

줄리아에서는 함수 정의를 간단한 형식으로 할 수 있습니다.

```
julia> f(x,y) = x + y
f (generic function with 1 method)
```

익명 함수

함수를 정의할 때, 이름을 붙이지 않고 할 수도 있습니다.

```
julia> x -> x^2 + 2x - 1
#1 (generic function with 1 method)
julia> function (x)
           x^2 + 2x - 1
       end
#3 (generic function with 1 method)
```

두 함수 모두 **익명 함수**anonymous function의 예입니다. 익명 함수는 보통 다른 함수의 인수로 사용될 때가 많습니다.

```
julia> using Plots

julia> plot(x -> x^2 + 2x - 1, 0, 10, xlabel="x", ylabel="y")
```

[그림 19-1]은 plot 함수로 그린 그래프입니다.

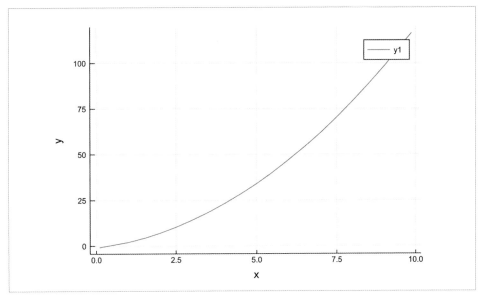

그림 19-1 그래프

키워드 인수

함수의 인수도 이름을 붙일 수 있습니다.

```
julia> function myplot(x, y; style="solid", width=1, color="black")
           ###
       end
myplot (generic function with 1 method)
julia> myplot(0:10, 0:10, style="dotted", color="blue")
```

함수 시그너처에서 **키워드 인수**keyword argument는 세미콜론 뒤에 나옵니다. 호출할 때는 세미콜론 대신 쉼표로 구분해도 됩니다.

클로저

클로저closure는 함수가 선언될 때, 함수 범위 바깥에서 정의된 변수 값을 잡아두도록 허용하는 기법입니다.

```
julia> foo(x) = ()->x
foo (generic function with 1 method)
julia> bar = foo(1)
#1 (generic function with 1 method)
julia> bar()
1
```

이 예제를 보면, 함수 foo는 foo의 인수인 x에 접근하는 익명 함수를 반환합니다. bar는 익명 함수를 가리키므로, bar를 호출하면 foo의 인수 값을 반환합니다.

19.3 블록

블록block은 여러 개의 문장을 묶은 것입니다. 블록은 예약어 begin으로 시작해서 end로 끝납니다.

4장에서 @svg 매크로를 소개했었습니다.

```
🐢 Turtle()
@svg begin
    forward(🐢, 100)
    turn(🐢, -90)
    forward(🐢, 100)
end
```

이 예제에서 @svg 매크로는 하나의 인수를 받는데, 그 인수는 세 개의 함수로 이루어진 블록입니다.

let 블록

let 블록은 새로운 변수 참조 영역을 만들어줍니다.

```
julia> x, y, z = -1, -1, -1;

julia> let x = 1, z
```

```
            @show x y z;
        end
  x = 1
  y = -1
  ERROR: UndefVarError: z not defined
  julia> @show x y z;
  x = -1
  y = -1
  z = -1
```

이 예제에서 첫 번째 @show 매크로는 (let 블록 내에서만 유효한) 지역 변수 x, 전역 변수 y, 정의되지 않은 지역 변수 z를 출력합니다. 두 번째 @show 매크로 결과가 보여주듯, 전역 변수들은 바뀌지 않았습니다.

do 블록

14.2절에서 쓰기를 하고 난 후 파일을 닫는 방법을 살펴봤습니다. **do 블록**을 쓰면 이를 자동으로 처리할 수 있습니다.

```
  julia> data = "This here's the wattle,\nthe emblem of our land.\n"
  "This here's the wattle,\nthe emblem of our land.\n"
  julia> open("output.txt", "w") do fout
            write(fout, data)
        end
  48
```

위 예제에서 fout은 출력하는 데 사용하는 파일 흐름입니다.

그리고 위 예제의 코드와 아래 코드는 기능적으로 완전히 동등합니다.

```
  julia> f = fout -> begin
            write(fout, data)
        end
  #3 (generic function with 1 method)
  julia> open(f, "output.txt", "w")
  48
```

익명 함수가 함수 open의 첫 번째 인수로 쓰였습니다.

```
function open(f::Function, args...)
    io = open(args...)
    try
        f(io)
    finally
        close(io)
    end
end
```

do 블록은 바깥 범위에 있는 변수 값을 잡아둘 수 있습니다. 예를 들어 open … do가 있는 코드
에서, 변수 data는 do 블록 바깥에서 정의된 것인데도 그 값이 do 블록 안에 잡혀 있게 됩니다.

19.4 흐름 제어

앞선 장들에서는 조건에 따른 실행을 하기 위해 if-elseif 문을 사용했습니다. 삼항 연산자와
단락 평가를 활용하면, 같은 코드를 더 간결하게 표현할 수 있습니다. 또한 프로그램의 흐름을
직접적으로 수정할 수 있는 고급 제어 구조인 '작업'도 살펴보겠습니다.

삼항 연산자

삼항 연산자ternary operator인 ?:은 if-elseif 구문을 대체할 수 있습니다. 조건문 실행 결과가 단
일한 표현식일 때 특히 유용합니다.

```
julia> a = 150
150
julia> a % 2 == 0 ? println("even") : println("odd")
even
```

? 앞쪽의 표현식은 조건문입니다. 결과가 참이면 : 앞쪽이 평가되고, 거짓이면 : 뒤쪽이 평가
됩니다.

단락 평가

연산자 &&와 ||는 **단락 평가**short-circuit evaluation를 수행합니다. 최종값을 결정하기 위해 꼭 필요할 때만 두 번째 피연산자를 평가한다는 뜻입니다.

예를 들어 재귀적으로 팩토리얼을 구하는 코드를 다음과 같이 작성할 수 있습니다.

```
function fact(n::Integer)
    n >= 0 || error("n must be non-negative")
    n == 0 && return 1
    n * fact(n-1)
end
```

작업(코루틴)

작업(태스크)task은 함수를 반환하지 않으면서도 협조해서 실행 흐름을 주고 받을 수 있게 해주는 제어 구조입니다. **코루틴**coroutine이라고도 합니다.

다음은 작업을 사용한 피보나치 수열 계산 코드입니다.

```
function fib(c::Channel)
    a = 0
    b = 1
    put!(c, a)
    while true
        put!(c, b)
        (a, b) = (b, a+b)
    end
end
```

put! 함수는 값을 Channel 객체에 저장합니다. 저장된 값을 읽어들이는 것은 take!입니다.

```
julia> fib_gen = Channel(fib);

julia> take!(fib_gen)
0
julia> take!(fib_gen)
1
```

```
julia> take!(fib_gen)
1
julia> take!(fib_gen)
2
julia> take!(fib_gen)
3
```

Channel의 생성자는 작업을 하나 만듭니다. 함수 fib는 put!이 호출될 때마다 실행을 중단하고 take!가 불리면 실행을 재개합니다. 실제로는 성능상의 이유로, 재개/중단이 반복될 때, 여러 개의 값이 Channel 객체에 버퍼링됩니다.

Channel 객체는 반복자로도 사용할 수 있습니다.

```
julia> for val in Channel(fib)
           print(val, " ")
           val > 20 && break
       end
0 1 1 2 3 5 8 13 21
```

19.5 자료형

우리가 살펴본 사용자 정의 자료형은 구조체가 전부였습니다. 줄리아에는 개발자가 좀 더 유연하게 활용할 수 있는 몇 가지 확장형도 있습니다(원시 자료형, 매개변수 자료형, 공용체).

원시 자료형

자료가 단순하게 비트로 구성되어 있는 구체 자료형을 **원시 자료형**primitive type이라고 부릅니다. 대부분의 개발 언어와 다르게, 줄리아에서는 직접 원시 자료형을 선언할 수 있습니다. 표준 원시 자료형도 같은 식으로 정의되어 있습니다.

```
primitive type Float64 <: AbstractFloat 64 end
primitive type Bool <: Integer 8 end
primitive type Char <: AbstractChar 32 end
primitive type Int64 <: Signed 64 end
```

문장에 나오는 숫자는 얼마나 많은 비트가 필요한지를 나타냅니다.

다음 예제를 보면, 원시 자료형 Byte와 그것의 생성자를 정의하고 있습니다.

```
julia> primitive type Byte 8 end

julia> Byte(val::UInt8) = reinterpret(Byte, val)
Byte
julia> b = Byte(0x01)
Byte(0x01)
```

여기서 함수 reinterpret은 부호 없는 8비트 정수(UInt8)를 Byte로 저장하기 위해 사용되었습니다.

매개변수 자료형

줄리아의 자료형 시스템은 **매개변수적**parametric입니다. 자료형 자체가 매개변수를 가질 수 있다는 것을 의미합니다.

자료형 매개변수type parameter는 자료형의 다음에 나오며, 중괄호로 감쌉니다.

```
struct Point{T<:Real}
    x::T
    y::T
end
```

이 예제를 보면, 새로운 **매개변수 자료형**parametric type Point{T<:Real}를 정의하고 있는데, 이 자료형은 자료형이 T인 두 개의 좌표를 가지고 있습니다. 여기서 T는 Real의 아무 하위 자료형이나 가능합니다.

```
julia> Point(0.0, 0.0)
Point{Float64}(0.0, 0.0)
```

복합 자료형은 물론, 추상 자료형과 원시 자료형도 자료형 매개변수를 가질 수 있습니다.

TIP 성능상의 이유로 구조체의 필드는 무조건 구체 자료형인 것이 좋습니다. 그러므로 이렇게 자료형 매개변수를 이용하는 것이, 유연하면서도 빠른 Point 구조체를 만드는 좋은 방법입니다(동일한 Point 구조체 정의를 나쁘게 한다면 x, y의 자료형을 추상 자료형인 Real로 지정하는 방식이 될 것입니다).

공용체

공용체type union는 인수로 넘겨진 자료형 중 하나로 동작할 수 있는 추상 매개변수 자료형입니다.

```julia
julia> IntOrString = Union{Int64, String}
Union{Int64, String}
julia> 150 :: IntOrString
150
julia> "Julia" :: IntOrString
"Julia"
```

대부분의 개발 언어에서 공용체는 자료형 처리를 위해 사용하는 내부 구조입니다. 그런데, 줄리아에서는 이 기능을 사용자가 활용할 수 있도록 열어놨습니다. 왜냐하면 작은 개수의 자료형을 갖고 있는 공용체를 이용하면, 효율적인 코드가 만들어질 수 있기 때문입니다. 이 기능은 줄리아 개발자에게 디스패치를 제어할 수 있는 어마어마한 유연성을 제공합니다.

19.6 메서드

메서드 또한 매개변수적이고, 객체가 함수처럼 동작할 수 있습니다.

매개변수 메서드

메서드 정의 또한 자료형 매개변수를 가질 수 있는데, 시그너처를 명확히 하는 용도로 사용합니다.

```julia
julia> isintpoint(p::Point{T}) where {T} = (T === Int64)
isintpoint (generic function with 1 method)
julia> p = Point(1, 2)
Point{Int64}(1, 2)
```

```
julia> isintpoint(p)
true
```

함수 비슷한 객체

임의의 줄리아 객체를 호출 가능하게 만들 수 있습니다. 그런 호출 가능한 객체를 종종 **함자**functor라고 부릅니다. 예를 들어보겠습니다.

```
struct Polynomial{R}
    coeff::Vector{R}
end

function (p::Polynomial)(x)
    val = p.coeff[end]
    for coeff in p.coeff[end-1:-1:1]
        val = val * x + coeff
    end
    val
end
```

정의한 다항식 객체를 평가하려면, 객체를 함수인 것처럼 호출하면 됩니다.

```
julia> p = Polynomial([1,10,100])
Polynomial{Int64}([1, 10, 100])
julia> p(3)
931
```

19.7 생성자

매개변수 자료형이 만들어지는 것은 명시적일 수도 있고, 암시적일 수도 있습니다.

```
julia> Point(1,2) # 암시적으로 T가 추론됨
Point{Int64}(1, 2)
julia> Point{Int64}(1, 2) # 명시적으로 T가 지정됨
```

```
Point{Int64}(1, 2)
julia> Point(1,2.5) # 암시적으로 T가 추론됨
ERROR: MethodError: no method matching Point(::Int64, ::Float64)
```

각 자료형 T에 대해서 기본적인 내부 생성자와 외부 생성자를 다음과 같이 만들 수 있습니다.

```
struct Point{T<:Real}
    x::T
    y::T
    Point{T}(x,y) where {T<:Real} = new(x,y)
end

Point(x::T, y::T) where {T<:Real} = Point{T}(x,y);
```

이때, x와 y는 동일한 자료형이어야 합니다.

만일 x, y의 자료형이 서로 다른 경우에도 대응하려면, 다음처럼 외부 생성자를 추가할 수 있습니다.

```
Point(x::Real, y::Real) = Point(promote(x,y)...);
```

여기 나오는 promote 함수는 다음 절에서 설명하겠습니다.

19.8 변환과 승격

줄리아에는 인수를 공통 자료형으로 승격시키는 체계가 있습니다. 자동으로 되지는 않지만, 쉽게 확장할 수 있습니다.

변환

어떤 값은 한 자료형에서 다른 자료형으로 **변환**conversion될 수 있습니다.

```
julia> x = 12
12
julia> typeof(x)
Int64
julia> convert(UInt8, x)
0x0c
julia> typeof(ans)
UInt8
```

사용자가 정의한 자료형의 변환을 위해서는, 변환 메서드를 직접 추가할 수 있습니다.

```
julia> Base.convert(::Type{Point{T}}, x::Array{T, 1}) where {T<:Real} =
Point(x...)

julia> convert(Point{Int64}, [1, 2])
Point{Int64}(1, 2)
```

승격

승격promotion은 여러 자료형이 섞인 값들을 단일한 공통의 자료형으로 변환하는 것을 말합니다.

```
julia> promote(1, 2.5, 3)
(1.0, 2.5, 3.0)
```

promote 함수에 대한 메서드를 직접 정의할 수는 없는데, 그 대신 보조 함수인 promote_rule
을 통해 승격 규칙을 정해줄 수 있습니다.

```
promote_rule(::Type{Float64}, ::Type{Int32}) = Float64
```

19.9 메타 프로그래밍

줄리아의 코드는 언어 자체의 자료구조로 표현될 수 있습니다. 이 기능을 통해 프로그램은 자기 자신의 코드를 변환하거나 생성할 수 있습니다.

표현식

모든 줄리아 프로그램은 문자열에서 시작합니다.

```
julia> prog = "1 + 2"
"1 + 2"
```

다음 단계는 문자열을 파싱해서, **표현식**expression이라고 부르는 객체로 변환됩니다. 이때 그 객체는 줄리아의 Expr 자료형입니다.

```
julia> ex = Meta.parse(prog)
:(1 + 2)
julia> typeof(ex)
Expr
julia> dump(ex)
Expr
  head: Symbol call
  args: Array{Any}((3,))
    1: Symbol +
    2: Int64 1
    3: Int64 2
```

dump 함수는 주석과 함께 표현식 객체를 표시합니다.

표현식은 괄호 앞에 :을 붙여서 바로 만들 수도 있습니다. 또 quote 블록으로 만들 수도 있습니다.

```
julia> ex = quote
           1 + 2
       end;
```

평가

eval 함수를 이용해 만들어진 표현식 객체를 평가할 수 있습니다.

```
julia> eval(ex)
3
```

모든 모듈은 모듈 범위 내의 표현식을 평가하기 위해 각자의 **eval** 함수를 가지고 있습니다.

> **CAUTION_** eval 함수를 매우 자주 호출하고 있다면, 뭔가 잘못된 것입니다. eval을 evil(악)으로 생각하세요.

매크로

매크로macro를 사용하면 프로그램 안에 생성된 코드를 포함시킬 수 있습니다. 매크로는 **Expr** 객체의 튜플을 컴파일된 표현식으로 바로 대응시킵니다.

여기 간단한 매크로 정의가 있습니다.

```
macro containervariable(container, element)
    return esc(:($(Symbol(container,element)) = $container[$element]))
end
```

매크로는 이름 앞에 @ 기호를 붙여서 호출합니다. **@containervariable letters** 1로 위 매크로를 호출하면, 호출한 표현식이 다음 표현식으로 바뀐 후 평가(실행)됩니다.

```
:(letters1 = letters[1])
```

@macroexpand @containervariable letters 1로 호출하면, 평가 직전의 표현식에 반환됩니다. 이 기능은 디버깅하는 데 매우 유용합니다.

이 예제는 매크로가 어떻게 인수의 이름에 접근하고, 함수로는 불가능한 일을 할 수 있는지 잘 보여주고 있습니다. 매크로의 반환되는 표현식은 **esc** 함수로 예외처리되어야 하는데, 그 이유는 반환되는 표현식의 변수들이 매크로를 호출한 쪽에서 참조되어야 하기 때문입니다.

CAUTION_ 왜 매크로를 쓸까요? 매크로는 프로그램이 파싱될 때, 변환된 코드를 생성해서, 프로그램에 포함시킵니다. 프로그램 전체가 실행되기 전에, 매크로 코드 변환이 일어난다는 뜻입니다.

생성된 함수

매크로 @generated는 메서드가 인수의 특정 자료형에 대응하는 코드를 넣을 수 있게 해줍니다.

```
@generated function square(x)
    println(x)
    :(x * x)
end
```

본문에서 반환하는 값은 매크로처럼 :이 붙은 괄호로 감싼 표현식(quote 블록)입니다.

호출하는 쪽 입장에서는, **생성된 함수**generated function도 보통 함수처럼 동작합니다.

```
julia> x = square(2); # 주의 : 여기서 출력은 함수 본문의 println() 실행 결과
Int64
julia> x # 이제 x를 출력해보면
4
julia> y = square("spam");
String
julia> y
"spamspam"
```

19.10 빠진 값

빠진 값missing value은 자료형 Missing의 싱글턴singleton (유일한) 인스턴스인 missing으로 표현할 수 있습니다.

이제 배열에 빠진 값을 포함할 수 있습니다.

```
julia> a = [1, missing]
2-element Array{Union{Missing, Int64},1}:
 1
  missing
```

이렇게 빠진 값이 있는 배열의 원소는 자료형이 Union{Missing, T}입니다. 여기서 T는 있는 값의 자료형입니다.

연산을 통해 값을 합치는 함수reduction function에 missing을 포함한 배열을 넣으면 missing을 반환합니다.

```
julia> sum(a)
missing
```

이런 경우, 없는 값은 건너뛰고 처리하기 위해 skipmissing 함수를 사용할 수 있습니다.

```
julia> sum(skipmissing([1, missing]))
1
```

19.11 C, 포트란 코드 호출

매우 많은 코드가 C나 포트란Fortran으로 작성되어 있습니다. 이미 테스트된 코드를 가져다 쓰는 것이 직접 작성하는 것보다 좋은 경우가 많습니다. 줄리아는 ccall 구문으로 기존의 C나 포트란으로 작성된 라이브러리를 직접 호출할 수 있습니다.

14.6절에서 데이터베이스 함수로 GDBM 라이브러리에 접근하는 줄리아 인터페이스를 소개했습니다. GDBM 라이브러리는 C로 작성되어 있습니다. 데이터베이스를 닫으려면, close(db)가 호출되어야 합니다.

```
Base.close(dbm::DBM) = gdbm_close(dbm.handle)
```

```
function gdbm_close(handle::Ptr{Cvoid})
    ccall((:gdbm_close, "libgdbm"), Cvoid, (Ptr{Cvoid},), handle)
end
```

여기서 dbm 객체는 자료형이 Ptr{CVoid}인 필드 handle을 가지고 있습니다. 이 필드는 데이터베이스를 가리키는 C 포인터를 가지고 있습니다. 데이터베이스를 닫으려면, C 함수인 gdbm_close를 호출해야 합니다. 이때 인수는 데이터베이스를 가리키는 C 포인터이고, 반환값은 없습니다. 줄리아는 이 과정을 ccall 함수를 부르는 것으로 직접 처리할 수 있습니다. 여기서 ccall의 인수는 다음과 같습니다.

- 호출하려는 함수의 이름 심벌 :gdbm_close와 그 함수가 있는 공유 라이브러리의 이름인 "libgdm"을 포함하는 튜플.

- 반환값의 자료형 Cvoid

- 인수의 자료형이 나열된 튜플 (Ptr{Cvoid},)

- 인수의 값 handle

ThinkJulia 패키지 소스에는 GDMB 라이브러리에 대한 줄리아 함수 전체가 포함되어 있습니다.

19.12 용어집

명명된 튜플named tuple
이름 있는 원소를 가지고 있는 튜플.

익명 함수anonymous function
이름이 부여되지 않고 정의된 함수.

키워드 인수keyword argument
위치가 아니라, 이름으로 구분되는 인수.

클로저closure

정의되는 범위에 있는 변수 값을 잡아두는 함수.

블록block

여러 개의 문장을 묶는 방법.

let 블록let block

새로운 변수 참조 영역이 되는 블록.

do 블록do block

일반적인 코드 블록처럼 보이지만, 익명 함수를 정의해서 다른 함수의 인수로 넣는 구문 규칙.

삼항 연산자ternary operator

세 개의 피연산자를 받아, 첫 번째 피연산자를 평가한 값이 참이면 두 번째 피연산자를 실행하고, 거짓이면 세 번째 피연산자를 실행하는 흐름 제어 연산자.

단락 평가short-circuit evaluation

논리 연산자의 평가 방법으로, 첫 번째 피연산자의 값으로 결과를 도출할 수 없을 경우에만 두 번째 피연산자를 평가하는 것.

작업task (코루틴coroutine)

연산 과정을 유연하게 멈췄다가 재개할 수 있도록 하는 흐름 제어 기능.

원시 자료형primitive type

자료가 단순하게 비트로 되어 있는 구체 자료형.

매개변수 자료형parametric type

매개변수가 있는 자료형.

공용체type union

자료형 매개변수에 나열된 자료형들 중 하나로 동작할 수 있는 자료형. 나열된 자료형으로 만든 모든 인스턴스는 이 공용체의 인스턴스이기도 함.

함자functor

결합된 메서드가 있는 객체. 그러므로 함수처럼 호출 가능함.

변환conversion

어떤 값의 자료형을 다른 자료형으로 바꾸는 것.

승격promotion

여러 자료형이 섞여 있는 값들을 하나의 공통 자료형으로 바꾸는 것.

표현식expression

언어 구조를 담는 줄리아 자료형.

매크로macro

프로그램 안에 코드를 생성시켜 포함하는 방법.

생성된 함수generated function

인수의 자료형에 따른 전용 코드를 생성할 수 있는 함수.

빠진 값missing value

자료 위치에 값이 없음을 표현하는 인스턴스.

CHAPTER 20

알아두면 좋은 것들: Base 및 표준 라이브러리

줄리아에는 기능 세트가 기본으로 포함되어 있습니다. Base 모듈에는 가장 유용한 함수, 자료형, 매크로가 있습니다. 줄리아에서 바로 사용할 수 있는 것들입니다.

줄리아 표준 라이브러리에는 많은 종류의 전문적 모듈이 포함되어 있는데, 대표적으로 날짜 처리, 분산 컴퓨팅, 선형대수, 성능 측정, 랜덤 숫자 등이 있습니다. 표준 라이브러리에 있는 함수, 자료형, 매크로는 사용하기 전에 코드로 반입^{import}되어야 합니다.

- import Module 문은 모듈을 반입합니다. 그러면 Module.fn(x)로 함수 fn을 부를 수 있습니다.
- using Module 문은 그 모듈의 모든 함수, 자료형, 매크로를 반입합니다.

추가적인 기능은 점점 성장하고 있는 패키지 모음 사이트인 *https://juliaobserver.com*에서 가져올 수 있습니다.

20.1 성능 측정

어떤 알고리즘은 다른 것보다 더 성능이 뛰어납니다. 예를 들어 11.6절의 fibonacci 구현은 6.7절의 fib 구현보다 매우 빠르게 동작합니다. @time 매크로를 사용해 그 차이를 측정해볼 수 있습니다.

```
julia> fib(1)
1julia> fibonacci(1)
1
julia> @time fib(40)
  0.567546 seconds (5 allocations: 176 bytes)
102334155
julia> @time fibonacci(40)
  0.000012 seconds (8 allocations: 1.547 KiB)
102334155
```

@time 매크로는 함수가 반환될 때까지의 수행 시간, 할당 횟수, 할당된 메모리를 출력합니다.
메모이제이션으로 구현한 버전이 시간 면에서는 훨씬 빠르지만, 메모리는 더 많이 쓰는 것을
볼 수 있습니다.

공짜 점심이란 없는 거죠.

> **TIP** 줄리아의 함수는 처음 실행 시 컴파일됩니다. 그러므로 두 개의 알고리즘을 비교하려면, 알고리즘을 함수로 구
> 현해서 컴파일될 수 있게 하되, 첫 번째 실행은 성능 측정 수치에서 제외해야 합니다. 그렇지 않으면 컴파일 시
> 간이 측정된 수치에 포함되게 됩니다.
>
> BenchmarkTools 패키지(*https://github.com/JuliaCI/BenchmarkTools.jl*)에 있는 @btime 매크로
> 는 이런 요소까지 고려해 성능 측정을 제대로 해줍니다. 이걸 쓰세요!

20.2 컬렉션과 자료구조

13.6절에서, 문서에는 있지만 단어 배열에는 없는 단어를 찾기 위해 딕셔너리를 이용했습니
다. 우리가 작성했던 이 함수는 문서에 있는 단어를 키로 하는 딕셔너리 d1과 단어의 배열인
d2를 인수로 받았습니다. 그리고 d1에 있는 단어 중 d2에 없는 것들을 반환했습니다.

```
function subtract(d1, d2)
    res = Dict()
    for key in keys(d1)
        if key ∉ keys(d2)
            res[key] = nothing
        end
    end
    res
end
```

딕셔너리에서 값을 사용하지 않았기 때문에, 여기 나온 딕셔너리들의 값은 모두 **nothing**이었습니다. 저장 공간을 좀 낭비한 셈입니다.

줄리아에는 또 다른 내장 자료형인 **집합**^{set}이 있습니다. 값 없이, 사전의 키만 모아놓은 것처럼 동작합니다. 집합에 원소를 추가하거나, 원소가 있는지 확인하는 것은 빠르게 동작합니다. 그리고 일반적으로 집합 연산에 사용하는 연산자와 함수도 제공합니다.

예를 들어 함수 `setdiff`를 이용하면 차집합을 계산할 수 있습니다. 이것을 활용해 `subtract` 함수를 다시 작성해보겠습니다.

```
function subtract(d1, d2)
    setdiff(d1, d2)
end
```

이때 반환값은 딕셔너리가 아니라 집합입니다.

이 책에 나온 예제들 중 일부는 집합을 이용하면 간결하고 효율적으로 구현할 수 있습니다. 예를 들어 딕셔너리를 사용한 [연습 10-7]의 풀이를 보겠습니다.

```
function hasduplicates(t)
    d = Dict()
    for x in t
        if x ∈ d
            return true
        end
        d[x] = nothing
    end
    false
end
```

이 함수는 원소가 처음으로 나타나면 딕셔너리에 추가하고, 같은 원소가 또 나타나면, **true**를 반환합니다.

집합을 사용하면 다음과 같이 구현할 수 있습니다.

```
function hasduplicates(t)
    length(Set(t)) < length(t)
end
```

집합에서 원소는 딱 한 번 나오므로, t에 두 번 이상 나오는 원소가 있다면, 집합은 t보다 작을 것입니다. 중복이 없다면, 집합의 크기는 t와 같을 것입니다.

9장에 나온 연습 문제 중 일부에도 집합을 활용할 수 있습니다. 예를 들어 루프를 사용하는 usesonly 함수는 다음과 같습니다.

```
function usesonly(word, available)
    for letter in word
        if letter ∉ available
            return false
        end
    end
    true
end
```

usesonly 함수는 word의 모든 글자가 available에 있는지를 확인합니다. 집합을 이용하면 다음과 같이 작성할 수 있습니다.

```
function usesonly(word, available)
    Set(word) ⊆ Set(available)
end
```

연산자 ⊆(\subseteq 탭)는 한 집합이 다른 집합의 부분집합인지를 확인합니다. 집합이 같은 경우도 부분집합입니다. 그러니까, word의 모든 글자가 available에 있다면 결과가 true가 됩니다.

연습 20-1

9장의 avoids 함수를 집합을 이용해 다시 작성하세요.

20.3 수학

줄리아는 복소수도 지원합니다. 전역 상수인 im은 −1의 양의 제곱근인 복소수 i에 대응합니다. 오일러 등식을 확인해봅시다.

```
julia> e^(im*π)+1
0.0 + 1.2246467991473532e-16im
```

기호 e (\euler 탭)는 자연로그의 밑입니다.

다음 삼각함수의 복소수 표현을 한번 살펴보죠.

$$\cos(x) = \frac{e^{ix} + e^{-ix}}{2}$$

다음과 같이 여러 x 값에 대해서 이 공식이 성립하는지 테스트할 수 있습니다.

```
julia> x = 0:0.1:2π
0.0:0.1:6.2
julia> cos.(x) == 0.5*(e.^(im*x)+e.^(-im*x))
true
```

여기서 도트 연산자의 사용례가 또 나옵니다. 또한 2π라는 표현을 보면 수학에서처럼 기호 앞에 숫자를 붙여 계수를 표현할 수 있다는 것도 알 수 있습니다.

20.4 문자열

8장과 9장에서 문자열 객체에 대해 기본적인 탐색을 해보았습니다. 줄리아에서는 펄Perl과 호환되는 **정규표현식**regular expression도 사용할 수 있습니다. 보통 regex라고도 하는데, 문자열에서 복잡한 패턴을 쉽게 찾을 수 있게 해줍니다.

정규표현식을 이용해 usesonly 함수를 구현하면 다음과 같이 할 수 있습니다.

```
function usesonly(word, available)
    r = Regex("[^$(available)]")
    !occursin(r, word)
end
```

여기서 정규표현식 r는 available 문자열에 나오지 않는 글자를 찾는 패턴이고, occursin은 그 패턴을 word에서 찾을 수 있으면 true를 반환합니다.

```
julia> usesonly("banana", "abn")
true
julia> usesonly("bananas", "abn")
false
```

정규표현식은 r를 접두어로 붙인 비표준 문자열을 사용해 만들 수도 있습니다.

```
julia> match(r"[^abn]", "banana")
julia> m = match(r"[^abn]", "bananas")
RegexMatch("s")
```

이 경우 문자열 보간법은 허용되지 않습니다. match 함수는 패턴이 발견되면 RegexMatch 객체를 반환하고, 그렇지 않으면 nothing을 반환합니다.

반환된 RegexMatch 객체에서 다음과 같은 정보를 알아낼 수 있습니다.

- 패턴과 일치하는 부분 문자열 전체: m.match

- 캡처된(괄호로 감싸 표시한 패턴과 일치하는) 부분 문자열의 배열: m.capture

- 패턴과 일치하는 부문 문자열 전체의 시작점: m.offset

- 캡처된 부분 문자열들의 위치 배열: m.offsets

다음 예를 보세요.

```
julia> m.match
"s"
julia> m.offset
7
```

정규표현식은 아주 강력한 도구입니다. 펄의 정규표현식 문서를 보면, 아주 복잡하고 신기한 패턴도 만들 수 있게 잘 설명되어 있습니다(*https://perldoc.perl.org/perlre.html*).

20.5 배열

10장에서 배열을 사용해봤는데, 그때는 인덱스로 원소에 접근할 수 있는 1차원 저장공간으로만 사용했습니다. 그렇지만 실은 줄리아에서 배열은 다차원입니다. 즉 **행렬**matrix이라고 할 수 있습니다.

2×3 행렬을 만들어보겠습니다.

```
julia> z = zeros(Float64, 2, 3)
2×3 Array{Float64,2}:
 0.0 0.0 0.0
 0.0 0.0 0.0
julia> typeof(z)
Array{Float64,2}
```

이 행렬의 자료형은 원소가 부동소수점 수이고, 2개의 차원을 가지고 있습니다.

size 함수는 각 차원의 원소의 숫자를 튜플로 반환합니다.

```
julia> size(z)
(2, 3)
```

ones 함수는 모든 원소가 단위 원소(보통 1)인 행렬을 생성합니다.

```
julia> s = ones(String, 1, 3)
1×3 Array{String,2}:
 "" "" ""
```

문자열의 경우에는 빈 문자열이 단위 원소입니다.

> **CAUTION_** 여기서 s는 1차원 배열이 아닙니다.
>
> ```
> julia> s == ["", "", ""]
> false
> ```
>
> s는 행 배열이고, ["", "", ""]은 열 배열입니다.

배열은 빈칸으로 한 행의 원소를 구분하고, 세미콜론(;)으로 행을 구분하는 방식으로 직접 입력할 수 있습니다.

```
julia> a = [1 2 3; 4 5 6]
2×3 Array{Int64,2}:
1 2 3
4 5 6
```

개별 원소에 접근하기 위해 대괄호를 사용할 수 있습니다.

```
julia> z[1,2] = 1
1
julia> z[2,3] = 1
1
julia> z
2×3 Array{Float64,2}:
 0.0 1.0 0.0
 0.0 0.0 1.0
```

문자열처럼 조각slice을 이용해 부분행렬을 가져올 수도 있습니다.

```
julia> u = z[:,2:end]
2×2 Array{Float64,2}:
 1.0 0.0
 0.0 1.0
```

도트 연산자는 모든 차원의 원소에 다 적용됩니다.

```
julia> e.^(im*u)
2×2 Array{Complex{Float64},2}:
 0.540302+0.841471im       1.0+0.0im
      1.0+0.0im       0.540302+0.841471im
```

20.6 인터페이스

줄리아는 어떤 동작을 정의하기 위해 몇 가지 비격식 인터페이스, 즉 특정 목적의 메서드를 사용합니다. 그런 메서드를 확장해 어떤 자료형에 대응할 수 있게 하면, 그 자료형의 객체도 그 동작의 대상이 될 수 있습니다.

> **NOTE_** 뭔가가 오리^{duck}처럼 보이고, 오리처럼 수영하고, 오리처럼 꽥꽥거린다면, 오리가 맞을 겁니다.[1]

어떤 컬렉션의 값들, 혹은 반복에 대해 루프를 도는 것도 그런 인터페이스입니다. 6.7절에서 작성했던 **fib** 함수를 보면, 피보나치 수열의 n번째 원소를 반환합니다. 이제 피보나치 수열을 느긋하게[2] 반환하는 반복자를 만들어보겠습니다.

```
struct Fibonacci{T<:Real} end
Fibonacci(d::DataType) = d<:Real ? Fibonacci{d}() : error("No Real type!")

Base.iterate(::Fibonacci{T}) where {T<:Real} = (zero(T), (one(T), one(T)))
Base.iterate(::Fibonacci{T}, state::Tuple{T, T}) where {T<:Real} = (state[1],
(state[2], state[1] + state[2]))
```

필드가 없는 매개변수 자료형 **Fibonacci**를 정의하고, 외부 생성자와 두 개의 **iterate** 메서드를 구현했습니다. 첫 번째 **iterate** 메서드는 반복자를 초기화하고, 수열의 첫 번째 값인 **0**과 상태(**state**)를 튜플로 반환합니다. 여기서 상태는 수열의 두 번째 값과 세 번째 값인 1과 1로 이루어진 튜플입니다.

두 번째 **iterate** 메서드는 피보나치 수열의 다음 값을 가져오기 위해 호출됩니다. 반환되는 튜플의 첫 번째 원소는 역시 다음 수열 값이고, 두 번째 원소는 상태 튜플로, 각각 수열의 다음 값과 그다음 값으로 이루어져 있습니다.

이제 Fibonacci를 for 루프에서 사용할 수 있습니다.

```
julia> for e in Fibonacci(Int64)
```

---

1 역자주_ 이러한 개념을 덕 타이핑(duck typing)이라고 부릅니다.

2 역자주_ 느긋하다(lazy)는 것은 실제 그 값이 꼭 필요해지기 전까지는 연산하지 않는다는 뜻입니다.

```
            e > 100 && break
            print(e, " ")
        end
0 1 1 2 3 5 8 13 21 34 55 89
```

뭔가 마법이 일어난 것처럼 보이지만, 설명을 들어보면 아주 간단한 것입니다. 다음 for 루프를 봅시다.

```
for i in iter
    # body
end
```

줄리아 내부적으로 for 루프는 다음과 같이 변환됩니다.

```
next = iterate(iter)
while next !== nothing
    (i, state) = next
    # body
    next = iterate(iter, state)
end
```

잘 정의된 인터페이스가 있다면, 그 인터페이스를 구현하는 것만으로 그 인터페이스를 활용하는 모든 함수에 대해 잘 동작하는 것을 보여주는 아주 멋진 예입니다.

20.7 대화형 도구

우리는 이미 18.10절에서 InteractiveUtilities 모듈을 본 적이 있습니다만, 거기 나온 @which 매크로는 빙산의 일각일 뿐입니다.

LLVM 라이브러리는 줄리아 코드를 CPU가 실행할 수 있는 **기계어**machine code로 번역하는 과정을 여러 단계를 거쳐 수행합니다. 우리는 각 단계의 출력을 직접적으로 시각화해서 볼 수 있습니다.

간단한 예를 보겠습니다.

```
function squaresum(a::Float64, b::Float64)
    a^2 + b^2
end
```

첫 번째 단계는 저수준화lowered된 코드입니다.

```
julia> using InteractiveUtils

julia> @code_lowered squaresum(3.0, 4.0)
CodeInfo(
1 ─ %1 = (Core.apply_type)(Base.Val, 2)
│   %2 = (%1)()
│   %3 = (Base.literal_pow)(:^, a, %2)
│   %4 = (Core.apply_type)(Base.Val, 2)
│   %5 = (%4)()
│   %6 = (Base.literal_pow)(:^, b, %5)
│   %7 = %3 + %6
└──      return %7
)
```

@code_lowered 매크로는 컴파일러가 최적화된 코드를 만들어내기 전 단계로 생성하는 중간 표현intermediate representation을 배열로 반환합니다.

다음 단계는 자료형에 대한 정보를 더하는 것입니다.

```
julia> @code_typed squaresum(3.0, 4.0)
CodeInfo(
1 ─ %1 = (Base.mul_float)(a, a)::Float64
│   %2 = (Base.mul_float)(b, b)::Float64
│   %3 = (Base.add_float)(%1, %2)::Float64
└──      return %3
) => Float64
```

여기서 각 단계의 결과와 반환값의 자료형이 잘 맞게 추론되었음을 볼 수 있습니다.

이제 중간 표현된 코드는 LLVM 코드로 변환됩니다.

```
julia> @code_llvm squaresum(3.0, 4.0)
; @ none:2 within `squaresum'
define double @julia_squaresum_14823(double, double) {
```

```
top:
;  ┌ @ intfuncs.jl:243 within `literal_pow'
;  |┌ @ float.jl:399 within `*'
      %2 = fmul double %0, %0
      %3 = fmul double %1, %1
;  LL
;  ┌ @ float.jl:395 within `+'
      %4 = fadd double %2, %3
;  L
      ret double %4
}
```

최종적으로 기계어가 생성됩니다.

```
julia> @code_native squaresum(3.0, 4.0)
        .section __TEXT,__text,regular,pure_instructions
;  ┌ @ none:2 within `squaresum'
;  |┌ @ intfuncs.jl:243 within `literal_pow'
;  ||┌ @ none:2 within `*'
        vmulsd %xmm0, %xmm0, %xmm0
        vmulsd %xmm1, %xmm1, %xmm1
;  |LL
;  |┌ @ float.jl:395 within `+'
        vaddsd %xmm1, %xmm0, %xmm0
;  |L
        retl
        nopl (%eax)
;  L
```

20.8 디버깅

Logging 매크로는 print 문을 이용한 스캐폴딩에 대한 대안을 제공합니다.

```
julia> @warn "Abandon printf debugging, all ye who enter here!"
┌ Warning: Abandon printf debugging, all ye who enter here!
└ @ Main REPL[1]:1
```

@debug 매크로를 사용했다면, 이를 소스코드에서 제거할 필요가 없습니다. @warn과 다르게 @debug는 기본적으로 아무런 출력을 하지 않습니다.

```
julia> @debug "The sum of some values $(sum(rand(100)))"
```

디버그 메시지를 로그 파일에 저장하기 위해 **디버그 로깅**debug logging을 활성화한 경우가 아니라면, sum(rand(100))은 전혀 평가되지 않습니다.

로깅의 수준은 환경변수 JULIA_DEBUG 값으로 조정할 수 있습니다.

```
$ JULIA_DEBUG=all julia -e '@debug "The sum of some values $(sum(rand(100)))"'
┌ Debug: The sum of some values 47.116520814555024
└ @ Main none:1
```

여기서는 모든 디버그 정보를 얻기 위해 **all**로 지정했습니다만, 특정 파일이나 모듈에 대해서만 출력하도록 할 수 있습니다.

20.9 용어집

집합set
구별되는 객체들의 모음.

정규표현식regular expression
regex라고도 하며, 탐색 패턴을 정의한 문자열.

행렬matrix
2차원 배열.

기계어machine code
컴퓨터의 CPU에서 바로 실행될 수 있는 명령어들.

중간 표현^{intermediate representation}

컴파일러가 소스 코드를 다루기 위해 내부적으로 사용하는 자료구조.

디버그 로깅^{debug logging}

디버그 메시지를 로그 파일에 저장하는 일.

CHAPTER 21

디버깅

디버깅할 때, 문제를 빠르게 찾으려면, 오류가 어떤 종류인지 구분할 수 있어야 합니다.

- **구문 오류**^{syntax error}는 소스 코드가 바이트코드[1]로 변환될 때 발견됩니다. 이 오류는 프로그램의 구조에 뭔가 문제가 있다는 것을 의미합니다. 예를 들어 함수 정의할 때 마지막으로 넣어야 하는 end를 누락한다면, `ERROR: LoadError: syntax: incomplete: function requires end`라는 좀 중복되는 오류 메시지가 발생하게 됩니다.

- **실행 오류**^{runtime error}는 프로그램 실행 중에 뭔가 잘못되었을 때 줄리아 실행기에서 만들어내는 오류입니다. 대부분의 실행 오류 메시지에는 오류가 어디에서 발생했는지와 어떤 함수가 실행 중이었는지가 나옵니다. 예를 들어 재귀가 무한히 반복된다면 결국에는 `ERROR: StackOverflowError`라는 실행 오류가 발생하게 됩니다.

- **의미 오류**^{semantic error}는 프로그램이 오류 메시지 없이 동작하기는 하는데 제대로 동작하지 않는 오류를 말합니다. 예를 들어 표현식이 기대한 순서와 다르게 평가된다면 잘못된 결과를 낼 것입니다.

디버깅을 하는 첫 번째 단계는 어떤 종류의 오류인지를 아는 것입니다. 이제부터 오류를 종류별로 살펴보겠습니다만, 특정 오류에 적용되는 테크닉을 다른 종류에도 사용할 수 있다는 점을 기억하기 바랍니다.

---

[1] 역자주_ 자바의 바이트코드와 비슷한 뜻으로 쓰였지만, 정확하게는 LLVM의 IR 코드를 가리킵니다. 20.7절을 보세요.

21.1 구문 오류

구문 오류는 문제가 무엇인지만 알면, 보통 쉽게 고칠 수 있습니다. 불행하게도 오류 메시지 자체는 도움이 별로 안 되는 경우가 많습니다. 가장 흔한 것이 ERROR: LoadError: syntax: incomplete: premature end of input 그리고 ERROR: LoadError: syntax: unexpected "="입니다만, 둘 다 별로 도움이 되는 정보가 없습니다.

한편, 오류 메시지에서는 문제가 발생한 지점을 알려줍니다. 정확하게 말하자면, 문제가 있는 지점이 아니라, 줄리아 실행기가 문제를 알아챈 지점입니다. 실제 오류가 있는 지점이 오류 메시지가 알려주는 지점보다 앞에 있는 경우가 많은데, 많은 경우 바로 직전 줄이 문제입니다.

점진적으로 프로그램을 개발해나가고 있었다면, 오류 지점을 쉽게 알아챌 수 있는데, 바로 마지막으로 추가한 줄입니다.

책에 있는 코드를 타이핑했다면, 먼저 책에 쓰여진 코드를 정확하게 입력한 것인지 주의 깊게 살펴보세요. 한 글자 한 글자 확인해보세요. 동시에, 책도 틀릴 수 있다는 점을 기억하세요. 구문 오류처럼 보이는 것이 있다면, 아마도 오류가 맞을 겁니다.

다음은 가장 흔하게 발생하는 구문 오류를 해결하기 위한 몇 가지 방법입니다.

1. 줄리아의 예약어를 변수 이름으로 쓰지 마세요.

2. for, while, if, function 블록과 같은 복합 문장의 마지막에 end가 누락되지 않도록 하세요.

3. 코드에 있는 모든 문자열에 대해 따옴표 쌍이 맞는지 확인하세요. 모든 따옴표는 "둥근 따옴표"가 아니라, "곧은 따옴표"여야 합니다.

4. 삼중 따옴표를 이용한 다중행 문자열이 있다면, 제대로 문자열의 끝을 표시하고 있는지 확인하세요. 끝나지 않는 문자열은 프로그램의 마지막 부분에서 잘못된 토큰 오류를 발생시키거나, 컴파일러가 다음번 문자열의 끝까지를 통째로 문자열로 인식하도록 만들 수 있습니다. 후자의 경우에는 오류 메시지가 아예 발생하지 않습니다!

5. (, {, [와 같이 여는 괄호가 닫히지 않으면, 다음 줄까지 현재 문장으로 인식됩니다. 일반적으로는 바로 다음 줄에서 즉시 오류가 발생합니다.

6. 조건문 안에서 등호 기호를 ==이 아니라 =으로 쓰지 않았는지 확인하세요.

7. 줄리아는 일반적으로 아스키 문자가 아닌 문자도 잘 다룹니다만, (문자열이나 주석을 포함해) 코드 안에 포함된 비아스키 문자는 문제를 발생시킬 소지가 있습니다. 웹사이트 등 다른 곳에서 코드를 복사해 붙여넣기할 때 주의하세요.

어떤 방법도 문제를 해결하지 못한다면, 다음으로 넘어갑시다.

계속 고치는데, 달라지는 게 없어요

REPL에서는 오류가 있다고 나오지만, 오류를 발견할 수 없다면, 여러분이 보고 있는 코드와 REPL이 보고 있는 것이 같지 않을 수 있습니다. 지금 줄리아가 실행하려고 하는 프로그램이, 여러분이 편집하고 있는 것이 맞는지 개발 환경을 체크해보세요.

잘 모르겠다면, 간단하지만 의도적인 오류를 프로그램 맨 앞에 넣어보세요. 실행했는데 그 오류가 발생하지 않는다면, 편집하고 있는 것과 실행되는 프로그램이 다른 것입니다.

다음은 그런 식으로 문제가 생기는 몇 가지 경우들입니다.

- 파일을 편집했는데, 실행하기 전에 저장하는 것을 잊었습니다. 어떤 개발 환경에서는 자동 저장이 되지만, 그렇지 않은 경우도 있습니다.

- 파일의 이름을 바꿨지만 여전히 예전 이름으로 실행했습니다.

- 개발 환경 중 어떤 것을 부정확하게 설정했습니다.

- 모듈을 작성해 `using`을 사용할 때 모듈 이름을 줄리아의 표준 모듈과 겹치게 지었습니다.

- `using`을 이용해 모듈을 반입할 때 모듈의 코드를 수정한 다음 REPL을 재시작하지 않았습니다. REPL 실행 중에 같은 모듈을 다시 반입하면 아무 일도 일어나지 않습니다.

다 막히고, 뭐가 뭔지 모르는 상황이 되었다면 `"Hello, World!"`를 출력하는 것 같은 새로운 프로그램을 작성하고, 잘 되는지 테스트해보세요. 그다음에 원래 프로그램의 코드를 조금씩 붙여가면서 실행해보세요.

21.2 실행 오류

프로그램이 구문상으로 올바르게 되어 있다면, 줄리아는 코드를 읽을 수 있고, 최소한 실행을 시작할 수 있습니다. 이제 뭐가 잘못될 수 있을까요?

프로그램이 정말 아무것도 안 합니다

이 문제는 작성한 파일이 함수와 클래스로 이루어졌는데, 실행을 시작할 수 있도록 함수를 호출하지 않을 때, 가장 흔하게 발생합니다. 하고 싶은 것이 클래스와 함수를 사용하기 위해 모듈을 반입만 하는 것이었다면, 의도한 바가 맞습니다.

의도한 것이 아니었다면, 프로그램 안에 함수 호출이 있는지 확인하고, 실행 흐름이 그 지점까지 갈 수 있는지 확인해보세요(조금 뒤에 나오는 '실행 흐름' 부분을 보세요).

프로그램이 먹통이 되었습니다

프로그램이 중단되고 아무것도 안 하는 것처럼 보인다면, 먹통^{hang}이 된 것입니다. 보통 이런 경우는 무한 루프나 무한 재귀에 빠진 경우입니다. 여기 문제를 확인해볼 수 있는 몇 가지 팁이 있습니다.

- 의심이 가는 루프가 있다면, 루프 바로 앞에 **"루프 시작"**이라고 출력하도록 print 문을 추가하고, 루프 뒤에도 **"루프 끝"**이라고 출력하도록 합니다.
  프로그램을 실행합니다. 첫 번째 메시지는 출력되는데, 두 번째 것이 출력되지 않는다면, 무한 루프를 찾은 것입니다. 조금 뒤에 나오는 '무한 루프' 섹션을 보세요.

- 무한 재귀가 발생하였다면, 대부분 프로그램이 잠시 먹통이 된 후, `ERROR: LoadError: StackOverflowError` 오류가 납니다. 이런 경우라면 조금 뒤에 나오는 '무한 재귀' 섹션을 보세요.
  오류는 발생하지 않지만, 재귀 메서드나 재귀 함수가 문제라는 의심이 든다면, 역시 해당 항목에 있는 테크닉을 써볼 수 있습니다.

- 이렇게 해도 문제를 찾을 수 없다면, 다른 루프나 재귀에 대해서도 테스트해보세요.

- 그래도 해결이 안 된다면, 프로그램의 실행 흐름에 대해서 이해를 못 하고 있을 가능성이 있습니다. 조금 뒤에 나오는 '실행 흐름' 섹션을 보세요.

무한 루프

무한 루프를 찾은 것 같으면, 루프의 뒷부분에 print 문을 추가하여, 조건문에 있는 변수들의 값과 조건문의 값을 출력해보세요. 예를 들면 다음과 같이 할 수 있습니다.

```
while x > 0 && y < 0
    # x에 대해서 뭘 하고
    # y에 대해서 뭘 합니다
    @debug "variables" x y
    @debug "condition" x > 0 && y < 0
end
```

이제 프로그램을 디버그 모드로 실행하면, 루프가 돌면서 변수 값과 조건문의 값이 어떻게 변하는지 볼 수 있게 됩니다. 루프가 끝나기 직전에는 조건문 값이 false가 되어야 합니다. 루프가 계속 돈다면, x와 y의 값을 보면서, 왜 제대로 갱신되지 않는지 알아낼 수 있을 것입니다.

무한 재귀

무한 재귀가 의심된다면, 기저 상태가 존재하는지 먼저 확인하세요. 더는 재귀 호출을 하지 않고 함수가 반환되는 조건이 존재해야 합니다. 그렇지 않다면, 알고리즘을 다시 생각해보고, 기저 상태를 찾아내야 합니다.

기저 상태가 있기는 한데, 거기까지 가지 못하는 경우라면, 함수의 앞부분에 매개변수를 출력하는 print 문을 추가해보세요. 이제 프로그램을 실행하면, 함수가 호출될 때마다 매개변수 값이 어떤지 볼 수 있습니다. 만약 매개변수 값이 기저 상태 쪽으로 움직이지 않는다면, 왜 그런지 찾아낼 수 있을 것입니다.

실행 흐름

프로그램의 실행 흐름이 어떻게 되는지 확신이 들지 않는다면, 모든 함수의 앞부분에 "함수 foo 시작"과 같은 식으로 출력하는 print 문을 추가해보세요.

이제 프로그램을 실행하면, 함수가 호출될 때마다, 실행 흔적이 출력될 것입니다.

프로그램을 실행하면 예외가 발생합니다

프로그램 실행 중에 뭔가 잘못되면, 예외의 이름, 발생 지점, 스택트레이스가 포함된 오류 메시지가 출력됩니다.

스택트레이스에는 현재 실행 중인 함수, 그 함수를 부른 함수, 그리고 그 함수를 부른 함수, 이런 식으로 죽 이어지는 함수 호출 이력이 나옵니다. 다르게 표현하자면, 현재 위치까지 오는 과정을 추적할 수 있는 함수 호출 이력이 호출 지점의 줄 번호까지 포함된 채로 표시됩니다.

첫 번째 단계는 오류가 발생된 지점을 찾고, 어떤 문제인지 알아낼 수 있는가를 확인하는 것입니다. 여기 가장 흔하게 발생하는 실행 오류 몇 가지가 있습니다.

ArgumentError
함수 호출에 있는 인수 중 하나가 기대한 상태가 아님.

BoundsError
배열의 인덱스 연산이 배열 범위 바깥에 접근하려고 함.

DivideError
0으로 정수 나눗셈(÷, %)을 시도함.

DomainError
배열의 인덱스 연산이 배열 범위 바깥에 접근하려고 함.

EOFError
파일이나 스트림에서 데이터 읽기가 더 이상 가능하지 않음.

InexactError
값을 원하는 자료형으로 정확하게 변환할 수 없음.

KeyError
AbstractDict(Dict)나 Set 같은 객체에서 인덱스 연산이 존재하지 않는 원소에 접근하거나, 존재하지 않는 원소를 지우려고 함.

MethodError

요구되는 자료형 시그너처를 가진 메서드가 주어진 일반 함수에 존재하지 않음. 또는 최적의
메서드가 단일하게 결정되지 않음.

OutOfMemoryError

연산이 시스템 또는 가비지 컬렉터garbage collector가 다루기에는 너무 많은 메모리를 할당함.

OverflowError

표현식의 결과가 해당 자료형에 비해 너무 커서 넘쳐흐름.

StackOverflowError

함수 호출이 너무 많이 쌓여, 호출 스택의 크기를 넘어섬. 보통 무한 재귀 시 발생.

StringIndexError

유효하지 않은 인덱스로 문자열에 접근할 때 발생하는 오류.

SystemError

시스템 호출이 오류 코드와 함께 실패함.

TypeError

자료형 지정 실패가 발생함, 또는 내재 함수intrinsic function를 부정확한 자료형의 인수로 호출함.

UndefVarError

심벌이 현재 범위에서 정의되지 않음.

너무 많은 print 문을 넣어서 출력에 치입니다

디버깅을 위해 print 문을 넣는 방법의 문제는 너무 많은 출력에 파묻힐 수 있다는 것입니다. 두 가지 방안이 있는데, 출력을 단순하게 하거나 프로그램을 단순하게 하는 것입니다.

출력을 단순하게 하기 위해서, 도움이 안 되는 print 문을 삭제하거나 주석으로 처리할 수 있습니다. 여러 개를 합치거나, 이해하기 쉽게 출력 형식을 바꿀 수도 있습니다.

프로그램을 단순하게 하기 위한 방법은 여러 가지가 있습니다. 첫째, 프로그램이 다뤄야 하는 문제를 축소해봅니다. 예를 들어 어떤 목록에서 탐색하는 경우 작은 목록으로 시도해볼수 있습니다. 만일 프로그램이 사용자로부터 입력을 받는다면, 문제를 발생시키는 가장 작은 입력을 줄 수 있습니다.

둘째, 프로그램을 청소합니다. 쓰지 않는 코드를 삭제하고, 가능한 한 읽기 편하게 프로그램을 재조직화합니다. 예를 들어 문제가 프로그램 깊숙히 내재된 부분에 있는 것으로 의심된다면, 그 부분을 좀 더 단순한 구조로 재작성해볼 수 있습니다. 만일 문제가 대규모 함수 내부에 있다면, 잘게 잘라서 작은 함수들로 만든 후 나눠서 테스트해볼 수 있습니다.

종종 시험 가능한 가장 단순한 테스트를 찾는 과정을 통해, 버그를 찾을 수 있습니다. 만일 프로그램이 어떤 경우에는 잘 작동하는데 어떤 경우에 그렇지 않다면, 무슨 일이 벌어지고 있는지 알아낼 수 있는 힌트가 될 수 있습니다.

유사하게, 코드의 일부분을 재작성해보는 것이 미묘한 버그를 찾는 데 도움이 되기도 합니다. 프로그램에 영향을 주지 않을 거라는 예상하에 어떤 수정을 했는데, 그렇지 않다는 것을 알게 되면, 이 역시 해결의 실마리가 될 수 있습니다.

21.3 의미 오류

어떤 의미로 보면, 줄리아 실행기가 잘못된 것에 대한 정보를 주지 못하기 때문에 의미 오류는 가장 디버그하기 어렵습니다. 프로그램을 작성한 사람만이, 프로그램이 어떻게 동작해야 하는지 압니다.

첫 번째 단계는 프로그램 코드와 관찰되는 동작 사이의 연결을 찾는 것입니다. 프로그램이 실제로 어떤 동작을 하는지에 대한 가설이 필요합니다. 이게 어려운 이유 중 하나는, 컴퓨터가 너무 빠르게 실행된다는 점입니다.

종종 프로그램이 사람이 따라갈 수 있는 정도의 속도로 동작했으면 하고 바랄 때가 생길 것입니다. 그렇지만 대개는 몇 개의 `print` 문을 좋은 위치에 집어넣는 것이, 디버거를 준비한 다음 중단 지점을 넣고 빼면서 문제 발생 지점까지 프로그램을 한 줄씩 실행해보는 것보다 빠릅니다.

프로그램이 제대로 동작하지 않아요

이런 질문을 스스로에게 해보세요.

- 프로그램이 처리해야 할 것이 있는데, 안 하는 것 같은가? 그렇다면 그 기능을 수행하는 지점을 찾은 후, 실행되어야 하는 시점에 제대로 실행되는 것이 맞는지 확인해보세요.

- 일어나면 안 되는 일이 일어나는가? 그렇다면 그 기능을 수행하는 지점을 찾은 후, 실행되지 않아야 하는 시점에 실행되는지 확인해보세요.

- 코드 중 어떤 부분이 예상하지 않은 효과를 발생시키는가? 문제가 되는 코드를 정확히 이해하고 있는지 점검해보세요. 특히 다른 줄리아 모듈의 함수나 메서드일 경우 더 그렇습니다. 호출하는 함수에 대한 설명서를 읽어보세요. 간단히 시험해볼 수 있는 코드를 작성해서 결과를 확인해보세요.

프로그래밍을 하려면, 프로그램이 어떻게 동작해야 하는지를 그리는 심상모형mental model이 필요합니다. 작성한 프로그램이 예상대로 동작하지 않는다면, 프로그램이 문제가 아니라, 심상모형이 문제인 경우가 많습니다.

심상모형을 교정하는 가장 좋은 방법은 프로그램을 여러 부분(보통 함수와 메서드)으로 나누고, 각 부분을 독립적으로 테스트하는 것입니다. 실체와 심상모형의 불일치를 찾아내고 나면, 문제를 해결할 수 있습니다.

물론 더 좋은 방법은 프로그램을 부분으로 나누어서 작성하고 테스트하는 것입니다. 이렇게 하면 문제에 부딪혔을 때, 검증되지 않은 신규 코드가 얼마 되지 않을 것입니다.

크고 복잡한 표현식이 있는데 생각대로 동작하지 않아요

읽을 수 있는 범위 안이라면, 복잡한 표현식을 작성해도 되지만, 디버깅이 매우 어려울 수 있습니다. 대개 복잡한 표현식은 쪼개서, 여러 개의 임시 변수에 할당하는 식으로 하는 것이 좋습니다. 예를 들어보겠습니다.

```
addcard(game.hands[i], popcard(game.hands[findneighbor(game, i)]))
```

이 표현식은 다음과 같이 재작성할 수 있습니다.

```
neighbor = findneighbor(game, i)
pickedcard = popcard(game.hands[neighbor])
addcard(game.hands[i], pickedcard)
```

나눠서 작성한 버전은 변수명 자체가 추가적인 설명이 되기 때문에 읽기 쉽고, 중단 단계 변수의 자료형을 확인할 수 있고, 변수 값을 출력해볼 수 있기 때문에 디버그도 편리합니다.

큰 표현식의 또 다른 문제점은 평가 순서가 예상과 다를 수 있다는 점입니다. 예를 들어 $x/2\pi$를 줄리아 코드로 표현하려고, 아래와 같이 작성했다고 합시다.

```
y = x / 2 * π
```

이렇게 하면 곱하기와 나누기 연산이 동일한 우선순위를 갖기 때문에 왼쪽부터 오른쪽으로 계산이 진행되어, 계산되는 값이 $x\pi/2$가 됩니다.

디버깅을 위한 좋은 방법은 평가 순서를 명시적으로 정하기 위해서 괄호를 추가하는 것입니다.

```
y = x / (2 * π)
```

평가 순서가 애매하면 괄호를 사용하세요. 프로그램이 잘 동작하는 것은 물론이고(의도한 대로 계산한다는 의미에서), 다른 사람이 코드를 읽을 때도 연산 순서가 헷갈리지 않아서 읽기 좋은 코드가 됩니다.

반환값이 예상과 다른 함수가 있어요

복잡한 표현식을 return 문에 사용하면, 반환하기 전에 결과를 출력해볼 수가 없습니다. 다시 말하지만, 임시 변수를 사용하세요. 예를 들어보겠습니다.

```
return removematches(game.hands[i])
```

이 코드는 이렇게 재작성할 수 있습니다.

```
count = removematches(game.hands[i])
return count
```

이제 반환 전에 count 값을 출력해볼 수 있습니다.

진짜 진짜 해결책을 못 찾겠어요. 도와주세요

일단 컴퓨터 앞에서 일어나서 조금 쉬세요. 컴퓨터와 작업하다 보면 다음과 같은 증상이 나타날 수 있습니다.

- 좌절과 분노

- 미신적인 믿음("컴퓨터가 나를 미워해요"), 마법적인 생각("이 프로그램은 내가 모자를 거꾸로 쓸 때만 동작합니다")

- 마구잡이 프로그래밍(가능한 모든 프로그램을 작성해보면서, 제대로 되는 것을 골라보려는 행위)

이런 증상이 하나라도 나타난다면, 일어나서 산책 좀 하고 오세요. 평온을 되찾은 후에, 프로그램에 대해서 생각해보세요. 어떤 동작을 하고 있는가? 이런 동작의 가능한 원인은 무엇인가? 프로그램이 제대로 동작했던 마지막 시점은 언제인가? 그다음에 나는 무엇을 했던가?

버그를 찾는 데 시간이 필요할 때도 있습니다. 저는 컴퓨터 앞을 떠나서 마음이 흘러가는 대로 두었을 때, 버그를 찾곤 합니다. 버그 잡기 가장 좋은 장소는 기차 안이나, 샤워 부스, 그리고 잠들기 직전의 침대 위입니다.

아뇨, 진짜 도움이 필요합니다

그런 경우도 있습니다. 최고의 프로그래머도 막힐 때가 있습니다. 한 프로그램을 오래 보다 보면, 오류를 보지 못할 때가 있습니다. 그럴 때는 새로운 시각이 필요합니다.

다른 사람을 데려오기 전에 먼저 준비를 하세요. 프로그램은 되도록 간단해야 하고, 오류를 발생시키는 가장 단순한 입력으로 작업해야 합니다. 적당한 위치에 print 문도 넣어야 합니다 (물론 알아보기 쉽게 출력해야겠지요). 문제를 간결하게 설명할 수 있을 만큼 잘 이해하고 있어야 합니다.

다른 사람을 데려왔다면, 필요한 정보를 주세요.

- 오류 메시지가 있다면, 그것이 무엇이고 어떤 부분을 가리키고 있는지.

- 오류가 발생하기 직전에 했던 마지막 작업은 무엇인지. 작성한 마지막 코드는 무엇인지, 혹은 실패한 새로운 테스트 케이스는 무엇인지.

- 어떤 것을 시도해보았고, 무엇을 배웠는지.

버그를 발견한 후에는, 더 빨리 발견하기 위해서 무엇을 할 수 있었는지 생각해보세요. 다음에 비슷한 상황이 되면, 좀 더 빠르게 해결할 수 있을 것입니다.

그저 프로그램이 잘 동작하게 하는 것이 목표가 아니라, 프로그램이 잘 동작하게 만드는 방법을 배우는 것이 목표라는 점, 꼭 기억하세요!

유니코드 입력

다음 표는 줄리아 REPL이나 다른 편집기에서 입력할 수 있는 유니코드 문자 중 일부입니다. LaTeX 스타일의 약어를 넣은 후 탭 키를 눌러 변환합니다.

Character	Tab completion sequence	ASCII representation
²	\^2	
₁	_1	
₂	_2	
🍎	\:apple:	
🌶	\:banana:	
🐪	\:camel:	
🍐	\:pear:	
🐢	\:turtle:	
∩	\cap	
≡	\equiv	===
ℯ	\euler	
∈	\in	in
≥	\ge	>=
≤	\le	<=
≠	\ne	!=
∉	\notin	
π	\pi	pi
⊆	\subseteq	
ε	\varepsilon	

JuliaBox

JuliaBox 사이트에서 가면, 브라우저에서 주피터 환경을 이용해 줄리아를 실행할 수 있습니다 (*https://www.juliabox.com*).

초기 화면은 [그림 B-1]과 같습니다. [New] 버튼을 눌러, 줄리아 노트북이나 텍스트 파일, 폴더, 터미널 세션을 만들 수 있습니다.

터미널 세션에서 [그림 B-2]와 같이 **julia** 명령을 실행하면 REPL을 시작할 수 있습니다.

노트북 인터페이스에서는 마크다운 문법의 텍스트와 문법 강조된 줄리아 코드, 그리고 출력 결과를 합쳐서 문서를 작성할 수 있습니다. [그림 B-3]이 그 예입니다.

주피터 사이트에서 좀 더 많은 정보를 찾을 수 있습니다(*https://jupyter.org/documentation*).

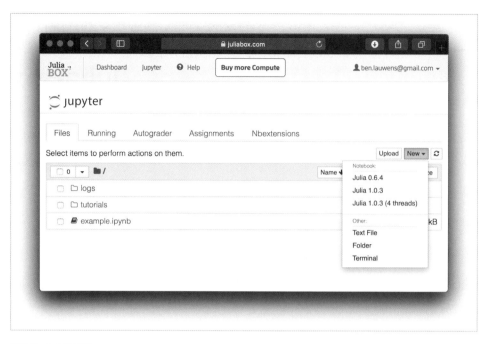

그림 B-1 초기 화면

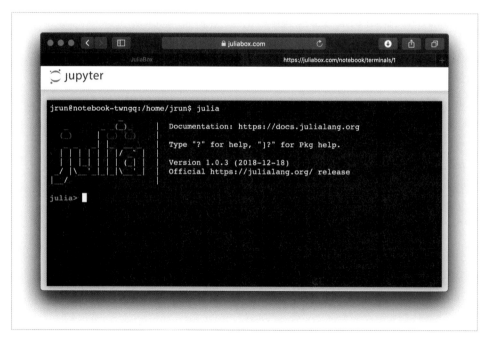

그림 B-2 터미널 세션

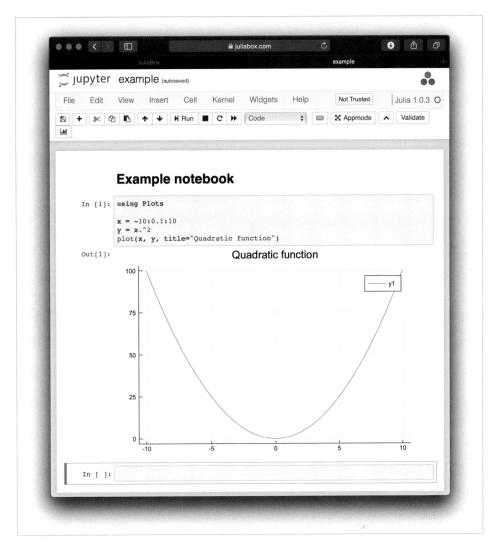

그림 B-3 노트북

INDEX

INDEX

INDEX

INDEX

INDEX

INDEX

INDEX

INDEX